**MAIN BASSE
SUR L'ARGENT DU FOOT FRANÇAIS**

DU MÊME AUTEUR

Lettre ouverte aux candidats d'un petit élu de province, Hugo, 2022
Vive le cumul des mandats !, Denoël, 1999
Comment devenir riche et célèbre sans vraiment le mériter. Bernard Tapie, Bernard Arnault, Pierre Bergé et les autres, Albin Michel, 1995
Tapie, l'homme d'affaires, Seuil, 1994
L'aventure Tapie. Enquête sur un citoyen modèle, Seuil, 1992
Le Chantier du siècle. Le Tunnel sous la Manche, Solar, 1991
Olympique de Marseille. Les années Tapie, Solar, 1990
Les Vrais Patrons du football français, Solar, 1989

CHRISTOPHE BOUCHET

MAIN BASSE SUR L'ARGENT DU FOOT FRANÇAIS

ROBERT LAFFONT

© Éditions Robert Laffont, S.A.S., Paris, 2023
ISBN : 978-2-221-27254-1
Dépôt légal : octobre 2023
Éditions Robert Laffont – 92, avenue de France 75013 Paris

Je nourris pour les livres et leurs auteurs une vraie gourmandise, j'aime prendre en main les volumes, les soupeser, lire la quatrième de couverture, pour me laisser accrocher par le *pitch*, bien sûr, mais aussi pour les quelques lignes de biographie de l'auteur, afin de connaître son parcours, et de savoir ainsi *d'où il écrit*.

Puisque vous avez ce livre en main, je me dois donc de me présenter.

J'ai débuté dans le journalisme par le football. J'étais l'une des voix du multiplex de France Inter, lorsque celui-ci était conduit, avant Jacques Vendroux, par Pierre Loctin. Je suis resté journaliste pendant vingt ans, dont onze dans la très respectée Agence France-Presse, une formation épatante, puis comme reporter au *Nouvel Obs*, devenu *L'Obs*, d'abord chargé de l'investigation, puis du sport, mais surtout de ses à-côtés.

Ma plongée dans le football s'est avérée plus profonde que prévu lorsque l'anticonformiste Robert Louis-Dreyfus m'a proposé de devenir co-actionnaire et président de l'Olympique de Marseille, un poste enthousiasmant pour le défi sportif, certes, mais aussi pour la complexité politique et la mécanique économique des droits attachés à un club. J'ai été élu au conseil d'administration de la Ligue de football professionnel (LFP) à ce titre. J'ai ainsi pu participer, de l'intérieur, à certains épisodes relatés dans ce livre.

Par la suite, pendant dix ans, mon activité s'est poursuivie autour des fameux droits de télévision, d'abord chez Sportfive (groupe Lagardère), puis chez Infront – entrecoupée d'un bref passage au service d'un fonds financier prenant de solides positions dans le sport.

Une carrière dans le sport qui s'est interrompue en 2016, car j'ai été élu à la mairie de Tours. Mais je suis resté connecté au football, à ses actualités et à ses acteurs.

C'est parce que je le connais si bien, et que j'en ai été un acteur, que j'ai pu écrire ce livre qui, je l'espère, vous fera comprendre les rouages d'une mécanique parfois complexe, et pénétrer dans les vestiaires et des alcôves plus secrètes…

INTRODUCTION

Sur la route du cash

Je suis maintenant retiré des terrains depuis quelques saisons et loin des arrière-cuisines du foot. Je regarde d'un œil le Championnat, mais je suis toujours attentif aux actualités de l'OM. Voilà pourquoi, lors de l'été 2022, mon attention a été attirée par un entrefilet : dans le cadre de la vaste opération financière de la Ligue de football professionnel menée avec un fonds luxembourgeois, « mon » club allait toucher… à peu près la même somme que le Stade rennais ou que l'OGC de Nice dans la répartition du magot. Sans faire offense ni aux Bretons, ni aux Azuréens, comment était-il possible que l'OM, qui, en matière de visibilité et de droits télévisuels, porte à bout de bras le Championnat avec le Paris Saint-Germain, ne perçoive pas plus que Rennes, Nice, Lille ou Lyon ? Que le PSG obtienne plus du double me semblait plus logique, même si je trouvais les Parisiens peu gourmands dans ce partage.

Quelques semaines plus tard, j'appris dans *L'Équipe* que l'auteur présumé de ce *deal*, Vincent Labrune, s'apprêtait à recevoir, lui, 3 millions d'euros et que son salaire comme président de la Ligue de football allait tripler. Un bonus, précisait l'article, prélevé sur les sommes prévues pour les intermédiaires[1].

Une question surgit immédiatement dans mon esprit : comment un homme agissant ès qualités de président de la Ligue pouvait-il d'un côté solliciter des banques d'affaires et des avocats mandatés pour choisir un fonds capable d'aligner 1,5 milliard d'euros cash et de l'autre toucher de l'argent du gagnant ? Imagine-t-on un maire ou un chef d'entreprise lancer un appel d'offres à plusieurs groupes de construction et être remercié, à la fin, par celui qui l'emporte ?

Je me suis dit que quelque chose clochait dans le monde du football. Et pas seulement les SMS grivois du président de la Fédération française de football (FFF), Noël Le Graët. Qu'il y avait, mieux caché, plus grave.

J'ai repris avec bonheur mon travail d'enquêteur, celui que j'avais abandonné il y a plus de vingt ans.

Après de rapides recherches et quelques coups de téléphone, les questions se sont bousculées : pourquoi certains clubs ont-ils accepté ce contrat ? A-t-on fait pression sur les députés pour voter dans la précipitation l'obligatoire changement de loi autorisant ce type d'affaire ? Qui a choisi le fonds, qui d'ailleurs se frotte les mains d'une telle aubaine ?

Depuis la signature, la Ligue, moribonde quelques mois plus tôt, mène grand train. Des augmentations de

---

1. « Vincent Labrune touchera 1,2 million d'euros annuel comme patron de la Ligue et de sa société commerciale », *L'Équipe*, 10 novembre 2022.

salaires à gogo, des promesses de bonus vertigineux, un nouveau siège acheté et rénové à prix d'or... Les clubs vont-ils payer tout cela très cher ? Pourquoi les pouvoirs publics ont-ils laissé faire ? Idem, pourquoi députés et sénateurs n'ont-ils rien vu au moment de changer la loi ? Qui a choisi CVC Capital Partners, le fonds financier qui joue les sauveurs, et à quel prix ?

Allez, je vous emmène dans les coulisses du football. C'est un peu le grand huit, et vous n'êtes pas au bout de vos surprises ! Cette fois, oui, il semble bien que les financiers aient fait main basse sur l'argent du football français désormais entré au pays joyeux de la pure spéculation. Mais qui décroche la timbale ?

Mediapro : quel fiasco ?

Pour bien comprendre cette course au cash, je me suis aperçu qu'il fallait remonter le temps, commander le replay des dernières années, rembobiner la bande et examiner le tout au ralenti, à froid. Sur les images, l'épisode CVC apparaît nettement comme la conséquence directe de l'affaire Mediapro.

Mediapro est cette société espagnole, inconnue des Français, qui a raflé en 2018 les principaux droits télévisuels du Championnat de France pour la période 2020-2024. La chaîne qatarie BEin Sports s'étant adjugé les derniers droits sur une mauvaise interprétation de l'appel d'offres, Canal+ s'est ainsi vu privée de tous les matchs du Championnat de France. Un séisme dans le paysage audiovisuel français, puisque c'était « Canal » qui avait donné une valeur marchande à ces matchs en 1984 et qui, depuis, les détenait, tous ou en partie. Mais avec Mediapro, les clubs récoltent la somme de 1,2 milliard d'euros par an (*versus* 750 millions d'euros). Du jamais-vu !

Deux ans plus tard, après seulement quelques matchs de Championnat, la bonne affaire tourne au cauchemar. Mediapro renonce à payer et à diffuser les rencontres de la saison 2020-2021. Présidents de clubs, députés, économistes et journalistes dénoncent en chœur un « fiasco » et fustigent des Espagnols aux « méthodes de voyous », selon le mot d'un député. Cependant, l'affaire est entendue et, d'ailleurs, assez vite classée. « Je crois que tout le monde avait envie de tourner la page », m'a confié, penaud, un président de club, lorsque je lui faisais remarquer que, décidément, beaucoup de ses souvenirs s'étaient évaporés sur le sujet.

Pour chacun, le scénario du crash est limpide et les responsabilités, parfaitement établies : un méchant, l'impécunieuse Mediapro ; un perdant, Canal+ ; un gagnant, Amazon ; et enfin des victimes, les clubs de football, privés de la somme astronomique de 1,5 milliard d'euros, et dans le premier rôle, un sauveur, l'étincelant Vincent Labrune, aidé dans son héroïsme par un conciliateur judiciaire brillant. Ce n'est pourtant pas la version officielle. Nous allons le voir, la vérité est ô combien différente. Un document en particulier va contribuer à cette enquête. Pendant une grande partie de l'année 2021, deux députés mènent une mission parlementaire intitulée : « Les droits de diffusion audiovisuelle des manifestations sportives ».

Sur la route du cash

Le député des Alpes-Maritimes Cédric Roussel (La République en marche) s'étonne dans son long rapport : « L'Assemblée nationale est la seule institution à ce jour à s'intéresser de près au contexte et aux raisons de ce défaut par Mediapro. Le président du club de football du Paris Saint-Germain, Nasser al-Khelaïfi, avait sollicité une enquête interne auprès du conseil d'administration de la LFP, qui l'a refusée. Jusqu'à présent, ni la Fédération française de football, ni l'Agence nationale du sport (ANS), ni le ministère des Sports n'ont sollicité d'audit de cette affaire. »

Ce document est éclairant, mais les dizaines d'heures d'auditions filmées le sont plus encore. Les entretiens des patrons de Mediapro, Jaume Roures, et de Canal+, Maxime Saada, sont très instructifs. Il n'en va pas de même pour la LFP. Malgré son statut de sous-délégataire de service public, ni la présidente Nathalie Boy de La Tour, en fonction lors de l'appel d'offres de 2018, ni le président Vincent Labrune, négociateur du « renoncement » de Mediapro en 2020, n'ont souhaité répondre aux questions des députés. Les personnels de la Ligue, Arnaud Rouger, directeur général, et Mathieu Ficot, directeur général adjoint chargé des opérations commerciales ont, quant à eux, demandé que leurs auditions se déroulent à huis clos. Seul Didier Quillot, directeur général lors de l'appel d'offres, a accepté de répondre publiquement et longuement aux députés.

Ces précieuses archives, des entretiens complémentaires et plusieurs articles de journaux, notamment ceux de *L'Équipe*, qui a suivi assidûment ce vaudeville, permettent de donner une tonalité bien différente, de comprendre le vrai rôle de chacun, le comportement de Canal+, la coûteuse décision finale de Vincent Labrune et un dénouement heureux pour le géant mondial Amazon qui rafle la mise pour des queues de cerises. « Amazon est dans un test de trois ans dans lequel ils vont payer 250 millions par an, qui est le prix le plus bas. En Italie ou en Espagne, ils auraient dû payer 700 ou 800 millions[1] », commente le président du club de Saint-Étienne, Bernard Caïazzo.

La Slovénie ?

Les présidents de clubs assistent au spectacle, éberlués, envoûtés par un Vincent Labrune talentueux, impuissants et terriblement insouciants. Ils ont perdu, selon la mission parlementaire, 500 millions d'euros par an sur les trois prochaines années. Cette saison 2020-2021 est l'*annus horribilis* du football français, d'autant que les clubs ont dû affronter un autre événement exceptionnel avec la pandémie de coronavirus. Au-delà de l'insouciance, leurs présidents ont donné à titre gratuit un spectacle pathétique, la palme revenant cette fois à Jean-Michel Aulas, changeant plusieurs fois d'avis sur le fait d'arrêter le Championnat, avec le même aplomb.

Les présidents ont finalement laissé la main au gouvernement, lequel, lassé ou inconséquent, sûrement un peu des deux, a pris la décision d'arrêter purement et

---

[1]. Mission parlementaire sur les « Droits de diffusion audiovisuelle des manifestations sportives », audition du 22 juillet 2021.

simplement le Championnat, laissant les clubs français comme des « cons », selon l'expression dudit Aulas. La France a été le seul des cinq grands championnats européens, appellation non contrôlée, à s'arrêter avec des dégâts considérables malgré les aides de l'État, pas bégueule sur le coup.

La conjugaison de la pandémie et du naufrage des droits télévisuels offre, à l'été 2021, la vision d'un carnage, « un bain de sang », diront certains, qui pourtant, dague à la main, continueront à porter les derniers coups. L'odeur du sang frais a réveillé tous les opportunistes, prédateurs ou vautours, selon le vocabulaire de la finance, toujours à la recherche de bons plans, de « sous-valeurs », comme on dit pudiquement dans leur jargon.

L'économie du football – l'argent des clubs – est devenue une proie facile et alléchante. Amazon a déjà pris sa part, quelques autres vont donc se servir aussi. C'est à la sortie de la guerre, au son du canon qui tonne encore au loin, que se traitent les affaires les plus juteuses, et que vient le moment de discrètement braquer la caisse.

Les plus habiles vont imaginer une combinaison magique, mariant la vieille lune d'une société commerciale et l'arrivée des fonds. Après les Russes, les Qataris et les Chinois, les fonds sont les nouveaux nababs du football mondial. Les clubs sont poussés dans leurs bras par les pouvoirs publics qui n'ont ainsi pas à mettre la main à la poche, et conseillés dans ce sens par la fine fleur de l'intelligentsia parisienne : les « banques d'affaires ».

La mise en abyme est parfaitement orchestrée, le discours, étudié, la communication, millimétrée. Tout le monde, content, va acheter le scénario présenté par Vincent Labrune. Et les clubs, dans tout cela ? « C'est la seule solution. Ou la faillite ! C'est ce que vous voulez, la faillite ? » Non pas la faillite, monsieur, mais… « Vous voulez vraiment devenir le championnat de Slovénie ? » Non, pas la Slovénie… Notre Championnat vaut 11 milliards ! C'est le chiffre d'affaires de Vivendi ! Ah ?

Tout le troupeau acquiesce. À l'unanimité. Sans trop avoir le choix, sans trop savoir pourquoi. Les clubs, ainsi renfloués de 1,5 milliard d'euros qu'ils avaient perdus sur un coup de bluff, sont rassurés. La Ligue va pouvoir se doter d'un palais, ses représentants – du moins certains d'entre eux –, passer à la comptabilité pour toucher un chèque avec plein de zéros. D'autres vont se réveiller les poches vides. Les noms sont déjà connus…

Atmosphère suffocante

J'avoue ici que j'ai péché par orgueil. Je pensais que quelques coups de fil et entretiens suffiraient à me forger une conviction, confirmant ou infirmant mes intuitions. J'ai dû finalement en mener une cinquantaine pour simplement mieux comprendre, et, tout en restant diplomate – ce qui n'est pas ma principale qualité –, me méfier des « inexactitudes ». Des « inexactitudes » qui couvrent un peu le malaise d'avoir laissé faire ou d'avoir pris les mauvaises décisions.

J'en ai même relevé quelques-unes tournant au mensonge grossier, y compris au cours de mes longues séances de visionnage de la mission parlementaire des députés Roussel et Juanico. Mais, dans le cadre d'une mission parlementaire, les invités ne sont pas tenus de prêter serment, contrairement au format de l'enquête parlementaire, plus contraignant mais qui n'a pas été choisi. Quelques membres auditionnés ont ainsi servi un plaidoyer *pro domo* qui se soucie moins de la vérité que des messages qu'ils souhaitaient faire passer à leurs adversaires ou partenaires. J'ai l'impression que les députés n'ont pas été dupes et le travail qu'ils ont effectué à l'étranger leur a permis de redresser quelques déclarations tordues.

Je remercie tous ceux qui m'ont reçu, parfois durant plusieurs heures, parfois plusieurs fois. La plupart d'entre eux n'ont pas souhaité être cités afin de pouvoir s'exprimer plus librement. Dans un milieu très étroit, étriqué, je respecte parfaitement leur choix. Néanmoins, cela en dit long sur l'atmosphère légèrement suffocante du monde « pro » du football, qui n'est ni plus mauvais ni meilleur que tout autre milieu restreint.

Force est de constater qu'un climat autoritaire y règne désormais. Un président réputé proche de Vincent Labrune m'a fait prêter serment : « C'est du *off*, Christophe, du triple *off*, on est d'accord ? » C'est d'accord, monsieur, « triple *off* ». L'honnêteté – ouh là, que voilà un mot bien suspect de nos jours – me commande de dire que cet autoritarisme est peut-être un mal nécessaire après des décennies où chacun a pris la parole à tort et à travers, plombant souvent l'élaboration d'une solution collective et efficace pour le football français. Quand ils ont accepté de parler sans masque, les auteurs des déclarations se retrouveront dans les notes de bas de page. Au-delà des entretiens, j'ai pioché dans les différents ouvrages sur ce sujet. Ils ne sont pas très nombreux, car les sources d'information sont rares.

J'ai également lu tous les comptes rendus du conseil d'administration de la Ligue, de plus en plus expurgés au fil du temps. Nous verrons pourquoi un peu plus loin. Les présentations PowerPoint qui sont projetées, commentées et débattues pendant les conseils d'administration ne sont pas attachées aux comptes rendus, même les plus décisives. Une façon de procéder qui répond à la logique de protection des données stratégiques, mais, d'une part, celles-ci ne sont pas toutes stratégiques, et, d'autre part, la Ligue a une sous-délégation de service public qui implique une forme de transparence. La création d'une société commerciale a rendu toute cette mécanique encore plus invisible, puisque ni les présidents de clubs, ni la FFF n'ont un siège au conseil d'administration. Mais qui s'en soucie ?

Oscar ou Champions League ?

Je soupçonne les cabinets ministériels successifs d'avoir un œil distrait sur la production des ligues de sport « pro ». Le paradoxe est d'exercer d'un côté une mission économique ultra-concurrentielle, et de l'autre d'être tenu (théoriquement) à cette sous-délégation de service public. Voilà la double ambiguïté, d'une part de l'organisation des fédérations en France, et de l'autre d'un État qui ne s'est jamais penché sérieusement sur la compétitivité du sport professionnel, tétanisé par les salaires des joueurs et par ce que pourrait en dire le peuple, si d'aventure une vraie politique offensive était mise en place.

Est-il plus probe de viser un oscar à Hollywood grâce à la mécanique des aides gouvernementales que de tenter de gagner la Champions League ? Les cachets de certaines stars du cinéma ne nuisent pourtant pas à une politique globale sur le cinéma français, alors que la filière est compétitive à l'étranger. Au centre de ces deux politiques, culturelle et sportive, se trouve Canal+, dont la position dominante est un sujet problématique.

Nous allons d'ailleurs commencer par la chaîne cryptée ou plus exactement par les rapports conflictuels qu'elle entretient avec constance et ténacité depuis vingt ans avec la Ligue de football. Une querelle permanente entre les dirigeants de la chaîne et de la ligue française qui a contribué, largement, à « mettre à genoux » le sport qu'elle avait jusque-là nourri grassement.

Rappelons que l'histoire de ce qu'on appelle les « droits » naît en France en 1984, l'année de création de Canal+. Un ovni dans le monde fermé de la télévision de l'époque : trois chaînes d'État gratuites, dont les programmes commençaient en fin de matinée et s'interrompaient à minuit. Les films montrant des scènes érotiques étaient signalés à l'écran afin que les parents envoient les petits se coucher. Volonté politique de François Mitterrand, cette nouvelle chaîne sera payante. Ses trois arguments de vente seront un film pornographique après minuit, un accès aux films six mois après leur sortie en salle et les matchs de football du Championnat de France. Une triple révolution.

Main basse sur l'argent du foot français

La diffusion de la totalité d'une rencontre de Championnat de France n'existait pas auparavant, même si, pour l'anecdote, le premier match télévisé entre le Stade de Reims et le FC de Metz date du 20 décembre 1956. D'ailleurs, au début des années 1980, les responsables de la télévision n'étaient pas les plus fautifs. Pour les présidents de clubs, la diffusion des matchs de football était vécue comme une punition. Leur manque de clairvoyance n'est donc pas récent. Tout match télévisé faisait l'objet d'un « dédommagement », réparant le préjudice subi par le club sur la vente des billets.

Au sein de ce nouveau « Canal », Charles Biétry est directeur des sports. Il propose aux dirigeants du football un *deal* gagnant-gagnant, même si le terme est galvaudé depuis. Ainsi, en contrepartie de l'exclusivité des matchs, il offre de rémunérer leur diffusion : 250 000 francs (38 000 euros, soit l'équivalent de 78 000 actuels) par tranche de 200 000 abonnés. Ce n'est pas tout, Charles Biétry, dit « Charly » pour tout le milieu de la presse et du football, bouleverse la mise en ondes. Il prépare ses rencontres avec minutie, introduit des statistiques, interroge longuement joueurs et entraîneurs pour offrir un commentaire détaillé et développe une nouvelle manière de filmer avec cinq caméras. Cet amoureux du jeu devient un partenaire solide du football, et la maison Canal+ avec lui. Le 9 novembre 1984, le premier match sur Canal+ est diffusé.

Franchissons un pas de géant dans le temps. 2002 : fini les francs, vivent les euros. On ne compte plus en centaines de milliers, mais en centaines de millions. Les montants ont connu une progression très forte et linéaire

Sur la route du cash

pour atteindre 350 millions d'euros (463 millions d'euros actuels, compte tenu de l'érosion monétaire et de l'inflation). Ces droits ont bondi grâce au succès de la chaîne cryptée, mais aussi par le jeu de la concurrence. Canal+ doit répondre à des procédures d'appel d'offres qui se professionnalisent un peu, sans précipitation. Une autre plateforme satellite s'est installée sur la place. C'est ici que mon récit commence.

1

Je t'aime, moi non plus

Nous sommes en 2004, au mois de décembre. Il fait déjà nuit à Paris. Les premiers lampions de Noël scintillent dans les grandes artères de la capitale qui mènent à l'Étoile. Ce 10 décembre va marquer les esprits en profondeur. Cette longue soirée dicte en effet les rapports de force entre football et télévision et continue de les influencer aujourd'hui.

Je m'en souviens comme si c'était hier. Je suis alors membre du conseil d'administration de la Ligue, mais aussi membre de la commission marketing. Le cabinet d'avocats Clifford Chance, qui pilote les appels d'offres, ne bénéficie pas encore de locaux somptueux place Vendôme ou rue d'Astorg. Il est logé dans un centre d'affaires, là où l'avenue Kleber débouche sur le Trocadéro, à quelques minutes du siège de la LFP.

C'est ici, dans ce centre d'affaires sans joie, que se tiennent, souvent tard le soir, les réunions des commissions marketing ; ce soir-là, selon un processus très encadré, nous nous apprêtons à ouvrir les précieuses enveloppes qui contiennent la proposition des diffuseurs à l'issue d'un appel d'offres historique. La nuit, le moelleux du cuir, les lumières indirectes, les clubs sandwiches, les cannelés et le café pris sur le pouce participent de l'ambiance affairée, légèrement enfiévrée, qui donne l'impression d'être au cœur du réacteur.

La guerre du satellite

Les services de la Ligue ont mitonné un appel d'offres pour les trois prochaines saisons (2005-2008), le troisième du genre. Sur la ligne de départ, deux plateformes satellitaires qui, depuis cinq ans, prennent un soin méticuleux à se détester. Chacune veut s'offrir l'exclusivité du football français.

Je fais les présentations sommaires : à ma gauche, autorisée à émettre par François Mitterrand, Canal+, chaîne à péage, diffuse – et surtout paie – le Championnat de France de football depuis son lancement. Elle a révolutionné la mise en scène qu'on appelle dans le jargon professionnel la « production ». La production, c'est, dans l'aire de jeu, le nombre de caméras, de micros, le type de caméras, etc. Derrière le stade, ce sont de lourds camions, bardés des dernières technologies et de techniciens aguerris sous la direction d'un réalisateur. Les Français sont ainsi devenus des pionniers en la matière et les réalisateurs sont des stars mondiales qui supervisent toutes les grandes compétitions internationales. Bref, Canal, c'est la nouveauté, la qualité, l'imagination et de gros moyens. Pour consolider le spectacle, la chaîne est allée jusqu'à racheter le Paris

Je t'aime, moi non plus

Saint-Germain et donner au public français de grandes vedettes comme, en vrac, David Ginola, Ronaldinho, George Weah, Youri Djorkaeff, Raï ou Leonardo. Canal est devenu le partenaire majeur du football français.

Telle était la donne jusqu'en 1999, avant l'arrivée d'un « nouvel entrant », une nouvelle plateforme de télévision payante diffusée par satellite. À ma droite, donc, Télévision par satellite (TPS), créée à la fin de l'année 1996 sur une idée du Premier ministre Alain Juppé. Tous les poids lourds des médias et des télécoms européens ont été convoqués à son capital[1].

Petit retour en arrière. Pour s'affirmer très vite, TPS a lancé une guerre éclair sur le football. Le tir est précis et la déflagration, puissante. Alors que tout le monde croyait Canal titulaire d'une rente à vie sur le football, TPS gagne l'appel d'offres de 1999, le premier du genre. « Gagner », le terme est mal choisi. TPS fait en effet la meilleure offre avec 100 millions de francs d'écart. Une différence très sérieuse. Mais contre toute attente, Gervais Martel, le président du syndicat des clubs français, l'Union des clubs professionnels de football (UCPF), lance : « Oui, donc, c'est globalement équivalent. » Ses collègues acquiescent. En conséquence, les droits sont attribués au moins-disant : Canal+.

---

[1]. Lors du lancement de TPS, les actionnaires sont TF1, M6, Orange, France TV, RTL et Suez environnement. En 2001 seuls TF1, 66 %, et M6, 34 %, restent actionnaires.

Main basse sur l'argent du foot français

Club Europe

La chaîne cryptée s'est en effet assurée du vote de quelques-uns. Elle alimente une poignée de clubs *via* une organisation secrète, le Club Europe. Les clubs ne disposant pas de leurs droits individuels, une structure pirate a été imaginée afin que six clubs perçoivent plus que les autres. Et, bien sûr, même si ce n'est pas dit ainsi, afin qu'ils favorisent Canal+. Pour maquiller le forfait, le diffuseur a envoyé en catastrophe un courrier pour dire que son offre n'était pas complète et qu'il manquait un bonus sur la progression du nombre d'abonnés… L'affaire du « Club Europe » sera révélée en 2003, lorsque l'opérateur des basses œuvres, Jean-Claude Darmon, mettra sa société Sportfive en vente.

« La fin du contrat Club Europe a coûté cher à Canal+ »,
Les Echos, 19 septembre 2003

En début de semaine, le *Financial Times Deutschland* a révélé que la société de droits sportifs Sportfive, présidée par Jean-Claude Darmon, a été mise en vente par ses principaux actionnaires, le groupe Canal+ (46,4 %) et RTL Group (46,4 %). Un document financier vient aujourd'hui éclairer les rapports complexes entre Canal+ et Sportfive. Ce dernier a été mandaté par une série de clubs de football pour mettre fin de manière anticipée au contrat « Club Europe » passé avec Canal+. Fort logiquement d'ailleurs, puisque le groupe de Jean-Claude Darmon avait été l'architecte de ce contrat conclu en 1999, puis répartissait entre les clubs les sommes

Je t'aime, moi non plus

versées par Canal+. Précisément, la filiale de Vivendi avait acheté pour 250 millions d'euros sur sept ans un « droit d'option prioritaire » sur les droits des matchs de championnat de L1 [Ligue 1], au cas où les clubs deviendraient propriétaires de ces droits à la place de la Ligue.

Jamal Henni

Je vous fournis, en encadré, deux articles de presse qui me semblent refléter la vérité de l'affaire. Je préfère procéder ainsi puisque, d'abord en tant que président de l'Olympique de Marseille puis comme directeur général de Sportfive, j'ai ensuite hérité de ce dossier « Club Europe », et mon propos pourrait paraître biaisé et peu objectif.

« Le foot-business sur le banc des accusés »,
Libération, 19 février 2005

Tir groupé sur le foot français. Jeudi, la Direction générale de la concurrence, de la consommation et de la répression des fraudes (DGCCRF), les enquêteurs du ministère de l'Économie et des Finances, ont procédé à une vingtaine de perquisitions. Clubs (PSG, Lyon, Marseille, Bordeaux et Lens) ; chaînes de télé (Canal+, Sport +, Eurosport et TPS) ; instances dirigeantes (Fédération, Ligue de football professionnel) et sociétés commerciales (Foot Communication, Profootball, Sportfive, IMG, Société Darmon), ont reçu la visite des inspecteurs de la DGCCRF. Que cherchent-ils ?

Main basse sur l'argent du foot français

À vérifier que les règles de la concurrence ont toujours été respectées en matière de droits télévisuels et recettes publicitaires. Il ne s'agit pour l'instant que d'une simple enquête administrative, mais une enquête judiciaire pourrait suivre, une fois les documents saisis minutieusement épluchés. Cette nouvelle affaire, symptomatique des dérives du *foot business* à la française, intervient après l'information sur des transferts au Paris Saint-Germain. Elle implique à nouveau Canal+ (actionnaire à 98 % du PSG), cette fois via un éphémère Club Europe.

C'est effectivement un petit arrangement entre amis qui est dans le collimateur depuis jeudi. Nom de code : Club Europe. Il s'agit d'un accord passé en 1999 entre six clubs (PSG, Lyon, Marseille, Bordeaux, Lens et Monaco) d'une part et Canal+ d'autre part. À l'époque, les droits télé du championnat, sans appel d'offres, ne riment pas avec jackpot. Canal+ règne sans partage sur le foot mais, face à une concurrence qui pointe, la chaîne cryptée décide de faire un pari sur l'avenir : obtenir un « droit d'option prioritaire » pour acquérir les droits d'exploitation des matchs des six clubs en question lorsque ceux-ci seront propriétaires desdits droits. Dans l'euphorie post-championnats du monde, Canal+ parie sur un changement à terme des règles du jeu des droits de retransmission. À la propriété collective des droits en vigueur, concernant tous les clubs de L1, la chaîne pense que, comme en Angleterre, en Espagne ou en Italie, se substituera bientôt la propriété individuelle : les clubs négociant directement leurs droits avec les télés. En contrepartie, la chaîne s'engage à verser 18,29 millions d'euros en 1999 ; 29 millions en 2000 ; 32 millions en 2001 ; 35 millions

Je t'aime, moi non plus

en 2002 et 45,73 millions d'euros prévus entre 2003 et 2005. Le pactole envisagé était de 250 millions d'euros sur sept ans. Il n'atteindra en fait que 160 millions. La chaîne cryptée missionne l'incontournable Jean-Claude Darmon, alors patron éponyme du groupe, pour conclure ce pacte qui sera signé le 15 avril 1999. Le Club Europe est né, mais Canal n'est pas au bout de ses surprises. D'abord, la croisade des clubs pour obtenir leurs droits est réduite à néant par la loi Buffet qui confirme la propriété collective des droits. Ensuite, le 14 décembre 2002, Canal+ obtient l'exclusivité des droits de la L1, mais, début 2003, le Conseil de la concurrence, saisi par TPS (détenu à 66 % par TF1 et 34 % par M6), en gèle l'attribution, s'étonnant de l'appartenance au Club Europe de présidents de clubs siégeant au conseil d'administration de la LFP. Le Club Europe est alors dissous, mais Canal a déjà versé les 160 millions d'euros. Dernier épisode en date, qui justifie le ramdam actuel, la plainte contre X devant le parquet de Paris déposée en octobre 2004 par l'Association des petits porteurs actifs (Appac) dénonçant cet accord mystérieux. Ce qui explique la perquisition effectuée jeudi à Canal+, actionnaire majoritaire du PSG également visité.

Étienne Labrunie

Une « boucherie »

Les présidents de quatre des six membres du Club Europe (Lens/Martel, Lyon/Aulas, Monaco/Campora, Bordeaux/Triaud) font partie des huit présidents de la Ligue 1 présents à son conseil d'administration. De son côté, la société Sportfive gère alors les droits commerciaux de quatre des six membres de cette organisation. On note, pour l'anecdote, la position acrobatique du groupe M6, à la fois propriétaire des Girondins de Bordeaux d'un côté, et de TPS de l'autre.

« Dans la salle où se déroulent l'appel d'offres, tous les portables sont ouverts, c'est une boucherie », se souvient l'un des participants. « Bon, s'excuse-t-il, c'était le premier appel d'offres. » La LFP vient juste de recruter un avocat brillant, un gros cabinet américain, tenu à Paris par un Français, Yves Wehrli. Cet ancien avant-centre très rapide déconseille d'attribuer les droits à Canal+ dans ces conditions. « On va droit au procès ! » dit-il aux présidents présents.

C'est bien le cadet de leurs soucis. À l'époque, le trio Campora-Martel-Aulas domine les débats. Ils tolèrent Noël Le Graët et sont conseillés par l'inévitable Jean-Claude Darmon.

La riposte est fulgurante. TPS va droit au tribunal. Car en face, ce ne sont pas des guignols. Les dirigeants de TPS sont rompus aux joutes judiciaires, ne les redoutent pas et aiment la castagne. Des négociations s'engagent rapidement pour éviter de longues et coûteuses procédures.

Au rez-de-chaussée de la LFP, c'est du Audiard, les balles sifflent et les verres ne restent jamais vides. Nous sommes en noir et blanc dans la cuisine des Tontons flingueurs. Autour de la table, on remarque, entre autres, Jean-Louis Campora, le « bon docteur Campora », une silhouette de sumo, riche médecin proche du prince de Monaco ; le facétieux Gervais Martel tirant sans cesse sur une blonde, légèrement bègue et racontant des blagues avec son accent ch'ti. Désopilant et malin. Jamais très loin, les deux s'adorent, Jean-Michel Aulas, vif et tenace, celui qui veut se faire une place en haut de l'affiche, prêt à marcher sur toutes les têtes. Le trio des grandes gueules est accompagné de Noël Le Graët, alors président de la Ligue. Le Breton est ombrageux et taiseux, mais il est à la barre.

En face, les télévisions. Les dupés d'abord. TPS, avec l'austère patron de TF1, Patrick Le Lay, ingénieur, un fidèle du groupe Bouygues, dur au mal. Il s'est associé pour la circonstance au patron de M6, Nicolas de Tavernost, aussi élégant qu'exigeant. Difficile de le piéger. De l'autre côté, flingues en pogne, c'est l'équipe Canal+, avec Pierre Lescure et Michel Denisot.

Cette fine équipe, après quelques rencontres d'anthologie, trouvera entre poire et fromage la voix du grand partage. Canal+ récupère le lot 1, le premier choix ; TPS, le choix 2 et six rencontres pour le « pay-per-view », le paiement à la séance. Le Lay et Tavernost ont ainsi un bon paquet de matchs pour alimenter leur bouquet numérique. Le tout, pour quelques figues. « Il a super bien joué le coup, Le Lay, se souvient l'un des conseils de la LFP. Alors que TPS, qui avait proposé la plus belle offre, laisse filer le choix 1... »

Patrick Le Lay commet une bourde stratégique. Il accepte de laisser le lot 1. Il prend tout le reste et est heureux de son coup. Sauf que, sans le lot 1, c'est compter sans OM-PSG, sans le match retour, ou sans OM-OL, sans les matchs à enjeu de la fin du Championnat, etc. Il le comprendra un peu tard. Auxerre-Sedan ou Le Havre-

Main basse sur l'argent du foot français

Rennes et toutes les autres rencontres, c'est bien, mais pas suffisant pour asseoir le téléspectateur devant son téléviseur après lui avoir demandé de payer. Néanmoins TPS s'installe.

Un deuxième tour de manivelle

Le deuxième appel d'offres, en novembre 2002, ne vaut pas mieux en matière de droits, mais toujours son pesant d'or pour le folklore. Les offres de TPS et de Canal+ sont proches, si proches…

« Vous ne trouvez pas ça louche ? » demandent les avocats aux présidents. « Pas du tout, c'est la valeur des droits », répondent-ils en chœur. Outre l'obtention d'une information privilégiée, Canal+ a sorti une botte secrète. Elle a enchéri sur les trois lots mais stipule que, si elle est retenue pour les trois, elle versera une prime de 50 %. Les avocats sont grognons. Pour eux, cela ne fait pas un pli : retour direct au tribunal si Canal+ l'emporte. C'est une manœuvre anticoncurrentielle que la justice brisera. « On va direct dans le mur », dit l'un des avocats aux présidents de clubs. « Je… je ne vois pas les choses comme cela », commente Gervais Martel dans son phrasé saccadé. *Bis repetita placent* : les autres présidents approuvent. Canal+ emporte donc la mise.

C'est reparti pour un tour de manivelle. TPS reprend le chemin du tribunal. Des nouvelles négociations et une innovation : un médiateur. Ce dernier finit par convaincre chacun de maintenir le même dispositif que lors du contrat précédent, ce qui donne lieu à un Yalta

Je t'aime, moi non plus

télévisuel : prolongation du contrat existant jusqu'à l'échéance de la saison 2004-2005.

Dans l'attente, les deux bouquets satellitaires s'affairent en coulisses pour s'accorder les faveurs des clubs. Ils tentent de cibler les présidents de clubs qui auront, selon eux, de l'influence lors du prochain appel d'offres : ceux qui pourraient, en cas d'égalité ou de litige, faire pencher la balance.

Dans leur collimateur, plusieurs personnalités bien différentes : le président de Sedan[1], Pascal Urano, très apprécié des « petits clubs », Jean-Pierre Louvel, le président du Havre, Jean-Michel Aulas, le remuant président de Lyon, ou Gervais Martel, alors président de l'UCPF.

J'ai aussi gagné un peu d'importance aux yeux des diffuseurs en contraignant de manière brutale la Ligue et mes collègues à revoir la répartition des droits. L'OM, absent des instances depuis belle lurette et banni depuis l'affaire VA-OM, est ainsi revenu dans le jeu au conseil d'administration. Et puis l'OM truste le fameux « choix 1 » et les audiences.

Alors, j'accueille le patron de TPS, Emmanuel Florent, qui vient quelquefois dîner à la maison pour plaider sa cause et témoigner de son amitié. Canal+, de son côté, soutient et diffuse notre chaîne de club, OMTV, sur Canal satellite. Bertrand Meheut, le PDG de Canal+,

---

1. Pour les plus jeunes, Sedan était un club de première division, une sorte de camp retranché dans les Ardennes, où la victoire n'était jamais facile, qualifié en Coupe d'Europe en 2002, descendu en 2007 en Ligue 2, Sedan a été liquidé en 2013, finalement repris, et évolue désormais au niveau national.

réunit le Club Europe pour « faire passer des messages ». Nous sommes au cœur d'une guerre industrielle décisive pour la maîtrise des ondes et le Championnat de France en constitue l'arme atomique.

Baygon vert

Ainsi, en 2004, après ces deux premiers appels d'offres peu rigoureux, nous sommes tous chargés de cette électricité autour de la table de réunion du cabinet Clifford Chance. Nous sommes concentrés, excités et fébriles. Nous nous préparons à une nouvelle explosion.

Pour nos clubs, pour le buzz, pour le football, nous rêvions en grand. La totalité des droits du moment était alors, je le rappelle, de 350 millions d'euros. Les oracles du football gonflent la poitrine et, sans trop y croire, pronostiquent un montant symbolique et faramineux, un beau gros chiffre tout rond de 500 millions d'euros, rien que cela, en augmentation de plus de 40 %. Jean-Michel Aulas, toujours la langue bien pendue dans ces moments-là, annonce ce chiffre partout. C'est lui qui, vingt ans plus tard ou presque, seul rescapé, annoncera avant l'arrivée de Mediapro la barre du milliard d'euros.

Chez Canal+, la pression est à son maximum. En quelques années, l'état-major a été chamboulé. La chaîne a été entraînée dans le tourbillon délirant de sa maison mère, Vivendi, poussée au bord du précipice par Jean-Marie Messier, coqueluche du monde des affaires. Le bel édifice est devenu fragile comme du verre. Une proie facile que lorgnent désormais le groupe TF1 et le groupe

Je t'aime, moi non plus

Lagardère. Le romantisme est terminé. Pierre Lescure a été jeté dehors le 16 avril 2002, puis son remplaçant, Xavier Couture, l'a suivi quelques mois plus tard, en février 2003.

Un ingénieur polytechnicien, Jean-René Fourtou, chargé de redresser Vivendi, nomme un ingénieur à la tête de Canal+. Pour diriger une télévision, vraiment ? Oui. Bertrand Meheut, 50 ans, n'a pas fait l'X, mais est ingénieur des Mines de Nancy. Il a fait toutes ses gammes dans l'industrie, lorsqu'il débarque à Canal+ dans les pas de Fourtou. Cette fois, pas de doute, Canal+ a changé d'ère.

Voici donc Meheut. Fini les paillettes, les grandes fêtes à Paris ou à Cannes. Le bonhomme n'est pas *show off*. Large front, lèvres pincées, regard métallique derrière une paire de lunettes rectangulaires à monture épaisse, ton monocorde et des allures de techno. Il n'est pas là pour faire la une et il ne la fera pas. Il vient pour sortir Canal de l'ornière et chasser les prédateurs qui rôdent.

« Meheut porte le costume avec la même évidence que Pierre Lescure arborait le jean et les santiags. Et honore ses rendez-vous avec une ponctualité aussi légendaire que les retards de Lescure[1] », écrit *Le Télégramme de Brest*. Meheut a hérité d'une dette de 5 milliards d'euros et perd, selon lui, plus de 700 millions d'euros par an. Celui que ses collaborateurs ont surnommé « pesticide » ou « Baygon vert », au vu de son passé dans l'agrochimie, a sorti le pulvérisateur. Voici ce qu'en dit

---

1. « Canal+, Bertrand Meheut ne fait pas le guignol », *Le Télégramme de Brest*, 18 mai 2003.

Main basse sur l'argent du foot français

Renaud Revel, spécialiste des médias dans *L'Express* : « Il a d'abord joué les sicaires, éliminant la bande à Lescure, des saltimbanques remplacés par une phalange de managers de choc[1]. » Et lorsqu'on lui parle de « la grande époque » de Canal+, Méheut rétorque froidement : « La grande époque de pertes, oui[2]. »

La paix des braves avec TPS ne lui plaît pas, la seule idée d'une plateforme concurrente non plus. Bertrand Meheut a pris une décision irrévocable. Il veut tuer TPS. Sa première bataille commence par le football. Alors, le soir, il tourne et retourne les chiffres, seul, dans son bureau ou tard chez lui. Il refait les calculs et « prend son risque », comme on dit. Il mise tout sur la conviction que TPS, privée des droits du football français, devra rendre les armes tôt ou tard. Plus question d'un accord, plus question de partage. Meheut veut tout. On le dit prêt à y mettre le prix. Il a fait parvenir les enveloppes au cabinet d'avocat.

Pour appâter les deux plateformes, les services du marketing de la LFP, menés par Stéphane Dor et Jean-Guillaume Welgryn, ont découpé la diffusion du Championnat en quatre lots qui ne peuvent pas se combiner. Les quatre offres sont remises simultanément. Impossible de compenser la perte d'un lot en mettant les sommes économisées sur le suivant pour espérer gagner l'enchère. Bref, il faut mettre le prix fort sur chaque lot pour l'emporter. Ah, un dernier détail : tout lot emporté doit être diffusé par le vainqueur. Aucune possibilité de

---

1. « L'esprit Meheut », *L'Express*, 19 octobre 2006.
2. *Ibid.*

revente. Là aussi, c'est tout ou rien. Les enveloppes sont remises à un huissier.

Avenue Kléber, Frédéric Thiriez tourne en rond et grille cigarette sur cigarette. Le président de la Ligue est un impatient. Enfin, il décachette les enveloppes d'un geste sec et sort les feuilles de résultats. Canal+ a raflé la mise sur chacun des quatre lots.

L'addition est vite faite. Total : 600 millions d'euros !

Un coup de tonnerre dans la nuit parisienne.

Un Championnat rincé

600 millions d'euros ! 1,8 milliard d'euros sur trois ans pour une chaîne exsangue. 600 millions aussi pour un Championnat en toc, pas complètement remis du naufrage de l'OM après avoir été « à jamais les premiers » à remporter une coupe d'Europe. Saint-Étienne ne s'était pas mieux remis. Certes le PSG a remporté en 1996 la Coupe des coupes (ou la « C2 »), une coupe d'Europe en carton qui a d'ailleurs, depuis, disparu du catalogue de l'Union des associations européennes de football (UEFA).

Certes, l'OL, grâce à la ténacité de Jean-Michel Aulas, est monté en puissance et a déjà aligné trois titres de suite, mais le Championnat est par ailleurs lessivé par l'arrêt Bosman, qui depuis 1994 autorise la libre circulation d'abord des joueurs européens, puis petit à petit de tous les autres. Toutes les vedettes françaises sont parties vendre leur talent, qui en Angleterre, qui en Italie, en Espagne et en Allemagne, où les fiscalités plus douces et où les moyens plus importants permettent aux clubs d'offrir des sommes mirobolantes. Tous les champions du monde français de 1998 se sont exilés vers l'AC Milan, la Juventus, Arsenal, Manchester, Barcelone, le Bayern, en bref, les clubs appartenant au « *Big 4* ». Les clubs français sont saignés à blanc, et doivent souvent se contenter de seconds couteaux, de joueurs prêtés ou de joueurs à relancer.

D'ailleurs, depuis cette date de 1994, la victoire de la Champions League, dans sa nouvelle formule, n'a échappé que deux fois en vingt-huit ans aux clubs des pays du *Big 4*. Le dernier exploit remonte à 2004, lorsque le FC Porto de Mourinho bat sèchement l'AS Monaco de Didier Deschamps 3 à 0.

« *Arrête tes conneries, demi-gros* »

Mais en 2004, les présidents n'avaient pas la même lecture. Ils avaient le nez sur le guidon. On avait beau le railler en Europe, ce Championnat valait 600 millions ; oui, cette compétition de deuxième choix valait 1,8 milliard sur trois ans. Le lendemain matin, toujours dans les locaux de Clifford Chance, pour le conseil d'administration qui doit valider les résultats de l'appel d'offres, les présidents étaient tous béats, le sourire tiré à l'élastique.

Je pris la parole ce jour-là : « Puisque nous nous attendions à 500 millions d'euros, nous pourrions garder 100 millions afin de créer une réserve, une caisse de solidarité. On ne sait pas trop ce que l'avenir nous réserve. Et puis, nous pourrions consacrer une partie de la somme pour la recherche et le développement. » La réponse fusa comme l'éclair : « Mais tu ne vas pas nous casser les c***, Bouchet, on a le pognon, on le dépense. Non vraiment, arrête tes conneries, demi-gros. »

Pan sur le bec. Il n'y avait pas grand-chose à ajouter. D'autant que l'auteur de la saillie, Pascal Urano, le président de Sedan, était certainement celui qui possédait la meilleure analyse du système, un type aux allures de maquignon, aux mains épaisses et au langage direct et imagé, mais toujours astucieux et finalement assez sage. Pascal Urano, par sa masse, sa voix et son intelligence, exerçait une réelle influence sur les autres présidents et il n'y eut plus aucun débat sur le sujet. On n'y reviendra plus jamais.

Si, chaque saison à partir de cette année-là, les clubs avaient mis ne serait-ce que 50 millions à la banque, ils auraient passé sans dommage la crise du Covid et auraient franchi l'épisode de la faillite Mediapro avec légèreté.

Peu importe. Les bouchons de champagne sautent rue Léo-Delibes. C'est l'euphorie. Nous voilà riches ! + 70 % ! Gervais Martel raconte quelques bonnes blagues et on sort les cigares. Les présidents repartent dans leurs clubs, repus et comblés. Le père Noël est passé en avance, abandonnant dans chaque cheminée de Ligue 1 et de Ligue 2 de gros paquets de billets.

Les économistes sont estomaqués. La presse parle d'un non-sens économique. Ils chiffrent à 800 000 le nombre de nouveaux abonnés à aller chercher, en supplément des 5 millions actuels. « Il y a des guerres qu'on est heureux de perdre », dit Nicolas de Tavernost, le patron de M6 et actionnaire de TPS.

Le journaliste Gérard Dreyfus est un excellent observateur de l'économie du football. Sur le site de la radio RFI, il écrit dès le lendemain, avec clairvoyance : « Les enchères ont fait une victime, sans qu'on puisse déterminer lequel des deux groupes [mourra][1]. »

Un enfer

À quelques kilomètres du Trocadéro, dans son bureau aux lignes épurées et à l'atmosphère aseptisée, le président Meheut est célébré par ses équipes. Canal+, ce sera désormais « toute la Ligue 1 ». Le patron est ravi du tour qu'il vient de jouer à ses voisins de TPS. Il offre néanmoins un visage de marbre, écartelé entre la joie de cette victoire et l'enjeu qu'elle représente désormais. On ne le prend plus pour un ascète, mais pour un fou.

Néanmoins, pour fêter ce succès, il convie Frédéric Thiriez, le président de la LFP, Jean-Pierre Hugues, qui vient d'arriver comme directeur général, ainsi que Stéphane Dor et Jean-Guillaume Welgryn. Il a choisi une de ces tables où il faut être vu à Paris, au milieu des Champs-Élysées. Chacun s'apprête à célébrer tout cela dignement. Le PDG lance l'apéritif. Le champagne n'est pas encore dans les coupes qu'il glace tout le monde : « Je vais être clair avec vous, je vous avertis, plus jamais

---

1. RFI, 13 décembre 2004.

Je t'aime, moi non plus

Canal+ ne remettra autant d'argent sur la table. » Voilà qui jette un froid.

Le message est sans ambiguïté, une fois débarrassé de TPS, Canal fixera son prix. Un bourre-pif. En pleine paix. La stratégie est lumineuse, sans être complètement formulée. Débarrassés de tout concurrent, nous imposerons notre prix. Tout le monde a entendu le message à la Ligue. Les réjouissances seront de courte durée. Autre déception pour les convives, à l'évidence Bertrand Meheut, le football, ce n'est pas son truc.

La traduction pour les équipes de la Ligue est immédiate, froide et juridique : « Nous avons vécu un enfer. Nous avions envoyé un premier modèle de contrat pour échanger. Le retour est cinglant. Canal+ nous renvoie une proposition bardée de clauses pénales à chaque paragraphe. On ne pouvait pas être ainsi sous la menace de Canal. Nous avons donc imposé des standards sur tous les sujets ou presque, de la qualité de lumière dans les stades aux couleurs des chasubles... Mais les discussions ont été âpres[1]. »

Même ambiance chez Canal+. Le service des sports bascule dans une autre dimension. Terminé le supportérisme, vive l'industrie. Le journaliste Michel Denisot, directeur des sports, laisse rapidement sa place à un énarque inspecteur des finances, ambitieux et prometteur ; Alexandre Bompard[2]. Celui-ci, par chance, aime vraiment le football. Le doute n'est pas permis. Il arbore

---
1. Entretien avec l'auteur.
2. Alexandre Bompard deviendra ensuite PDG d'Europe 1, de la Fnac, puis de Carrefour.

au revers de son veston une médaille qui vaut tous les sauf-conduits dans le monde du ballon rond : son père, Alain, a été président du club mythique de l'AS Saint-Étienne pendant six ans. Il a le langage et les codes. Malgré tout, Bompard n'est pas là pour faire des analyses de matchs ou des passements de jambes. On vous dirait dans l'entreprise qu'il est « focus sur le produit ».

Un cadre de Canal+ se souvient de l'ambiance : « Ils avaient misé gros, ils étaient persuadés que, trois ans plus tard, ils auraient l'équivalent de la Premier League anglaise, mais ils sont vite devenus dingues quand un arbitre décalait un match parce que le terrain était gelé. En interne, Meheut invoque les dieux du football : "Il faut plus de buts, plus de spectacle." De fait, en interne, le niveau d'exigence est devenu très élevé. » Ainsi Canal+ en veut pour son argent et met la pression sur la Ligue.

L'ingénieur et le danseur de claquettes

Au fil des ans, entre la LFP et son principal financeur, la haine s'épaissit. Condamnés à vivre ensemble, ils ne trouvent pas, ni du côté de la télévision, ni du côté du football, les moyens de se parler. Les deux institutions s'affrontent dans un bras de fer permanent, bloc contre bloc, sans jamais le moindre signe de dégel. En outre, Bompard s'en va, et son successeur, dans l'ombre de Meheut, est Rodolphe Belmer, un marketeur qui coche toutes les cases : HEC, Procter, McKinsey... mais qui n'aime pas le football.

Je t'aime, moi non plus

Les relations personnelles entre les dirigeants des deux institutions n'adoucissent pas le ressentiment. Entre les deux présidents, c'est un courant faible, sans aucune sympathie. Thiriez prend l'ingénieur Meheut au mieux pour un psychorigide, alors que le patron de la télévision à péage méprise le président de la LFP, un « danseur de claquettes ».

Pour leur malheur – et celui du football –, ces deux-là sont régulièrement reconduits dans leurs fonctions. Ils devront se supporter pendant douze ans[1]. Une situation étrange pour ces deux hommes du même âge qui partagent quelques points communs, dont le plus singulier est qu'ils ne connaissent rien au football. Le jeu ne les intéresse pas plus que son histoire ou ses hommes. Ils ont même un véritable mépris pour l'ensemble des présidents de clubs, pris séparément, ou pire, quand ils sont en troupeau.

Ils sont pourtant, tous deux, des sportifs accomplis. Meheut est un fin régatier ayant terminé cinquième du Championnat de France de Finn en 2005, Thiriez est un alpiniste confirmé avec plusieurs « 8 000 » à son palmarès. Mais, non, vraiment, aucune connexion ne s'établit entre mer et montagne, entre ce Breton taiseux et l'exubérant Parisien.

Le directeur général de la LFP Jean-Pierre Hugues est, lui, apprécié des équipes de Canal+. Mais cet ancien préfet, poli, habile, diplomate et doté d'un solide carnet d'adresses dans la haute administration, ne parvient pas à les contenir.

---

1. Bertrand Meheut est PDG de Canal+ de 2003 à 2015, Frédéric Thiriez, président de la LFP de 2002 à 2016.

Main basse sur l'argent du foot français

« On mène la danse »

« Le problème, dit un cadre de Canal+, est qu'il n'y a pas d'homme de "produit" à la tête de l'institution. Thiriez et Hugues sont tous deux énarques. Ça tombe bien droit mais ce ne sont pas des hommes de produit. »
Ainsi, depuis 2004, depuis cette offre fatale de 600 millions d'euros, Canal+ est enragé par l'exclusivité, obsédé par l'idée d'étouffer ses concurrents, de les éliminer un à un. Le football a donc estimé que cette stratégie d'élimination était sa principale menace et compris que la concurrence était la condition *sine qua non* de sa fortune. Et, comme toutes les invectives, les « off » vite publiés, visant les dirigeants, sont sur la place publique, les coups font mal. Ils blessent l'ego, laissent des traces profondes et empêchent les plaies de cicatriser. La relation est à vif. Les présidents de clubs, maladroits, jamais à court d'un bon mot, se réjouissent bruyamment dès que Canal est en danger. La chaîne les méprise.
Ces présidents de clubs ont une conviction chevillée au corps. « Sans nous, Canal+ n'a aucune chance de survie. C'est nous qui menons la danse. Sans le football, ils sont morts. » Ce mantra leur servira de viatique pendant trois décennies. Le héraut de cette thèse, celui qui porte le mieux cette évidence et qui la ramène souvent sur la table, est le président très libéral de l'Olympique lyonnais, Jean-Michel Aulas.
Pour ceux qui mandatent la Ligue, c'est une martingale. Ils donnent pour instruction de ne jamais céder à Meheut, à qui ils font par ailleurs des risettes pour s'atti-

rer ses bonnes grâces et, qui sait, obtenir ses faveurs, un meilleur contrat pour la diffusion de leur chaîne de club ou un contrat de sponsoring.

Pour contrer Canal+, qui avale TPS en 2006 et qui gagne en 2008 plus de 400 millions d'euros par an (Meheut avait donc raison), d'autres adversaires sont dressés sur la route de la chaîne cryptée. Il y a d'abord les télécoms, Orange, puis SFR, et enfin les Qataris d'Al Jazeera qui lance en France la chaîne BEin Sports.

François Hollande, les mains dans le moteur

Le football et la télévision rendant fous tous les hommes de pouvoir, ces joutes se traitent au plus haut niveau de l'État. D'autant que les deux présidents de la République contemporains des appels d'offres suivants sont, eux, contrairement à Meheut et Thiriez, de grands fans du foot. Nicolas Sarkozy et François Hollande observent de près les manœuvres. Ainsi, la société Orange (ex-France Télécom), contrôlée par l'État, n'aurait pas pu mener un combat contre Canal+ sans la neutralité, voire l'encouragement du gouvernement. On prête par ailleurs à Nicolas Sarkozy – on lui prête beaucoup – d'avoir favorisé l'entrée de BEin Sports dans le paysage audiovisuel français pour nuire à Canal+ qui ne lui fait aucun cadeau. Certes, Nicolas Sarkozy est remonté contre la chaîne française, certes, le groupe qatari veut ouvrir une antenne en France comme il le fait simultanément dans de nombreux pays du monde…

mais impossible de conclure sur le rôle du président de la République.

Néanmoins, en 2011, le groupe Al Jazeera, qui n'a pas encore de chaîne en France, participe à l'appel d'offres couvrant les quatre années suivantes (2012-2016). Le groupe qatari gagne l'enchère pour les six derniers matchs de Championnat à hauteur de 90 millions d'euros, ce qui lui permet, ajoutés à d'autres droits, de lancer sa chaîne, créée par Charles Biétry et devenue BEin Sports, juste à temps pour diffuser l'Euro 2012.

Deux ans plus tard, en 2014, BEin Sports est montée en puissance lorsque se profile l'appel d'offres suivant (2016-2020). Cette fois, chacun parie que les Qataris vont avaler d'une seule bouchée le Championnat de France. Et cette fois, le président de la République, François Hollande ouvre lui-même le capot et met les mains dans le moteur.

Deux journalistes du *Monde*, Gérard Davet et Fabrice Lhomme, rapportent dans un livre les propos de François Hollande : « On a sauvé Canal. J'ai reçu discrètement [Rodolphe] Belmer et [Bertrand] Meheut. J'ai appelé l'émir du Qatar et lui ai dit : "Vous allez venir en France en juin, on vous a défendus par rapport aux Saoudiens, on est à vos côtés, mais là, qu'allez-vous faire sur les Rafale ? Il y a aussi l'histoire du foot… Je souhaite qu'il y ait un partage."[1] »

Cette fois, Bertrand Meheut trouve son bonheur dans le partage. Frédéric Thiriez se dira « choqué par les révé-

---

1. Gérard Davet, Fabrice Lhomme, *Un président ne devrait pas dire ça…*, Paris, Stock, 2016.

lations » du président de la République. « Nous avions des soupçons, aujourd'hui nous avons des preuves. C'est une infraction grave au droit de la concurrence. Le football français a été spolié[1]. » Canal+ obtient finalement les trois meilleures affiches du foot français jusqu'en 2020 et BEin Sports les autres, sans augmentation notable des montants.

L'aventure Canal s'arrête ici pour le duo Meheut-Belmer[2]. Cet appel d'offres sera le dernier de Bertrand Meheut. Vincent Bolloré est devenu le nouvel actionnaire de référence de Vivendi, le nouvel homme fort de Canal+. En 2015, le milliardaire organise une purge pour avoir la main sur la chaîne cryptée. Rodolphe Belmer, le premier, Bertrand Meheut, dans la foulée, n'ont pas résisté à sa mainmise sur Canal+, dont il devient le président du conseil de surveillance en septembre 2015.

À la Pyrrhus

Le football a-t-il gagné ? Bien sûr que non. On peut même dire que, après le coup de tonnerre de 2004 et la certitude de détenir la martingale pour aligner sans aléas les six bons numéros du loto, les clubs français ont patiné. Ils se sont embourbés dans une guérilla inutile

---

1. « Droits TV/Hollande : "Le foot français doit se porter devant les tribunaux", selon Thiriez », AFP, 25 octobre 2016.
2. Le duo rebondira brillamment. Bertrand Meheut deviendra vice-président de SFR en 2016, puis président du PMU en 2018. Rodolphe Belmer ira diriger Eutelsat en 2016, puis Atos en 2021. Un an plus tard, en 2022, il deviendra PDG de TF1.

commencée un midi de décembre 2004, dans un restaurant chic des Champs-Élysées.

Certes, visuellement, la courbe des droits de télévision de la Ligue 1 a augmenté. Sans fièvre. Les montants payés pour le cycle 2016-2020 affichaient 726,5 millions d'euros au compteur. Un résultat plus élevé qu'en 2004 (600 millions d'euros). Mais les graphiques et les chiffres sont parfois de faux amis. Si on actualise tous les chiffres en fonction du coût de la vie et de l'érosion monétaire, leur véritable valeur donc, on s'aperçoit que les droits sont stables, voire en baisse.

Ainsi, en euros constants (2022), les droits de 2004 valent 841 millions d'euros et ceux de 2014, seulement 811 millions d'euros. Pour s'en convaincre, il suffit de passer la tête par-dessus les frontières et de regarder si le pré n'est pas plus vert. Nos droits dits « domestiques[1] » étaient compétitifs en 2004. Ils ne le sont plus du tout dix ans plus tard. Pire, les autres droits diffusés en France, par exemple ceux de la Premier League, ont quasiment doublé pour l'exercice 2016-2019 (de 60 à 115 millions d'euros) ; ceux de la Champions League (UEFA) ont plus que doublé (de 140 à 315 millions d'euros).

Au total, les revenus de la Ligue française, comparés à nos rivaux européens, sont d'autant plus médiocres que les droits internationaux pâtissent d'un contrat en bois, au surplus signé à long terme. L'accord négocié avec BEin Sports pour huit ans est d'un montant de

---

1. Les droits domestiques sont les droits de la Ligue 1 et de la Ligue 2 diffusés par les opérateurs sur le territoire français ; les droits internationaux, ceux diffusés par les opérateurs à l'étranger.

Je t'aime, moi non plus

74 millions d'euros, une misère par rapport aux autres pays européens (Angleterre, Allemagne, Espagne, Italie), à l'aune desquels le football français souhaite pourtant sans cesse être évalué.

Le combat que se livrent avec férocité Canal+ et la LFP a relégué le football français en division 2 européenne. Une victoire pour Canal+ ? Pas vraiment. « Si nous devons remporter une autre victoire comme celle-là sur le football, nous sommes perdus », auraient pu dire les dirigeants de Canal, parodiant Pyrrhus face aux Romains. La chaîne relaie donc un football de deuxième choix, pas compétitif sur le plan européen, ne tenant qu'à un fil par défaut de résultats de ses produits vedettes : le PSG et l'OM. Heureusement, la politique parisienne de « stars » et la popularité de l'OM, à peine émoussée, maintiennent l'illusion. Certes, la chaîne cryptée aligne depuis quinze ans – en moyenne – des bons résultats, mais son produit d'appel est devenu très fragile... Manquant d'attractivité, la chaîne prétend d'ailleurs que ce « produit », on y revient, n'est plus indispensable à sa grille de programmes. Vraiment ? Les présidents de clubs n'en démordent pas. Ils restent persuadés du contraire...

2

La malédiction du perroquet

Débarrassés des dirigeants de Canal, décidés à prouver leurs convictions, les présidents de clubs préparent l'avenir à leur sauce. Et il y a beaucoup de grumeaux. Ils se chicanent, se provoquent, se défient, s'invectivent. L'été 2015 est aussi agité dans le football que chez Canal. C'est même l'année du grand schisme entre les clubs de Ligue 1 et de Ligue 2, les premiers étant lassés de subventionner les seconds.

L'atmosphère s'est chargée de nuages menaçants. Elle devient franchement orageuse pendant l'été. Pour quelle raison ? La Fédération française de football, à la demande des clubs de Ligue 2, casse une décision prise par la LFP limitant à deux clubs (contre trois précédemment) le mécanisme de descente/montée d'une division à l'autre. Les clubs de Ligue 1 décident sur-le-champ de démissionner du syndicat commun des clubs professionnels.

La fronde est menée par un improbable duo de circonstance, composé de deux ennemis : Jean-Michel Aulas, président de Lyon, qui milite depuis des années pour détacher la Ligue 1 de son encombrante petite sœur, et son voisin stéphanois, Bernard Caïazzo, moins ferme sur le dogme, qui brigue la présidence de la future organisation indépendante et voit ainsi l'occasion – enfin ! – de briller.

Dix-huit clubs signent rapidement un communiqué dont les présidents de Paris (Nasser al-Khelaïfi), Marseille (Vincent Labrune) ou encore Monaco (Dmitri Rybolovlev). Trois semaines plus tard, toute la Ligue 1 – sauf Guingamp, le club du président de la FFF – crée son syndicat nommé sans imagination Première Ligue, en écho à la Premier League britannique anglaise. Les clubs de Ligue 1 en rêvaient depuis longtemps. Leur objectif est clair : créer une société commerciale et conserver pour eux l'intégralité des droits télévisés récoltés en leur nom.

Côté Ligue 2, les présidents sont combatifs. Ils tentent un coup de force en essayant d'imposer Jean-Michel Roussier, ancien président de l'OM et de Nancy, à la tête de la Ligue. Sans résultat. Ils demandent alors la démission de Frédéric Thiriez.

Cette dislocation ne suffit pas aux clubs de Ligue 1. Leurs dirigeants ont signé un pacte : éliminer les deux énarques qui sont aux affaires. Ils cherchent un homme au CV indiscutable, mais – c'est fondamental pour la fiche de poste – un profil à l'échine souple, un caractère malléable et obéissant. Obéir à qui ? Voilà le sujet. Au libéral Aulas ? Au tonitruant Caïazzo ? Au décalé Kita ? Au colérique al-Khelaïfi ? Au secret Labrune, qui joue double jeu et conseille Thiriez en coulisses ?

La malédiction du perroquet

Un ami de la famille

Leur choix se porte sur Didier Quillot. Il est certes soumis au vote des présidents de clubs – ce qui en dit long –, mais le scrutin est présenté au candidat comme une simple formalité. Il emportera finalement le poste, avec difficulté, avec dix voix sur dix-neuf. Curieux débuts pour un DG, devenu « DG exécutif », annonçant ainsi le passage de Frédéric Thiriez au rang de président non exécutif.

Didier Quillot est un ami de la famille. Autrefois PDG d'Orange France, il avait généreusement arrosé les clubs – un Club Europe remanié avec les mêmes acteurs. Il fut aussi président de Lagardère active, branche médias du groupe Lagardère. Il entretient des relations amicales avec plusieurs présidents de clubs.

D'un format plutôt carré, de commerce agréable, doté d'une voix de radio dans laquelle on perçoit quelques traces chantantes du Sud-Ouest, Didier Quillot rêvait de télévision – il venait d'échouer à la présidence de France Télévisions – et de foot. Il voulait le poste. Il a d'ailleurs un « track record », dit-on chez les businessmen, qui fait le job. Il aime également la chaleur des projecteurs et la fréquentation des vedettes, ce qui rend cet ingénieur monté à Paris, cela dit sans mépris, attachant. Attachant mais fragile. Or, les présidents comptent sur lui pour faire décoller, enfin, les droits auxquels ils ont droit.

Il n'y aura pas de round d'observation.

Trois semaines après son arrivée, Didier Quillot et Frédéric Thiriez siègent ensemble boulevard de Grenelle, dans l'immeuble biscornu et sans charme de la

Fédération française de football. Ils tiennent leur assemblée générale dans l'auditorium avec, à la tribune, Didier Quillot dirigeant la manœuvre pour expliquer des modifications des statuts de la Ligue.

Le bouillonnant Frédéric Thiriez est étonnamment calme. Il lisse sa moustache et n'intervient pas dans les débats. Le sujet du jour est donc de graver dans les statuts la fonction « DG exécutif », un patron en somme, et celle de président « non exécutif », un « danseur de claquettes » en bref, ou pour être plus exact un chanteur d'opérette, ce que Thiriez est, avec talent.

Alors que les échanges s'essoufflent, le président dégradé, pardon, « non exécutif », selon les nouveaux statuts, se penche vers Didier Quillot et lui glisse à l'oreille : « Je peux parler, Didier ? » Quillot, étonné par cette question, lui répond : « Bien sûr, Fred, c'est toi le président, c'est à toi de conclure. » « D'accord, je vais annoncer ma démission », lui lâche-t-il froidement. Frédéric Thiriez se dirige vers le pupitre, sans un regard pour l'assistance, et, d'une voix blanche, lit un discours, un « message personnel », précise-t-il. « Quand une page se tourne, autant la tourner complètement. [...] J'ai donc décidé de me retirer dès aujourd'hui pour laisser la place aux générations suivantes. Ce monde étouffe de personnalités qui s'accrochent à leur poste, parfois même pour ne rien faire d'autre que les occuper[1]. » Il replie ses feuilles et tourne les talons.

Le président, amer, jette les gants et quitte le ring. Il a rendez-vous avec un journaliste de *L'Équipe*, à qui

---

1. Procès-verbal, assemblée générale de la LFP, 15 avril 2016.

il annonce la nouvelle afin de sceller cette démission. Il n'est pas le seul sonné : « Je me retrouve comme un con, je ne sais même pas qui devient président dans un tel cas », confie Quillot. Arnaud Rouger, le directeur administratif, lui fournit la réponse rapidement : c'est le plus ancien du collège des indépendants. Il s'agit de Jean-Pierre Denis, le président du Crédit mutuel. Didier Quillot est stupéfait, il réveille Noël Le Graët, qui se repose dans sa maison de Martinique. Il lui annonce la démission de Thiriez et l'intérim de Denis : « Surtout, tu ne fais rien. Ça va mal se passer avec Denis. »

Jean-Pierre Denis et Noël Le Graët se connaissent bien, le premier est le banquier du deuxième... Ambiance. Mais Denis doit assurer l'intérim, c'est la règle. Quillot et Denis prennent leurs marques. Ils se rencontrent tous les vendredis après-midi pour évaluer les dossiers. L'intérim se termine en juin et on doit procéder à l'élection d'un nouveau président les mois suivants.

« *Un président de pinpins* »

Pour Didier Quillot, le duo tourne rond. Pour les présidents de clubs aussi. Ils ont aux commandes un tandem de businessmen expérimentés, deux quinquas et du haut de gamme. Un DG qui a roulé sa bosse à un très bon niveau, et un président, certes énarque, mais celui-ci est aussi passé par HEC, l'inspection des finances, et aligne un CV de haut vol à la tête de belles entreprises. Il est patron d'une banque puissante. Pour les présidents, voilà une validation de leur habileté politique. Pour chacun, la candidature paraît naturelle.

Quelques jours avant l'échéance, Jean-Pierre Denis invite Didier Quillot à passer le voir au siège de la banque. La conversation manque de chaleur. Jean-Pierre Denis est très direct : « Je ne vais pas être candidat. Entre nous deux, il y en a un de trop. Je ne veux pas jouer la reine d'Angleterre. »

Sa position est transmise aux présidents. Son message est fort et clair : le poste a été vidé de toute substance. Ce n'est pas pour lui. *L'Équipe* commente ainsi cette décision : « Une nouvelle tuile après la défection de Michel Denisot. Sollicité pour ce job *a priori* prestigieux, l'ex-présentateur du Grand Journal a décliné, expliquant dans nos colonnes : "Je n'ai pas suffisamment de temps pour être président de la Ligue et je ne veux pas le faire en dilettante. À ce poste, il faut mettre les mains dans le moteur." Il estimait aussi, comme Jean-Pierre Denis, que trop de pouvoir avait été donné, dans les nouveaux statuts votés le 15 avril dernier, au directeur général de l'institution[1]. »

Qu'à cela ne tienne. En coulisses, Jean-Michel Aulas et Noël Le Graët fomentent. Ces deux-là ont une inépuisable réserve d'idées tordues, et ils ont une solution de recyclage. Quelques jours plus tôt, le président de l'AS Nancy-Lorraine, Jacques Rousselot, s'est fait claquer la porte de la FFF au nez par Noël Le Graët qui lui avait promis qu'il lui succéderait à mi-mandat. Ils proposent donc que Jacques Rousselot prenne au conseil d'admi-

---

1. « Y a-t-il un président pour sauver la Ligue ? », *L'Équipe*, 8 novembre 2016.

nistration la place de Michel Denisot pour être dans la foulée candidat à la présidence. Mais Rousselot pose ses conditions. « Il faudra changer les statuts. Ça ne peut pas être un président honorifique, un président de pinpin's[1]. »

« La vieille épouse le perroquet »

Je ne résiste pas à retranscrire cette tirade de *La Folie des grandeurs*, le film de Gérard Oury, dans lequel Salluste (interprété par Louis de Funès), exilé aux Barbaresques, alors qu'il pousse en plein midi la roue d'un moulin dans le bagne du Sahara, rêve d'un énième complot contre le roi d'Espagne. « Nous rentrons à Madrid, nous conspirons, le roi répudie la reine, la vieille épouse le perroquet, César devient roi, je l'épouse et me voilà reine. » Nous en sommes là. La veille du scrutin, les « gros » clubs, les Machiavel de sous-préfecture qui ont changé leurs statuts pour garder le pied sur le ballon, n'ont personne pour jouer. Ils se présentent le jour du match sans candidat pour affronter celui des « petits », Jean-Michel Roussier.

Il faut donc conspirer pour trouver chaussure à leur pied. Et rien n'est jamais simple. Après les défections de Jean-Pierre Denis, de Michel Denisot, de Jacques Rousselot et de quelques autres, ils ont porté leur quatrième choix sur Michel Seydoux. Seulement, voilà, selon les statuts, un représentant de club ne peut pas être président de la Ligue.

---

1. France Bleu-Sud Lorraine, 7 novembre 2016.

Ce n'est pas un souci. Seydoux est en train de vendre son club, le Lille OSC (Losc). Le plan est désormais de trouver un président intérimaire qui laissera le siège tout chaud, lorsque Michel Seydoux aura vendu. Ils démarchent donc les « familles ». Pierre Repellini, ancien joueur de Saint-Étienne version belle époque, alors représentant des entraîneurs, accepte cette proposition. Mais le duo de comploteurs Le Graët-Aulas tord le nez. Ils lui préfèrent Domenech, ce serait de meilleure tenue. Le Graët a conservé d'excellents rapports avec l'ancien entraîneur de l'équipe de France, Aulas aussi. Domenech accepte, Repellini se couche. « On a trouvé que Raymond avait plus d'envergure que moi. On pensait que tout le monde comprendrait qu'il est compétent dans le domaine du football[1]. » Ce sera donc un duel Roussier-Domenech.

Premier tour : égalité, douze contre douze.

Deuxième tour : Domenech : treize voix, Roussier, dix (une abstention).

Une fois Domenech élu par le conseil, l'Assemblée générale doit valider le vote à la majorité. Domenech ne passe pas (33 %). Un deuxième tour doit valider. Et cette fois, la règle change. Elle nécessite une majorité relative. Une seule voix suffit pour entériner le vote du CA.

« Je vais tous vous désosser »

C'est la bronca. Des présidents partent en vrille. À leur tête, Bertrand Desplat, président de Guingamp et gendre

---
1. Entretien avec l'auteur.

du patron de la FFF, mène la fronde et vocifère. Il hurle, fixe son beau-père dans les yeux : « Je te préviens, si lui passe, on fait révoquer le CA. Moi vivant, Domenech ne sera jamais président ! » Raymond Domenech, ami de la famille Le Graët, régulièrement présent à Guingamp pour les matchs, assiste aux débats. Il interpelle Desplat : « Mais qu'est-ce que je t'ai fait ? » lance l'ancien entraîneur. « À moi, rien ; au football français tout », lui rétorque Desplat. Le président d'Ajaccio, Léon Luciani, s'en prend au tandem Aulas/Le Graët en les pointant d'un doigt menaçant : « Je vais tous vous désosser devant les journalistes, on ne va pas élire un gars qui n'a pas été capable de faire descendre vingt-cinq joueurs d'un bus[1]. » Claude Michy, le président de Clermont, toujours posé, faisant office de sage, n'élève pas la voix mais son propos est tranchant : « C'est comme si on mettait Philippe Martinez [secrétaire général de la CGT] à la tête du Medef. »

La charge est lourde. Domenech préfère se retirer. Jean-Michel Roussier glisse à Nathalie Boy de La Tour : « Bon, je crois, Nathalie, qu'il va falloir que tu y ailles. » René Ruello (Stade rennais) et Bernard Caïazzo proposent effectivement sa candidature. Suspension de séance : elle se tourne vers Didier Quillot : « Je te préviens, je vais y aller mais à mes conditions. Je serai présidente exécutive et je serai rémunérée », lui annonce-t-elle. « Mais… mais tu vas bafouer les statuts ! » s'étrangle Quillot. Il ajoute : « Les statuts ont été votés il y a six mois, Nathalie. »

---

1. Lors de la Coupe du monde en Afrique du Sud en 2010, les joueurs de l'équipe de France avaient refusé de descendre de leur bus pour aller s'entraîner pour protester contre une fuite vers la presse.

« Quoi ? Eh bien, va à la tribune et dis-leur, toi, que je vais bafouer les statuts. »

Didier Quillot plie.

Aux présidents, elle pose ses conditions dans les mêmes termes. Ce n'est pas un intérim comme ils le souhaitaient et elle fixe le montant de son accord pour accepter d'être candidate[1]. Le 12 novembre 2016, Nathalie Boy de La Tour est élue (93,77 % des voix). Elle est la première femme à être portée à la tête de l'institution.

À la sortie, Aulas, qui a successivement soutenu Denis, Denisot, Rousselot et Domenech, est troublant de sincérité : « Ma candidate est élue. Il est inespéré d'avoir une femme intelligente qui s'occupe d'éthique[2]. » Bertrand Desplat, devant la grille de la FFF où il vient d'emplâtrer son président (et beau-père), parle d'un « climat extrêmement positif aujourd'hui » et dira deux jours plus tard sur le plateau de L'Équipe TV que les présidents ont eu une « stratégie qui a donné pleine satisfaction[3] ». Le Stéphanois Bernard Caïazzo, du tout nouveau syndicat Première Ligue, s'exclame : « C'est la meilleure chose qui pouvait nous arriver. »

La Ligue est désormais dirigée par une présidente « exécutive » et un DG « exécutif » lui aussi. C'est avec cet équipage qui ne trouvera jamais comment se parler que le football aborde les échéances cruciales qui s'annoncent.

---

1. Jean-Michel Aulas, au nom du comité des rémunérations (Aulas, Denisot, Cotret) lui propose 370 000 euros par an. Une somme exceptionnelle pour un président « non éxé » alors que Frédéric Thiriez était, comme tous ses prédécesseurs, bénévole.
2. Interview, 12 novembre 2016.
3. L'Équipe TV, 14 novembre 2016.

3

Un ami catalan

Ce jour-là, à la LFP, les instructions au service d'accueil réfugié derrière le sas d'entrée ont été d'avertir au plus vite la direction générale de l'arrivée d'un monsieur du nom de Jaume Roures. Une photo de cet invité a même été attachée au mail et la secrétaire de Didier Quillot s'est assurée elle-même que tout était en ordre. La photo est bienvenue, car bien peu pourraient reconnaître cet homme, et il n'y a aucune chance qu'un badaud l'identifie lorsqu'il remonte la petite rue Léo-Delibes.

Sa silhouette, son visage que Dalí aurait adoré, sont pourtant familiers des Espagnols et des cercles plus discrets de la production audiovisuelle internationale. Beaucoup le connaissent par son prénom qui se prononce « Giaomé ». Jaume a le tutoiement facile. Ancien réfugié en France, celui qui a commencé à travailler à 14 ans dans une imprimerie est un magnat de la télévision qui finance l'ultragauche espagnole.

Il ne passe pas par Paris pour parler politique, mais pour développer son activité déjà présente dans une cinquantaine de pays autour du monde. L'un de ses amis, Marc Ingla, lui a proposé de rencontrer les dirigeants de la Ligue française.

Ingla, la cinquantaine, est à l'époque directeur général du Losc. Il est arrivé dans les valises de l'énigmatique Gérard Lopez. Le Catalan a de solides références dans le football. Cet ingénieur a été au début des années 2000 vice-président du Football club Barcelone, quand le club boitait bas. Chargé des médias et du marketing, il met en musique les partenariats avec Nike et l'Unicef, mais aussi avec un producteur de télévision local, Mediapro.

Quelques semaines plus tôt, à l'issue d'une réunion à la LFP, il a glissé à Didier Quillot qu'il devrait peut-être rencontrer le patron de Mediapro qui a, dit-on, quelques intentions en France et qui serait prêt à regarder les droits de Ligue 1. Roures est accompagné de l'un de ses lieutenants, Oliver Seibert ; Quillot a avec lui son directeur des médias, Mathieu Ficot.

« *Didier, j'ai 900 millions* »

La réunion s'ouvre sur les quelques bavardages de circonstance, le temps de trouver sa place, de commander un café, le temps aussi de se remémorer quelques faits d'armes sur deux ou trois affaires antérieures. Seibert et Ficot se connaissent bien. Le premier est l'interlocuteur de nombreux diffuseurs, agences et propriétaires de droits, le second a travaillé chez France Télévisions, Sportfive, puis à la LFP comme responsable des droits télévisés.

Un ami catalan

Jaume entre vite dans le sujet, dans un très bon français. Il est direct avec Quillot : « Didier, les droits du Championnat de France m'intéressent. J'ai 900 millions d'euros à mettre pour les droits de votre compétition. » Le directeur général joue les vieux habitués, celui à qui on ne la fait pas, mais l'argent que le Catalan vient de mettre sur la table est une aubaine.

Les droits tout compris – domestiques, digitaux et internationaux –, avec tous les opérateurs, c'est-à-dire le budget de la LFP, ne dépasse pas cette somme et là, de but en blanc, Roures annonce que, à lui seul, il a 900 millions en poche et que ce magot est pour le Championnat de France.

Quillot repart dans son bel appartement d'Auteuil sur un tapis volant. Les calculs sont vite faits : si l'appel d'offres est bien monté, le milliard, celui que tout le monde attend, sera largement dépassé. Quillot, le p'tit gars de Toulouse qui voulait briller de mille feux, tient le *deal* du siècle. Il pourra envoyer paître Maxime Saada, le directeur général de Canal+ depuis janvier 2016, avec son arrogance et son mépris sous le bras.

Quillot ne lâchera plus le Catalan. Il multipliera les rendez-vous avec le patron espagnol. Inconnue en France, Mediapro est une référence européenne et mondiale en matière de télévision et de production des images pour le sport ou le cinéma. Ses représentants sont de tous les grands appels d'offres mondiaux, opèrent pour la Fédération internationale de football association (Fifa) ou pour BEin Sports et possèdent aussi la chaîne espagnole Gol Televisión. Quel est leur objectif ? Veulent-ils prouver aux Chinois leur pouvoir ? Sont-ils mandatés pour cela ? Rien d'incohérent, ils possèdent les droits espagnols, plus importants que les droits français, les produisent, les diffusent et les paient... Ils estiment les droits français sous-valorisés ? Trop ?

Sous-licence : « Le génie de cet appel d'offres »

Quillot est d'autant plus optimiste qu'il a fait le tour de monde avec Mathieu Ficot pour prendre le pouls du marché. Une visite en Israël à Patrick Drahi s'imposait également. Cette année-là, le propriétaire français de SFR a défrayé la chronique en achetant successivement, pour trois ans, les droits de la compétition reine, la Champions League, pour la somme de 350 millions d'euros, soit plus du double de l'exercice précédent, et pour 110 millions d'euros, les droits pour la France de la prestigieuse Premier League anglaise, en doublant la mise, là aussi.

SFR parie sur ce que l'on appelle la « convergence des médias ». Patrick Drahi achète des contenus pour rendre son offre client imbattable. Il est aussi propriétaire de plusieurs médias français comme BFM TV et RMC. L'homme aux multiples nationalités – française, portugaise et christophienne – est un as de l'ingénierie financière et de la dette. Comme Roures côté télévision, il est devenu en quelques années un magnat du mobile dans le monde. En moins de vingt ans, il a bâti un empire, même s'il suscite la méfiance. « Numericable a une holding au Luxembourg, son entreprise est cotée à

Un ami catalan

Amsterdam, sa participation personnelle est à Guernesey dans un paradis fiscal de Sa Majesté la Reine d'Angleterre et il est lui-même résident suisse. Il va falloir que M. Drahi rapatrie l'ensemble de ses possessions et biens à Paris. Nous avons des questions fiscales à lui poser[1]. »

Mais pour Didier Quillot, le marché semble répondre comme jamais. Les diaboliques Gafam (Google, Apple, Facebook, Amazon, Microsoft) sont en embuscade et commencent quelques emplettes pour nourrir leurs différentes plateformes. De plus, une nouveauté apparaît dans l'élaboration de la consultation que préparent les services de Mathieu Ficot, « le génie de cet appel d'offres[2] », comme le dira plus tard Jean-Michel Aulas : il s'agit de la « sous-licence ». Cette clause permet à l'acheteur des droits d'en revendre une partie à d'autres diffuseurs. Cette libéralité était jusque-là totalement bannie ; l'acheteur des droits devait les distribuer exclusivement sur son antenne. C'était un dogme à la LFP, afin de contrôler la qualité de la diffusion des images et d'éviter la spéculation sur les droits. Cette innovation permet donc désormais à des agences comme Mediapro, IMG ou Infront de participer. Petite parenthèse : de 2007 à 2011, j'ai travaillé pour Infront comme consultant et conseiller du PDG pour la France et l'Afrique.

Ces agences, aux actionnaires solides, achètent en gros les droits avant de les revendre à la découpe, en espérant évidemment en tirer un profit. L'affaire n'est pas sans

---

1. « Numericable serait déjà sous le coup d'un contrôle fiscal », *Le Figaro*, 18 mars 2014.
2. Jean-Michel Aulas, conférence de presse, 29 mai 2018.

risque. Autrefois, l'ancêtre d'Infront, ISL, fondée par le PDG d'Adidas, Horst Dassler, avait subi une faillite retentissante en pensant que les arbres pouvaient monter jusqu'au ciel.

Un marché en tension, une compétition fringante

Au printemps 2018, le marché semble « en tension », comme le souhaite un Didier Quillot ravi. Le « produit », lui aussi se porte bien. Le PSG continue sa politique de vedettes planétaires du ballon rond. Après Beckham, Ibrahimović ou Di Maria, le club parisien a acquis le Brésilien Neymar pour la somme extravagante de 222 millions d'euros. Malgré cela, la compétition est fringante. Pour preuve, le Championnat est disputé – et donc attractif. L'AS Monaco du milliardaire russe Rybolovlev, avec le Colombien Falcao et un éblouissant gamin de 18 ans, Kylian Mbappé, a remporté le titre en 2017.

Ainsi, en avril 2018, deux ans avant l'expiration des droits, à l'issue d'un conseil d'administration, la Ligue de football professionnel donne une conférence de presse. Le DG a décidé de lancer les opérations, malgré un coup de fil dont il se serait bien passé. Patrick Drahi l'appelle depuis Israël : « Didier, tu lances ton appel d'offres trop tôt, je ne pourrai pas être là. Mon cours de bourse est trop bas. Ce n'est pas le moment pour moi.

— OK ! Mais promets-moi un truc, Patrick.

— Je t'écoute.

— Peux-tu garder l'information pour toi, ne pas communiquer ?

Un ami catalan

— OK. »

Quillot semble prêt à se passer de ce candidat potentiel : « L'appel d'offres a été conçu et structuré indépendamment des uns et des autres, et selon toutes les hypothèses[1] », balaie-t-il d'un revers de main. Côté face, le directeur général est sur ses gardes car le président de la Fédération française de football estime ce lancement prématuré. Jean Michel Aulas aussi. Toutefois, le CA vote à l'unanimité le principe.

Derrière son pupitre, Didier Quillot savoure. Il décline les nouveautés : un « Full Sunday », c'est-à-dire, à la manière espagnole, des matchs tout au long du dimanche, à 13 heures (« pour servir l'Asie »), 15 heures, 17 heures et 21 heures, ou encore des matchs pour occuper les longues soirées d'hiver (21 heures), les vendredis, samedis, dimanches pour le téléspectateur, mais qui permet aussi aux clubs de travailler leur « B to B », évidemment.

Tout le monde a pris bonne note de la possibilité de sous-licence. Chacun formule son hypothèse sur le sujet. Pour les uns, dit avec assurance, cela permettrait à SFR de revenir dans le coup plus tard, car la société de Drahi est maltraitée par la Bourse, pour les autres, avec certitude, c'est le tapis rouge déroulé pour une agence. Dans l'esprit de la LFP, enfin, « il s'agit de permettre à Canal+ ou BEin Sports de miser plus, malgré une situation financière encore délicate, en leur proposant le moment venu de revendre des matchs à des concurrents[2] ».

---
1. « Football : la Ligue 1 lance son appel d'offres, probablement sans SFR », *Le Monde*, 26 avril 2018.
2. Didier Quillot, conférence de presse, 25 avril 2018.

Quillot souligne qu'il a pris soin de conserver les rencontres du vendredi et du dimanche diffusées par Canal+ et BEin, « cases historiques auxquelles sont habitués les consommateurs de Canal+ et de BEin et qui ont constitué des éléments fondamentaux du développement des audiences et des éléments fondamentaux des chaînes qui sont nos clients actuels[1] ».

Irréconciliables

Voilà un peu de pommade pour Canal+, qui se moque des moulinets de Quillot et de son « marché en tension » ou du produit football qu'elle trouve bien maigre, ne manquant jamais une occasion de persifler. Désormais, rien ne vaut le rugby ou encore la Formule 1 ! En outre, la chaîne cryptée est agacée par la précocité de cet appel d'offres qui sera mis en œuvre pour la saison 2020-2021, soit deux ans plus tard, ce qui signifie, en cas d'échec, un ralentissement des abonnements, alors qu'il reste deux ans à diffuser. Et à payer.

Enfin, le changement de joueurs dans les deux équipes, la disparition des Meheut, Belmer, Thiriez, n'a pas apaisé les esprits ; nous en sommes loin, comme si la culture d'entreprise les rendait irréconciliables à jamais.

Au départ de Rodolphe Belmer, Vincent Bolloré nomme son adjoint, son camarade de chez McKinsey, Maxime Saada, même âge, mêmes cases cochées ou

---

1. *Ibid.*

Un ami catalan

presque, école bilingue, IEP, HEC, etc. Un homme de « produit ». *Le Monde* le décrit comme « drôle, compétent, plus cinéphile que supporter de foot » et dans le même article, Belmer parle d'un « très bon négociateur, convivial, très à l'américaine »[1].

Un nouvel actionnaire, de nouvelles têtes, on aurait dû repartir sur des bases saines, enfin. Patatras, c'est pire, nettement. Entre Quillot et Saada, les couteaux ont vite été ressortis. Le scénario est le même qu'avec le duo Meheut-Thiriez, mais comme dans les bons vaudevilles, les rôles ont été inversés. Le Parisien, côté beaux quartiers, coquet, est maintenant chez Canal. Il n'a que dédain pour Quillot, un balourd qui, en retour, qualifie ainsi Saada : « Une grande intelligence doublée d'une grande méchanceté. »

Si le courant était faible entre Meheut et Thiriez, les deux hommes de « produit » ne se comprennent pas. Ils ne devaient pas parler du même produit. La ligne est coupée. La rupture surgit sur une histoire de décalage de l'horaire des matchs, pas grand-chose, une broutille, à se demander comment des dirigeants de telles entreprises peuvent s'embrouiller pour si peu. Canal+ demande une avancée de l'horaire du match à 20 h 45, au lieu de 21 heures, le dimanche soir. L'argument ? « On gagne 200 000 abonnés », avance-t-on chez le diffuseur. Tout bonus, donc, pour les clubs qui voient leur audience augmenter et leurs sponsors mieux servis… sauf que la Ligue refuse. Réponse : « C'est comme ça ! pestent

---

[1]. « Canal+ : Maxime Saada, le "Monsieur loyal" de Vincent Bolloré », *Le Monde*, 26 mai 2021.

les présidents, s'ils ne sont pas contents, tant pis, et puis c'est écrit comme cela dans le contrat, non ? » Ils envoient Quillot au feu. Il reviendra carbonisé. L'ordre est de ne plus parler à ce malotru. « Le problème est que Quillot avait la hantise, je ne sais pourquoi, de se faire virer, il disait amen aux présidents. Il était en première ligne, il s'est pris une balle[1] », raconte l'un des membres du CA.

« Méfie-toi, vraiment, Maxime »

Lors du processus d'appel d'offres, la Ligue propose aux concurrents une réunion pour s'assurer que chacun a bien compris la mécanique de précision dont on parle. Un dernier tour de table avant les enchères où chacun peut poser les ultimes questions. Canal+ passe un coup de fil à la Ligue. Eux n'ont pas de questions, mais sollicitent néanmoins un rendez-vous pour produire un document. Quillot accepte. L'équipe de Canal+ est emmenée par son directeur général qui présente son directeur financier, comme pour rassurer Didier Quillot : « Il bossait avec toi chez Orange.

— OK, répond froidement Quillot. On y va ! »

Maxime Saada projette une étude du prestigieux cabinet McKinsey, dont est issu le DG de Canal. « La démonstration est impeccable, se souvient l'un des participants. La conclusion était claire, nette et sans bavures. Elle disait à Quillot : "Ton milliard, mon gars, tu peux

---

1. Entretien avec l'auteur.

Un ami catalan

t'asseoir dessus." » Ladite étude valorisait le Championnat à 720 millions d'euros. Quillot reçoit le message 5 sur 5. « Maxime, t'es le plus fort ! grince-t-il. Tu as payé une belle étude pour 300 ou 400 000 euros à McKinsey. Maxime, tu as raison ! Mais moi, je vais te dire, tu ne vas pas les avoir les droits. »

La séance est levée, Quillot raccompagne Saada et lui glisse : « Méfie-toi, vraiment, Maxime, tu devrais être plus méfiant. » Saada ne le croit pas, pas une seule seconde. De l'esbroufe, rien d'autre. Il n'y aura pas de nouvel entrant dans le jeu. Son obsession est BEin Sports. Ils ont fait le tour du monde et sont persuadés que Canal+ et SFR sont seuls sur le dossier.

4

La mécanique du diable

Il nous faut à présent évoquer un peu de mécanique qui en dit parfois long sur les hommes. Serait-il possible de parler d'une montre de valeur sans son système « à complication », d'une vieille Ferrari sans son V12 « longitudinal avant », ou d'un tailleur Chanel sans la laine cardée de son tweed ? Non. Ceux qui séchaient le cours de chimie au lycée ou qui n'aiment pas les règles du Cluedo peuvent sauter un chapitre, mais ce serait dommage, car ils perdraient quelques clés en chemin.

Vous verrez que certains candidats – et non des moindres – à ces appels d'offres paieront cher une lecture un peu trop rapide des subtilités qui vont suivre.

Quel contexte légal ?

« Nous sommes le seul pays d'Europe où la vente des droits est encadrée par une loi, la loi Lamour. Tout doit donc être pesé avec minutie. Les diffuseurs n'ont jamais peur de faire appel à la justice[1] », confie Didier Quillot, le directeur général de la LFP.

Quel cadre ?

La loi Lamour, promulguée en 2003, et dont les décrets d'application seront publiés quelques semaines avant l'appel d'offres record de 2004, décide le transfert des droits de la Fédération française de football aux clubs. Cependant, la Ligue de football professionnel reste chargée de la commercialisation à titre exclusif des droits de retransmission du direct, du léger différé dans son intégralité ou en extraits par tous les modes de diffusion, ainsi que des magazines d'informations sportives.

Quel règlement ?

Les décrets d'application de la loi posent les principes généraux afin d'éviter la bataille rangée qui avait opposé TPS à Canal+ entre 2002 et 2003. Ils disposent que « la commercialisation doit être effectuée par un appel d'offres public non discriminatoire et ouvert à tous les éditeurs. Les droits doivent être offerts en plusieurs lots dont le nombre et la constitution doivent tenir compte des caractéristiques du marché ». Enfin, ils stipulent que « la Ligue doit rejeter toute proposition d'offre globale ou couplée, ainsi que celles assorties d'un complément de prix ». Une

---
1. Entretien avec l'auteur.

La mécanique du diable

disposition qui vise clairement l'offre de Canal+ en 2002 sur l'intégralité des lots assortie d'une prime d'exclusivité.

Quelle équipe ?

L'équipe est composée de quatre piliers qui élaborent l'appel d'offres. Deux sont à la Ligue : Didier Quillot, alors directeur général, et Mathieu Ficot, directeur des médias. Deux sont des prestataires extérieurs, Yves Wehrli, qui dirige le cabinet d'avocat Clifford Chance, et enfin, le moins connu, mais peut-être le plus décisif des quatre, le stratège Philippe Février, « *the brain* », comme en conviennent en chœur le DG de la LFP, les salariés et les avocats. Diplômé de Polytechnique puis de l'École nationale de la statistique et de l'administration économique (Ensae), professeur à l'X, Philippe Février emporte tous les suffrages. « Ce type est intelligent, imaginatif et d'une grande humilité. Il est en train de devenir l'expert mondial de ce type de consultations[1] », déclare un avocat. Spécialiste des enchères et de l'intelligence des données, il a été recruté après l'appel d'offres de 2004.

Quels présidents de clubs ?

Pour suivre l'appel d'offres, le conseil d'administration a désigné un comité de pilotage composé de Jacques-Henri Eyraud, président de l'OM, Bernard Caïazzo, de

---
1. Entretien avec l'auteur.

Main basse sur l'argent du foot français

l'AS Saint-Étienne, Bertrand Desplat, de l'EA Guingamp, Saïd Chabane, du SCO d'Angers, Jean-Pierre Rivère, de l'OGC Nice, Vadim Vasilyev, de l'AS Monaco, Claude Michy, du Clermont Foot 63, et Michel Denisot, représentant la fédération.

Et la présidente de la Ligue ? Trois ans après cet appel d'offres, la mission parlementaire mise en place pour étudier ce « fiasco », selon le terme du rapporteur, s'interroge sur son implication : « Le rôle exact de la présidente de la Ligue, Nathalie Boy de La Tour – qui n'a pas répondu aux sollicitations de la mission – n'a quant à lui pas pu être identifié avec clarté. » Cette mission note également que « le conseil d'administration n'a de son côté été informé que de façon épisodique et partielle »[1].

Une nuance s'impose : rappelons que, à l'exception de Saïd Chabane, ceux qui composent le comité de pilotage représentent plus de la moitié des présidents siégeant au CA… À dire vrai, les présidents de clubs s'intéressent peu à cette mécanique et les équipes de la Ligue les tiennent soigneusement éloignés des véritables processus de décision pour éviter le parasitage et les indiscrétions. Un cas spécifique : celui de Jean-Michel Aulas. Jugeant prématuré de lancer l'appel d'offres, il décline l'invitation du comité de pilotage. Mais, pour éviter les débordements intempestifs, Didier Quillot et Mathieu Ficot s'engouffrent dans un TGV un samedi matin, afin de lui rendre visite chez lui à Lyon, et de le convaincre de revenir au centre du jeu, ce qu'ils obtiennent sans mal. Aulas aime tant être ainsi désiré.

---

1. Mission parlementaire sur les « Droits de diffusion audiovisuelle des manifestations sportives », décembre 2021.

La mécanique du diable

Quelles modalités ?

En 2004, malgré le record atteint (et qui tient toujours[1]...), les équipes en place avaient pointé une faille dans le système : les enveloppes étaient remises simultanément pour tous les lots. Elles étaient ensuite ouvertes et, lot par lot, le meilleur l'emportait. Si l'un des candidats était le mieux-disant sur tous les lots, il remportait tout. Et les autres, rien. Ainsi, premièrement, un diffuseur pouvait tout perdre (ce fut le cas de TPS et il n'est jamais bon de voir disparaître un concurrent) ; deuxièmement, puisque les offres étaient remises simultanément, un candidat éconduit sur un lot ne pouvait pas reporter ses moyens financiers sur les autres. Ainsi, la Ligue n'optimisait pas son produit. Désormais, les enchérisseurs peuvent savoir en direct les résultats de leurs enchères dont nous allons détailler le mécanisme plus bas.

La note qualitative

Vingt-quatre heures avant les enchères, les candidats sont invités à déposer un dossier sur la manière dont ils vont exploiter les droits. Ils doivent donner des éléments d'appréciation sur :
- l'exploitation,
- le traitement éditorial,
- la promotion,

---
1. Voir en annexes, p. 373.

- les moyens publicitaires,
- la garantie financière.

Le poids de chacun de ces critères est variable selon les lots (voir tableau).

Part de chaque critère dans le total de la note qualitative pour les droits 2020-2024

	Exploitation	Traitement éditorial	Promotion et communication	Publicité et partenariat	Garantie
Lot 1	25 %	15 %	20 %	30 %	10 %
Lot 2	25 %	15 %	20 %	30 %	10 %
Lot 3	25 %	15 %	20 %	30 %	10 %
Lot 4	15 %	15 %	30 %	30 %	10 %
Lot 5	50 %	10 %	20 %	20 %	/
Lot 6	25 %	25 %	25 %	25 %	/
Lot 7	50 %	10 %	20 %	20 %	/

Source : Ligue de football professionnel

La note qualitative détermine une pondération de l'offre financière déposée de 10 % sur les cinq principaux lots. Ainsi, pour les lots 1, 2, 3, 4 et 6, lorsque vous misez 100 avec un dossier parfait, le montant pondéré est de 110.

Enchères séquentielles à l'aveugle

En 2018, les nouvelles enchères sont devenues de plus en plus sophistiquées et à tiroirs. Elles sont dites « séquentielles à l'aveugle ». Il y a sept lots (voir encadré)

La mécanique du diable

qui sont mis aux enchères successivement. Vous misez sur chaque lot. Si vous êtes mieux-disant, on vérifie que votre montant est supérieur au prix de réserve et vous devenez alors « attributaire provisoire ». Seul le vainqueur final du lot connaît le résultat. Les autres concurrents sont informés que le lot est attribué sans connaître ni l'identité du vainqueur, ni le montant. On passe au lot suivant.

Lots proposés à la vente sur le cycle 2020-2024

	Matchs	Magazines
Lot 1	1 match par journée de Championnat, soit par saison ; 38 matchs comprenant 10 matchs de choix 1 (Top 10) + 28 matchs de choix 3. Le dimanche à 21 heures.	Grand Magazine du dimanche (dimanche 19-21 heures). Magazine Bilan (dimanche 23 heures-minuit).
Lot 2	2 matchs par journée de Championnat, soit par saison ; 76 matchs de choix 1 à 5 (hors matchs du Top 10), étant précisé que l'ordre de priorité du choix des matchs du lot 2 est déterminé conformément à la procédure d'enchères prévue à la clause 2.4.7 de la Partie V (Procédure de la commercialisation). Le vendredi à 21 heures et le samedi à 17 heures.	Présentation de la journée (vendredi 19-21 heures).

Main basse sur l'argent du foot français

	Matchs	Magazines
Lot 3	2 matchs par journée de Championnat, soit par saison ; 76 matchs de choix 1 à 5 (hors matchs du Top 10), étant précisé que l'ordre de priorité du choix des matchs du lot 3 est déterminé conformément à la procédure d'enchères prévue à la clause 2.4.7 de la Partie V (Procédure de la commercialisation). Le samedi à 21 heures et le dimanche à 17 heures.	Magazine du samedi soir (samedi 23 heures-minuit).
Lot 4	5 matchs par journée de Championnat, soit par saison, 190 matchs comprenant 2 matchs de choix 1 (hors matchs du Top 10 – en codiffusion avec l'Attributaire du lot 2 et/ou 3), 36 matchs de choix 6 et 152 matchs de choix 7 à 10. Le dimanche à 13 heures (1 match) et le dimanche à 15 heures (4 matchs). Codiffusion de 1 match par journée (avec l'Attributaire du lot 1, 2 ou 3), à raison de 8 matchs de choix 2 ; 9 matchs de choix 3 ; 10 matchs de choix 4 et 11 matchs de choix 5.	Magazine du dimanche matin (dimanche 10-13 heures).

La mécanique du diable

	Matchs	Magazines
Lot 5	Les 3 multiplex des 19ᵉ, 37ᵉ, et 38ᵉ journées de Championnat. Le Trophée des Champions. Les 2 matchs de barrage.	Néant.
Lot 6	Tous les matchs de chaque journée de Championnat et les matchs de barrage sous forme d'extraits quasi directs.	Magazine VOD (la Ligue 1 à la demande).
Lot 7	Néant.	Magazines de la semaine (le lundi 7 heures-minuit et le jeudi 7 heures-minuit).

Source : Ligue de football professionnel

Pour le premier lot, la crème de la crème, c'est très simple :
- **lot 1** : une rencontre par journée de Championnat, le dimanche à 21 heures. Il y a alors trente-huit journées. Les dix meilleures affiches de la saison, avec en plus vingt-huit de « choix 3 » ; le « Grand magazine du dimanche » et le « Magazine Bilan ».

Les rouages des lots 2 et 3 relèvent d'une mécanique plus élaborée avec quelques pièges :
- **lot 2** : deux journées de Championnat (soixante-seize rencontres sur la saison) diffusées le vendredi à 21 heures et le samedi à 17 heures, avec en plus le magazine de présentation de la journée de Championnat ;

81

- **lot 3** : deux journées de Championnat (soixante-seize rencontres) diffusées cette fois le samedi à 21 heures et le dimanche à 17 heures, avec en plus le magazine du samedi soir.

Cent cinquante-deux matchs en deux lots de soixante-seize matchs, quatre fenêtres de diffusion... Mais avec quels clubs, quels choix ? Voilà l'enjeu. Il faut d'abord acheter deux des quatre cases horaires disponibles. Ensuite, les deux gagnants s'affrontent à l'aveugle pour savoir de quels choix ils disposeront pour le créneau horaire. Ils sont invités à une procédure de sous-enchères, ou de l'enchère dans l'enchère.

Pour cela, la LFP a découpé les cent cinquante-deux matchs (deux fois soixante-seize) des lots 2 et 3 en quatre packages, A, B, C, D.

Elle a donné un prix minimal fixe obligatoire à chacun de ses lots, sur lesquels les deux gagnants peuvent surenchérir. Ils ne peuvent plus se rétracter.

En cas d'égalité, le candidat qui possède la meilleure note qualitative est désigné vainqueur. Nous verrons que cette disposition n'a rien d'anecdotique :
- A : 28 « choix 1 » + 10 « choix 3 » = 180 millions d'euros ;
- B : 38 « choix 2 » = 90 millions d'euros ;
- C : 38 « choix 4 » = 10 millions d'euros ;
- D : 38 « choix 5 » = 0 million d'euros.

Le risque n'est pas neutre. Le vainqueur d'un lot peut se retrouver d'office avec les packages A et B si sa note qualitative est plus élevée qu'un concurrent qu'il ne connaît pas. L'addition peut s'élever jusqu'à 270 mil-

La mécanique du diable

lions d'euros à acquitter, en sus du montant donné pour obtenir la « case horaire ».

À l'issue des trois premiers lots, les dés sont jetés : les cinq meilleures rencontres ont été distribuées.

Les prix de réserve

Néanmoins, il y a sept lots. À chacun de ces lots est attaché un prix de réserve en dessous duquel il ne sera pas attribué. Les prix de réserve individuels n'ont jamais été révélés. Pour mémoire, lors de l'appel d'offres précédent, les lots 1 et 2 avaient été remportés par Canal+ pour respectivement 265 et 275 millions d'euros.

Mais il y a également un prix de réserve intermédiaire devant être atteint avec l'attribution des trois premiers lots que nous venons de détailler. S'il ne l'est pas, l'appel d'offres est déclaré infructueux. Son montant a été fixé à 800 millions d'euros.

Enfin, il y a un prix de réserve sur la totalité de l'épreuve d'un montant de 965 millions d'euros. Pour déterminer le prix total, les membres du comité de pilotage ont été invités à donner leur estimation à bulletins secrets. Didier Quillot a ensuite effectué une moyenne. Notons tout de même que le directeur général avait commandé une évaluation au Boston Consulting Group, lequel avait évalué la valeur du Championnat entre 720 millions et 1,2 milliard d'euros. Or, la moyenne de ces deux chiffres est de 960 millions d'euros...

Quillot a ensuite donné sous pli cacheté ce montant à maître Thomazon, l'huissier de justice qui supervise la procédure.

Droit de « match-up »

Le droit de « match-up » signifie le droit de s'aligner, voire de faire une offre supérieure. Ce droit se déclenche *uniquement* si le prix de réserve du lot n'est pas atteint. Dans ce cas, la Ligue rappelle le mieux-disant. Elle lui révèle le prix de réserve et lui propose de s'aligner. S'il refuse, elle offre cette possibilité au suivant.

Si le prix de réserve est atteint, la meilleure offre est automatiquement retenue. Ce dispositif est important, nous le verrons plus tard. En somme, le droit de match-up s'exerce donc par rapport au prix de réserve de chaque lot et non par rapport au prix proposé par un concurrent.

Comme au Black Jack, les candidats jouent contre la banque, pas contre les autres concurrents.

Vous n'avez pas tout compris ? Non ? Vous n'êtes pas les seuls. Quelques candidats vont se prendre les pieds dans le tapis.

Allez, on joue ?

5

Poker mortel rue d'Astorg

29 mai 2018. Nous sommes plongés au cœur du pouvoir, à quelques jets de pierre de l'Élysée, derrière le ministère de l'Intérieur, dans les locaux du puissant cabinet d'avocats Clifford Chance. Les bureaux occupent la totalité des 10 000 mètres carrés de cet hôtel particulier construit en 1911 pour la Compagnie universelle du canal maritime de Suez. L'immeuble est l'œuvre de Henri-Paul Nénot, élève de Charles Garnier, qui a notamment construit la Sorbonne, l'hôtel Meurice ou le palais des Nations à Genève. Il a été rénové pour 23 millions d'euros en 2004. Il est désormais aux élégantes couleurs bronze et pourpre du cabinet.

Toutes les salles de réunion sont au premier étage. En face de la salle du conseil, une grande pièce, un format carré aux lambris blancs et dorés. Toutes les précautions ont été prises en matière de sécurité dans l'accès réservé au bunker. Dans l'antichambre, tous les appareils électroniques ont été déposés, les lignes téléphoniques sont sécurisées. Les membres du comité de pilotage ainsi que chacun des salariés de la LFP présents ont signé, avant d'entrer en séance, un accord de confidentialité et une déclaration d'indépendance. Tous sont passés par le portique de détection.

Les membres du comité de pilotage siègent autour d'une grande table. De larges paravents sont dressés dans la pièce. Derrière l'un d'eux, les huissiers ; derrière un autre, les salariés de la LFP. Dix huissiers sont mobilisés. Deux par candidat, un rue d'Astorg, un autre dans la *war room* des diffuseurs. Les offres passent par eux. Exclusivement. Nous avons donc cinq candidats dans le couloir qui mène au terrain. L'appel d'offres peut commencer dans un ballet parfaitement huilé. Aux commandes, l'avocat Yves Wehrli. Il a piloté tous les appels d'offres précédents.

« Messieurs, le lot 1 est ouvert ! » déclare Didier Quillot. Les huissiers énumèrent les candidats qui se sont déclarés. L'huissier de la LFP appelle son collègue : « Les enchères sont ouvertes, mon cher confrère, pour le lot numéro 1. » Quinze minutes plus tard, les huissiers rappellent. Les plis sont ouverts pour définir le mieux-disant, en combinant le montant que le candidat vient de donner et le coefficient qui lui a été attribué après l'étude de son dossier qualitatif. Maître Thomazon, huissier de justice, ouvre l'enveloppe contenant le prix de réserve. Il la tend au comité de pilotage.

Le montant obtenu de 330 millions d'euros est supérieur au prix de réserve. Le lot 1 est attribué. Un huissier rappelle le vainqueur : « Vous êtes attributaire du lot numéro 1. » Les autres huissiers appellent les perdants, sans leur révéler ni le nom du gagnant ni le montant obtenu.

Poker mortel rue d'Astorg

Issy-les-Moulineaux, siège de Canal+

L'huissier transmet la réponse à son collègue positionné dans la *war room* du diffuseur : « Vous n'êtes pas attributaire. »
— OK.
— Je répète vous n'êtes PAS attributaire. »
Pas attributaire ? La réponse laisse Maxime Saada perplexe et agacé. Il a pourtant mis 262 millions d'euros sur la table. Pour un seul match par journée. 7 millions d'euros le match.

Mais la sanction est là, désormais sans appel : envolées les dix meilleures affiches de la saison, envolés les deux « *classico* » entre le PSG et l'OM, les deux « *olympico* » entre l'OM et l'OL, envolées les images des trois stades remplis comme des œufs, tous tifos déployés, les émissions spéciales qui vont avec, les campagnes d'abonnement, l'image de la chaîne...

Les patrons de Canal+, mâchoires serrées, sont pourtant persuadés que rien ne peut se faire sans eux. Vanité ? Arrogance ? On ne sait. Pour eux, ces dix matchs sont dix pierres précieuses qui doivent être taillées avec précision et montées par de vrais joailliers. Un travail d'orfèvre dont seul Canal+ s'estime capable sur le marché. D'ailleurs, se rassurent-ils, celui qui a acheté le lot numéro 1, soit une seule journée de Championnat, ne peut rien goupiller sans avoir déjà une chaîne, une vraie chaîne avec des programmes, d'autres émissions, d'autres droits.

Ils récapitulent ce que le milieu murmure depuis plusieurs semaines. De nouveaux entrants sont prêts à s'inviter dans la danse. Les présidents de clubs se sont un peu épanchés, à leur habitude, surtout ceux qui imaginent connaître le marché, ceux qui décryptent le futur avec aplomb. Tous seraient sur les rangs, claironnent-ils, les opérateurs de téléphonie, SFR en tête, les Gafam qui cherchent à exploiter leurs gigantesques fichiers. Il y aurait même des agences. On cite IMG, Mediapro, etc.

Foutaises ! Chez Canal+, on ne croit pas à la légende du nouvel entrant. Du bluff. Rien que du bluff de la Ligue et de ce lourdaud de Quillot. « Méfie-toi », lui a dit le DG de la LFP, lors des présentations. Saada, le rejeton parisien, le diplômé des grandes écoles, n'a que mépris pour Quillot, un provincial, un ingénieur. Ce « nouvel entrant » est une invention, un coup à deux balles. Oui, du bluff.

Le dépit tourne à la colère. Et cette conviction chevillée au corps. Seul BEin a pu. Les chiens ! Canal+ négocie avec la chaîne qatarie depuis des années pour la diffuser et voilà qu'ils sont en piste ! Contre nous ! Mais BEin ne pourra pas, elle n'a pas les moyens d'aller jusqu'au bout, d'acheter les trois lots.

Sur sept, il reste deux lots majeurs. La combinaison des deux est décisive. Car, excepté les dix meilleures affiches, donc dix journées de Championnat sur trente-huit, il reste les quatre meilleures rencontres du Championnat. Sur cette base, on peut écrire une histoire, exposer le Championnat avec les six ou sept meilleures équipes de la compétition, mettre en scène la saison, ses surprises, ses déceptions, les derbies, les Lille-Lens ou Monaco-Nice. Il reste aussi vingt-huit « choix 1 ».

Poker mortel rue d'Astorg

Il sera temps d'aller « racheter » à celui qui est désormais « attributaire ». Il faut être concentré, car la LFP a bâti une construction savante pour en tirer tout le jus.

Paris, rue d'Astorg

Au cabinet Clifford Chance, on se frotte les mains. Dix affiches vendues à prix d'or… Le lot 1 a été attribué à 330 millions d'euros, ce qui dépasse les prévisions jugées pourtant fantaisistes quelques heures plus tôt par les observateurs. Mais attention, si un seul des trois premiers lots ne trouve pas preneur, c'est la chute, pas fatale mais risible. Si les 800 millions d'euros ne sont pas atteints après les trois premiers lots, on clôt l'appel d'offres.

Au premier étage du splendide hôtel particulier, l'excitation est montée d'un cran. « On y va », lance Quillot. Il regarde maître Thomazon : « Oui, maître, on y va pour le lot 2, messieurs. »

Les huissiers reprennent leurs lignes sécurisées. Canal+ a donc parié que BEin ne mettrait pas la bonne somme.

6

« Messieurs, lot numéro 2 »

Boulogne, Siège de BEin

Boulogne, quartier Billancourt, avenue Émile-Zola. La Factory est un immeuble design qui abrite le siège du Paris Saint-Germain et de BEin Sports. Nous sommes au dernier étage, l'« *executive level* », l'étage des patrons. Les équipes de la chaîne qatarie sont dans deux salles distinctes. Dans la première, Yousef Al-Obaidly, Sophie Jordan et Martin Aurenche. Yousef, c'est le boss. Petit, râblé, visage rond et barbe très noire l'œil pétillant et vif d'esprit, il est en liaison directe avec Nasser al-Khelaïfi, patron du groupe. Sophie Jordan est une avocate parisienne avec un précieux talisman : la totale confiance des Qataris. Elle est directrice générale adjointe. C'est elle qui conseille, démine, organise les relations avec le monde économique et politique. Martin Aurenche est lui aussi avocat, ancien de chez Sportfive, désormais responsable à plein temps des droits télévisés. Dans l'autre salle, les directeurs des divers services de la chaîne. L'ambiance est détendue mais studieuse. Les patrons de la chaîne se sont fixé un budget entre 200 et 250 millions d'euros, pas plus. Yousef a expliqué les tenants et aboutissants à ses chefs.

Contrairement à ce que croit Canal+, BEin n'a pas été déclarée attributaire du lot 1. Elle a seulement misé 100 millions d'euros. Pour voir. Pour observer le jeu. En retour, BEin a la certitude que Canal a logiquement remporté le premier lot.

La directrice juridique opère la liaison entre l'huissier, maître Calippe et Yousef. « Messieurs, dit-elle, nous avons désormais dix minutes pour enchérir sur le lot 2. » La stratégie a vite été établie. Pas question de jouer, non plus, pour le lot 2. Trop cher. Plus aujourd'hui. Plus maintenant. Le Qatar a lâché des milliards d'euros depuis la création de BEin Sports six ans plus tôt, avec un retour sur investissement insuffisant. Bref, les Qataris n'en ont pas pour leur argent. Par conscience professionnelle, sait-on jamais, Yousef a inscrit 100 millions sur son papier, le signe et le tend à la directrice juridique.

Paris, rue d'Astorg

Les plis sont ouverts pour définir le mieux-disant du lot 2. Maître Thomazon déchire le pli du prix de réserve. Il le tend au comité de pilotage. Le montant obtenu de 160 millions d'euros est supérieur au prix de réserve. Le lot 2 est attribué. Un huissier rappelle le vainqueur : « Vous êtes attributaire du lot numéro 2. » Les autres huissiers appellent les perdants sans leur révéler ni le nom du gagnant ni le montant obtenu.

« *Messieurs, lot numéro 2* »

Boulogne, siège de BEin

Sans surprise, sans déception non plus, la sanction tombe trente minutes plus tard : « Vous n'êtes pas attributaire du lot 2. »

« Bon, ça, c'est fait, commente Yousef. C'est Canal+ qui a raflé la mise.

— Je serais quand même curieux de savoir jusqu'où ils sont montés, glisse l'un des participants.

— Nous, nous devons être dans la course pour le lot 3. »

Comme Canal, les Qataris ont eux aussi de l'imagination pour leurs concurrents. Ils estiment que la chaîne cryptée a déjà remporté les deux premiers lots. Canal+ aura, entre autres, le « choix 1 » toute l'année. Le tout accompagné de trois magazines, le samedi et le dimanche, bref le meilleur de la Ligue 1 selon le slogan de la chaîne.

Paris, rue d'Astorg

Les dirigeants de la LFP sont hilares et comblés. Comblés mais inquiets. *Via* le mécanisme de sous-enchères, ils font une première addition : après les deux premiers lots, ils ont déjà encaissé 490 millions.

Oui, 490 millions d'euros, auxquels il convient d'ajouter les quatre packages « à prix minimal fixe » valant 290 millions d'euros. Ils sont donc assurés d'obtenir (alors que le lot 3 n'est pas lancé) 770 millions d'euros.

Assurés ? Pas vraiment. Car voilà, il y a un écueil, ou plutôt deux. Contrairement aux candidats, eux ont toutes les offres. Or si Canal+ était bien présent sur le lot 1 avec 262 millions d'euros, la chaîne cryptée a parié une misère sur le lot numéro 2 : 10 millions d'euros. Le signal est clair, c'est le son du tam-tam déterrant la hache de guerre. « Il y en a un qui joue au con. Ils veulent tuer l'appel d'offres », dit-on à la LFP. Oui, Canal+ a bien lu le règlement. Si le prix de réserve concluant la séquence des trois premiers lots n'est pas atteint, l'appel d'offres tombe.

Les stratèges de la LFP pourraient-ils être victimes de l'engin infernal qu'ils ont déposé au pied des candidats ? Oui, les trois premiers lots sont des rouages solidaires, liés par un prix de réserve commun. Si personne ne « *bid* », pour angliciser le « *process* », si personne ne mise ou si l'offre est insuffisante (donc infructueuse), l'édifice s'écroule. On ferme le jeu, on plie les paravents, on rend les téléphones, chacun rentre chez soi et l'on ne tente pas de commercialiser les quatre autres lots (4, 5, 6, 7).

La somme des deux premiers lots dépassant leurs prévisions et même leurs rêves, ils sont devenus aussi fébriles que joyeux.

Issy-les-Moulineaux, siège de Canal+

Ils ont raison d'être fébriles. Maxime Saada a minutieusement analysé les clauses de l'appel d'offres sur les prix de réserve qui peuvent faire trébucher la Ligue. Il a

« *Messieurs, lot numéro 2* »

décidé de ne plus jouer l'appel d'offres, de le torpiller. Nous n'aurons rien ? Parfait, eux non plus !

Le PDG a déjà son idée en tête : la consultation renversée, on bascule dans une procédure dite de gré à gré, chacun pour sa peau dans le secret des alcôves. Ça, on sait faire, se dit-il. Et après une telle déculottée, après un tel affront, le sarcasme des journalistes, les combats internes que cela va déclencher, Quillot perdra vite de sa superbe, ravalera sa morgue, Aulas mettra le bazar et accusera Quillot, il tentera même de l'évincer, Noël Le Graët viendra mettre son grain de sel... Ce sera une tuerie. On bâillonnera ce zouave de Caïazzo. Ils viendront nous manger dans la main, ils iront à Canossa.

Il n'a donc pas vraiment misé sur le lot 2.

7

« Messieurs, lot numéro 3 »

Boulogne-Billancourt, siège de BEin

Une petite demi-heure plus tard, après avoir misé 100 millions d'euros sur le lot 2, le retour des huissiers est sans surprise : « non-attributaire ». BEin révise. Il leur faut miser la bonne somme pour décocher les cases horaires qui permettront ensuite, tel un mécanisme à retardement, de viser les packages mis en vente à prix fixe.

BEin vise le package B, les trente-huit « choix 2 » au prix attractif de 90 millions d'euros, une somme à laquelle il lui faudra ajouter le prix de la case horaire. C'est justement l'enchère qu'ils doivent valider maintenant. La chaîne s'apprête à miser un peu plus de 140 millions d'euros, ce qui représente une somme totale de 230 millions. C'est dans le budget fixé. Les Qataris sont donc à l'attaque sur le lot 3. Ils investissent pour la gagne ! Comme à la Ligue, l'atmosphère est devenue plus électrique. BEin n'a rien remporté. Sans ce lot, il deviendrait délicat d'afficher une identité « foot »…

Main basse sur l'argent du foot français

Issy-les-Moulineaux, siège de Canal+

Droit dans ses bottes, Maxime Saada donne l'enveloppe à l'huissier. Pour du beurre. 10 millions d'euros. Une missive ? Non, un missile.

Paris, rue d'Astorg

Les huissiers ont transmis les offres. Pour le lot 3, ils ont deux offres, c'est maigre mais elles sont là. Canal+ a misé 10 millions d'euros, indiquant sans détour son humeur belliqueuse. BEin a offert la somme exacte de 141 671 723 euros, que l'on peut arrondir à 141,7 et même à 142 millions d'euros.

Le comité de pilotage ouvre l'enveloppe dans laquelle est indiqué le prix de réserve pour ce lot 3. 142 millions d'euros est supérieur au chiffre indiqué. Didier Quillot déclare donc le lot « attribué ». Il demande à l'huissier affecté à BEin de transmettre : « Vous êtes attributaire du lot 3. » La largeur des sourires est à la mesure du soulagement. Le compteur affiche 631,7 millions d'euros et les vainqueurs des lots 2 et 3 sont contraints d'ajouter les quatre packages au prix fixe minimal de 280 millions d'euros. Le total est vite fait : 911,7 millions d'euros.

Ce n'est pas tout. Il reste les sous-enchères des lots 2 et 3 (qui peuvent rapporter un peu plus), mais aussi, après la pause, les lots 4, 5, 6, 7, de qualité moindre, certes, mais qui peuvent rapporter encore 200 ou 300 millions d'euros, ce qui n'est pas rien. « Le milliard, les gars », dit l'un des présidents. « Yves, le champagne a bien été

« *Messieurs, lot numéro 3* »

mis au frais ? », lance un autre. « Restons concentrés, tempèrent Quillot et Wehrli, à la moindre erreur, l'appel d'offres est annulé. Certains, voyez qui je veux dire, sont déjà en train de former leurs recours. La guerre va être terrible, messieurs, je vous l'annonce. »

Ils préfèrent ne désigner personne. Quillot, et plus encore Wehrli, savent depuis longtemps que parmi les présidents qui sont ici, un ou deux iront bien raconter à Canal+ ce qui s'est passé, ce qui s'est dit, les remarques perfides ou les attaques personnelles. Inutile d'envenimer le dossier, qui promet d'être d'explosif.

Issy-les-Moulineaux, siège de Canal+

Maxime Saada n'a pas répondu aux lots 2 et 3. Il attend la sentence avec un brin de jubilation : appel d'offres infructueux. Il pense déjà à la manière de remanier son agenda de l'après-midi. Pause déjeuner. Au retour, l'huissier transmet la consigne. « Les lots 1, 2 et 3 ont été attribués. Nous passons désormais au lot 4. »

C'est la déflagration au siège de Canal. Une bombe à fragmentation dont l'esprit ultrarapide de Saada mesure en quelques secondes toutes les conséquences. Canal+ sans le foot français. Les explications aux équipes de Canal+, à ces vautours de journalistes... et... celles à fournir à Vincent Bolloré.

Voici ce que Saada dira quelques années plus tard devant les députés : « Je sais que j'ai perdu le lot n° 1, je ne sais pas qui c'est, je ne sais pas si c'est Mediapro, j'imagine que c'est SFR à ce moment-là. Comme je sais que j'ai perdu le lot 1, comme je sais qu'il y a un prix de réserve intermédiaire, et que je sais que c'est le lot qui a le plus de valeur, que je considère comme essentiel pour Canal+, je vise une stratégie d'échec de l'appel d'offres et donc je mise bas pour que le prix de réserve sur les lots 1, 2 et 3 ne soit pas atteint. Mon hypothèse était que c'était SFR et qu'ils auraient épuisé leurs réserves, je sais que je me suis trompé, je sais qu'un acteur s'est positionné, potentiellement un BEin, c'est tout à fait possible, mais je sais que j'ai tout perdu[1]. »

L'analyse de Maxime Saada sur SFR est touchante et troublante. Elle est touchante, car celui qui vient d'être nommé PDG de Canal+ échoue sur l'essentiel. Pour la première fois depuis la création de la chaîne en 1984, Canal+ n'aura plus un seul match du Championnat en 2020, deux ans plus tard. Touchante encore, car elle est l'aveu d'une mauvaise préparation. Comment imaginer que Canal n'ait pas déployé plus d'antennes pour connaître la réalité du marché ? Lorsque l'on s'apprête à jouer 740 millions d'euros, on peut investir quelques sous pour recueillir des informations, non ? Arrogance ?

Son analyse est aussi troublante concernant les hypothèses balayées, à commencer par SFR. Un mois plus tôt, en avril 2018, lors du lancement de l'appel d'offres, Sandrine Cassini écrivait dans *Le Monde* : « Selon nos informations, SFR a fait savoir à la Ligue qu'il ne participerait pas à l'appel d'offres s'il était lancé avant la fin de l'année. L'opérateur souhaite procéder par étapes

---

[1]. Mission parlementaire sur les « Droits de diffusion audiovisuelle des manifestations sportives », audition du 18 novembre 2021.

« *Messieurs, lot numéro 3* »

avant de desserrer à nouveau les cordons de la bourse pour s'offrir de coûteuses compétitions sportives, SFR, qui est encore confronté à un lourd endettement, préfère reconquérir des abonnés[1]. »

Une information que Maxime Saada a eu tout loisir de confirmer avec l'actionnaire de SFR, Patrick Drahi. Impossible que les deux hommes se soient ainsi ignorés pendant quatre semaines après la publication d'une telle information dans la presse. À moins que Drahi ait tenté un coup de bluff. Délicat pour une société cotée en bourse, mais il est vrai que Drahi aime flirter avec la limite.

BEin, ensuite. Les deux sociétés sont en pourparlers depuis des années pour un accord de paix, trouvé mais invalidé par les autorités de la concurrence. Il est bien difficile de croire que les deux groupes, toujours à la recherche d'une solution commune, ne connaissaient pas la stratégie de l'autre.

Autre détail important : sur les documents de McKinsey que Canal+ était venu projeter aux dirigeants de la LFP pour les assurer que leur championnat valait « seulement » 720 millions d'euros, le nom de Mediapro apparaissait aussi. Pas crédible à leurs yeux ? Saada s'est-il renfermé sur lui-même jusqu'à l'aveuglement ? Lui seul le sait.

SFR, Free, BEin, Mediapro… Saada a l'intime conviction qu'un opérateur ne pouvait pas tout rafler. Oui, mais la combinaison de deux ? Ou trois – ce qui s'est finalement

---

1. « Football : la Ligue 1 lance son appel d'offres, probablement sans SFR », *Le Monde*, 26 avril 2018.

déroulé avec Mediapro, BEin et Free ? Qu'importe ! Sa conviction est établie. Sur les importants lots 2 et 3, Maxime Saada misera pour chacun la somme modique de 10 millions d'euros, envoyant un signal guerrier très clair qui fait, moins d'une matinée, douter la Ligue.

Boulogne, siège de BEin

Vainqueur du lot 3, BEin estime que le lot 2 a été attribué à Canal+. On entre donc dans le dispositif de sous-enchères pour définir les packages entre les deux vainqueurs. On rappelle ici les combinaisons effectuées par la LFP, et son prix minimum, fixe et obligatoire
- A : vingt-huit « choix 1 » + dix « choix 3 » = 180 millions d'euros ;
- B : trente-huit « choix 2 » = 90 millions d'euros ;
- C : trente-huit « choix 4 » = 10 millions d'euros ;
- D : trente-huit « choix 5 » = 0 million d'euros.

BEin lorgne le paquet B. 90 millions d'euros pour le package, auxquels viennent s'ajouter les 142 millions d'euros pour les deux cases horaires. Le groupe qatari a transmis à la Ligue qu'il n'enchérissait sur aucune des quatre propositions. « On ne monte sur aucun package », disent-ils aux huissiers. Le règlement stipule que, en cas d'égalité lors de ces sous-enchères, la note qualitative du candidat désigne le vainqueur. Sans être devin, tout le monde sait que Canal est forcément en tête sur la note qualitative.

BEin estime que Canal+ a obtenu le lot 2 et que, si personne n'a surenchéri, ils obtiendront le package A...

« *Messieurs, lot numéro 3* »

Le retour de la Ligue les colle au mur. « Vous êtes donc attributaires du lot 3 avec le paquet A. »
 Les dirigeants sont éberlués. Les voilà donc dotés, certes d'une magnifique proposition mais à un prix totalement délirant (142 millions d'euros pour leur mise + 180 millions d'euros de prix fixe), soit plus 8 millions d'euros par match... Bigre ! L'incompréhension se lit sur les visages. L'émir va tiquer...

Paris, rue d'Astorg

Au siège de Clifford, on continue de déployer implacablement la mécanique à retardement des sous-lots :
- pour le package B, Mediapro a surenchéri de 10 millions d'euros. Le sous-lot B est donc attribué pour 100 millions d'euros (90 + 10) ;
- pour le package C, personne ne surenchérit. BEin, ayant une meilleure note qualitative que Mediapro, est désignée vainqueur et devra payer 10 millions d'euros supplémentaires... ;
- enfin, logiquement, puisque les deux gagnants des lots 2 et 3 ont acheté deux cases horaires, le package D est attribué à Mediapro.

Boulogne, siège de BEin

À l'*executive level*, les sentiments sont confus, hésitant entre la satisfaction d'un succès et un achat qu'il va falloir rentabiliser, car Doha a été sans ambiguïté :

la fête est finie. Un salé-sucré un peu lourd à digérer : 332 millions d'euros – 142 millions d'euros pour l'achat des cases horaires, 180 pour le sous-lot A, 10 pour le sous-lot C. « Mais alors, le vainqueur du lot 2, ce n'était pas Canal… », souffle, ébahi, l'un des cadres de BEin.

Ce qu'il ne sait pas encore, c'est que Canal+ n'a bel et bien pas le lot 2, mais le lot 1 non plus.

8

« Messieurs, lot numéro 4 »

Issy-les-Moulineaux, siège de Canal+

Le roi Canal est nu.

« Je sais que je me suis trompé ; [...] je sais que j'ai tout perdu[1] », avouera plus tard Maxime Saada. Tout ? Pas vraiment. Il reste le lot 4. Habituellement, ce n'est pas la came de Canal. Le lot 4, c'est le fond de la tasse, un reste de café froid. Il regroupe toutes les autres rencontres, celles qui n'auront pas été choisies par les cadors, dont Canal ne fait brutalement plus partie. Le 4, comme son numéro l'indique, n'est pas sur le podium, ce sont les lots dont avaient hérité autrefois TPS ou BEin pour faire du volume et bâtir un fond de grille comme un fond de sauce.

« Cela vous permet de dire que vous avez 50 % de la Ligue 1 », admet, fataliste, Maxime Saada. Pourtant, il cherche encore à écrire ce que devrait être la vérité du

---

1. Mission parlementaire sur les « Droits de diffusion audiovisuelle des manifestations sportives », audition du 18 novembre 2021.

marché : « Je mise une somme qui est décorrélée de la valeur du lot, parce que je n'ai aucun match, martèle-t-il. Je mise 170 millions d'euros. On m'annonce que j'ai perdu... » Canal se rabat enfin sur le lot digital. Mais cette fois la malchance s'en mêle. « Je mise 41 millions d'euros. Aucun match-up possible. Free mettra 42 millions d'euros. À un million près, on ne me demande pas de match-up. »

Mais pourquoi Maxime Saada revient-il sans cesse sur la notion de match-up ? Le match-up – le droit de s'aligner – se déclenche uniquement si le prix de réserve n'est pas atteint. Or, dans le cas des deux lots 4 et 6, ceux qui ont devancé Canal+, Mediapro pour le lot 4 (190 millions d'euros) et Free pour le lot 6 (42 millions d'euros), ont à la fois fait une offre supérieure à Canal+ et ont dépassé le prix de réserve. Le droit de match-up n'était donc pas de mise.

En revanche, prenons le « petit » lot 5, celui-là, vous ne le connaissez pas encore : vous pouviez vous offrir à la fois le Trophée des Champions, les multiplex des journées 19, 37 et 38 ainsi que les barrages de Ligue 1. BEin a proposé 5,2 millions d'euros, Canal+, un peu moins, sans en connaître la somme. Le prix de réserve n'a pas été atteint. La Ligue a communiqué à BEin le prix de réserve et lui a offert de s'aligner, proposition refusée. Canal+ a été appelé ensuite et a décliné aussi. Le droit de match-up s'est exercé. *Idem* pour le lot 7, pour lequel Canal+ a perdu ses nerfs et a offert 2 euros.

« *Messieurs, lot numéro 4* »

Paris, rue d'Astorg

Ce 29 mai 2018, Didier Quillot s'apprête à dévoiler les résultats. Les journalistes sont avides d'information, car la rumeur a déjà enflé. Ça va être un véritable coup de tonnerre. Il goûte le moment avec intensité. Mais il faut aussi s'organiser et le DG doit veiller à la parfaite organisation de la séquence. Une table a été dressée avec trois emplacements pour la présidente de la Ligue, Nathalie Boy de La Tour, Didier Quillot et Mathieu Ficot. Au premier rang, des chaises ont été réservées pour les présidents, membres du comité de pilotage. Jean-Michel Aulas s'assied au premier, chemise ouverte et costume bleu. Il a un visage fatigué, mais il est heureux. On fait entrer les journalistes qui, aux mines béates et aux visages satisfaits, devinent l'annonce d'une bonne nouvelle pour le football français.

Les derniers sont encore en train de s'installer, lorsque Jean-Michel Aulas se lève de son siège, lâchant ses petites camarades, devance les dirigeants de la Ligue, et prend la parole pour prévenir : « C'est un jour béni pour le football français, nous avons obtenu 1,2 milliard d'euros. » Le président lyonnais, qui avait ouvertement critiqué le calendrier de cette consultation, « spoile » la présentation qui doit être projetée. Il confiera aussi que « le génie de cet appel d'offres est d'avoir accepté par avance les sous-licences ». Aulas, c'est tout lui, court-circuite tout le monde, pour laisser croire qu'il n'est pas pour rien dans ce triomphe.

Main basse sur l'argent du foot français

Issy-les-Moulineaux, siège de Canal+

Les dirigeants de Canal+ ne perdent pas une miette des déclarations de chacun rue d'Astorg. « Jour béni ? » Tiens donc. Ils nous ont jetés comme des malpropres, un appel d'offres mal ficelé, des règles du jeu pas claires, le droit de match-up n'a pas été respecté, tout cela pour un spectacle minable. La vérité s'écrit-elle ainsi ? Elle est ressentie comme telle et vendue à l'actionnaire de la même manière. De toute manière, il ne faut pas trop pousser ce dernier à penser que ceux-là ne valent pas grand-chose.

Et pourtant. Mediapro a remporté les trois lots sur lesquels ils avaient misé, BEin a gagné le lot souhaité, en se laissant toutefois entraîner dans la mécanique diabolique mise en place par la LFP, et l'opérateur téléphonique Free a raflé le seul lot qu'il était venu chercher.

Qu'importe, chez Canal+, cela ne passe pas.

Les conséquences de cette humiliation vont entraîner des combats sans merci qui seront désastreux et qui vont permettre à certains de réaliser un beau braquage sur l'argent des clubs. Canal+ en serait-il en partie responsable ? Les dirigeants de la chaîne associés aux présidents de clubs vont dessiner le cadre de l'action. Ils ne seront pas les seuls. Mais cette incapacité chronique à s'entendre alors que leurs destins sont intimement liés sera dévastatrice.

Pour le **lot 1**, trois offres ont été déposées :
- Mediapro, à 330 millions d'euros ;
- Canal+, à 262 millions d'euros ;
- BEin Sports, à 100 millions d'euros.

« *Messieurs, lot numéro 4* »

Le lot a été attribué provisoirement à Mediapro. Le prix de réserve ayant été atteint, aucun droit de match-up n'a été proposé.

Le **lot 2** a ensuite été mis en vente. Trois offres ont une nouvelle fois été déposées :
- Mediapro, à 160 millions d'euros ;
- BEin Sports, à 100 millions d'euros ;
- Canal+, à 10 millions d'euros.

Le lot a été attribué provisoirement à Mediapro. Le prix de réserve ayant été atteint, aucun droit de match-up n'a été proposé.

Le **lot 3** a ensuite été mis en vente. Deux offres ont été déposées :
- BEin Sports, à 141,7 millions d'euros ;
- Canal+, à 10 millions d'euros.

Le lot a été attribué provisoirement à BEin Sports. Le prix de réserve ayant été atteint, aucun droit de match-up n'a été proposé.

Sur le **sous-lot A**, les deux candidats ont déposé une offre égale à zéro. Ayant reçu une meilleure note qualitative, BEin a été déclaré attributaire du sous-lot, avec un prix minimum de 180 millions d'euros.

Le **sous-lot B** a été remporté par Mediapro au prix minimum de 90 millions d'euros.

Le **sous-lot C** a été attribué à BEin Sports au prix minimum de 10 millions d'euros, les deux candidats ayant, comme pour le sous-lot A, déposé une offre nulle.

Le **sous-lot D**, dernier lot restant, a été attribué automatiquement à Mediapro, conformément au règlement de l'appel à candidature.

Main basse sur l'argent du foot français

En définitive, Mediapro a été désigné attributaire définitif du lot 2, doté des sous-lots B et D, pour la somme totale de 250 millions d'euros. BEin a acquis le lot 3, doté des sous-lots A et C, pour 332 millions d'euros.

Les trois premiers lots ont été vendus pour 912 millions d'euros, soit un montant supérieur aux prix de réserve individuels fixés par la LFP et au prix de réserve intermédiaire après les lots 1, 2 et 3. Mediapro et BEin Sports ont par conséquent été déclarés attributaires des lots.

Le **lot 4** a ensuite été mis en vente :
• Mediapro, à 190 millions d'euros ;
• Canal+, à 170 millions d'euros.
Mediapro est déclaré attributaire définitif.
Le **lot 5** a fait l'objet de deux offres :
• BEin Sports, à 5 millions d'euros ;
• Canal+, à 2 euros.
Le prix de réserve n'ayant pas été atteint, le lot n'a pas été attribué.
Le **lot 6** a fait l'objet de deux offres :
• Free, à 42 millions d'euros ;
• Canal+, à 41 millions d'euros.
Free a été déclaré attributaire définitif.
Le **lot 7** a fait l'objet de deux offres :
• BEin Sports, à 7 millions d'euros ;
• Canal+, à 2 euros.
Le prix de réserve n'ayant pas été atteint, le lot n'a pas été attribué.

Au total, les lots 1 à 4 et le lot 6 ont été attribués, le 29 mai 2018. Les lots 5 et 7 ont été attribués à Mediapro

« *Messieurs, lot numéro 4* »

en gré-à-gré en décembre 2018. Profitant de la clause de sous-licence, Canal+ a racheté à BEin l'intégralité du lot 3 avec les soixante-seize matchs pour la somme payée par BEin, mais a passé un accord de diffusion de la chaîne qatarie sur Canal pour 200 millions d'euros par an.

Quelques mois plus tard, à la fin de l'année 2018, Mediapro et BEin se partageront les droits de la Ligue 2 pour 64 millions d'euros.

9

Comme des doutes

Maxime Saada est obligé de tout endurer. Le lendemain, il accepte l'invitation de l'émission « C ce soir » sur France 5. Il est interrogé par Patrick Cohen, qui l'avait également convié le matin au micro d'Europe 1. En guise de mise en bouche, on lui sert la revue de presse du jour. La potion est amère : « Canal+ hors-jeu » pour BFM TV, « Canal+ sort de l'histoire » pour France Info, « un château de cartes qui s'écroule » pour Charles Biétry, « Vivendi sanctionné, la lanterne rouge du marché financier perd 5 % » pour BFM Business.

Son visage apparaît, en vignette au bas de l'écran pendant ce long chemin de croix. Il est obligé d'afficher un sourire d'animateur télé. Une couleuvre de plus à avaler. L'ensemble est indigeste. On lui diffuse aussi l'hommage à Canal+ de Didier Quillot, un discours un peu gauche, manquant d'enthousiasme qui résonne comme une oraison funèbre. On lui montre les interviews de Jacques-Henri Eyraud et de Jean-Michel Aulas, qui ne peuvent rien dire d'autre que leur satisfaction, mais à leur manière, avec ce brin de suffisance et d'arrogance qui fait leur charme. Il avale encore.

En studio, où se trouve attablé l'ancien PDG de Canal+ Pierre Lescure, désormais chroniqueur de l'émission, il a derrière lui la une de *L'Équipe*, qui a titré à l'heure des croissants : « Big bang ». Il avale toujours, offrant en retour un sourire de plâtre dans son impeccable costume bleu.

Maxime Saada avale tout. Mais il n'oubliera rien. « Un jour béni », fanfaronnait Aulas. Tu parles !

Deux ans, c'est long

Revenons sur le plateau de « C à vous », où Patrick Cohen le chahute gentiment. Maxime Saada est atteint par les critiques émises sur sa tactique lors des enchères, relatée dans les journaux du matin. Et sans qu'on le lui demande, il se justifie sur ce point : « Contrairement à ce qu'on a dit, on n'a pas mal misé... » Cohen enchérit : « Pas de regrets sur la stratégie des enchères ?

— Aucun regret. + 60 %, ce n'était pas possible pour Canal. Et j'ai la conviction que ce n'est pas plus possible pour Mediapro.

— Ils ne vous ont pas entendu, puisque Quillot dit depuis des mois qu'on va atteindre le milliard... »

Vient ensuite l'attaque contre Mediapro : « C'est un courtier dont on parle aujourd'hui, je le rappelle, déclare Saada.

— Les présidents de clubs ont l'air contents... répond Cohen.

Comme des doutes

— Ils sont contents aujourd'hui. On verra dans deux ans. Est-ce que cet argent, ils vont le toucher ? Moi, j'ai une question sur la surface financière de cet acteur, la garantie qu'il a apportée, je ne sais pas, je ne la connais pas.

— Les présidents ont-ils osé attribuer un tel marché à un partenaire qui n'est pas solide ? interroge Cohen.

— J'ai des doutes. J'ai une certitude que l'on ne peut pas rentabiliser ce montant. J'ai un autre doute : qui verra ces matchs ?

— Votre pari, c'est que Mediapro se casse la figure, finisse par vous revendre des matchs...

— En deux ans, il se passe beaucoup de choses, c'est long deux ans... », répond Saada.

Mais le plus intéressant se produit lorsque Pierre Lescure, l'ancien boss de la chaîne, intervient brièvement : « Il ne faut pas oublier qu'il y a Canal+ et Canal Satellite. »

Canal éditeur, Canal distributeur

Lescure a vite saisi que la bataille ne faisait que commencer. Certes, il y a d'un côté Canal+, l'éditeur de contenus, la chaîne, celle qui a perdu les droits, et puis de l'autre, il y a Canal Satellite, la plateforme (aujourd'hui davantage sur Internet que sur le satellite) qui distribue une myriade de chaînes de cinéma, de documentaires ou de sports, dont à cette époque, en partie, BEin Sports. En partie seulement.

Main basse sur l'argent du foot français

En France « Canal Sat » est en quasi-monopole, ce qui fait dire aux Anglais de Sky, qui possèdent les droits des championnats anglais mais aussi italiens, qu'ils ne viendront jamais en France. « À cause de Canal Sat, la barrière à l'entrée est trop haute. »

Le message est limpide. Mediapro devra bientôt gratter à la porte des Français. Cela se fera sans délai.

Dès le lendemain de cette interview, Jaume Roures a invité les journalistes à une conférence de presse très attendue. L'annonce des résultats a sonné comme un triomphe. Bien au-dessus du milliard tant fantasmé, une augmentation des droits de plus de 60 %. Mais cette victoire suscite autant de questions que d'admiration. Peu se soucient que BEin Sports ait payé trop cher pour ses soixante-seize rencontres, nul n'ignore l'identité du cinquième candidat, Free et son patron, Xavier Niel, qui concourrait pour la première fois.

Non, toutes les interrogations se portent sur Mediapro, grande gagnante de l'appel d'offres, qui a promis à elle seule près de 800 millions d'euros par saison, et ce, pendant quatre ans, soit un total extravagant de plus de 3 milliards d'euros. Pourtant, l'équation espagnole est à plusieurs inconnues.

D'abord, cette société a une activité principale par définition peu visible du grand public et des journalistes. La poignée d'observateurs spécialisés dans les droits ou les médias la fréquente peu. Tout juste sait-on qu'elle détient les droits et diffuse le championnat espagnol, ce qui constitue une sérieuse référence.

De plus, son PDG est un personnage de fiction, un « milliardaire rouge » totalement inconnu chez nous.

Comme des doutes

Cela ne lui ressemble guère, mais il a loué le salon « Versailles » d'un grand hôtel parisien. Chemise bleue, rasé de près, souriant, Jaume Roures est entouré d'Oliver Seibert, l'homme des droits, et de Jérémie Roudaire, directeur général de Mediapro France, car la société a déjà une antenne dans l'Hexagone pour la production.

Jaume Roures, en vieux routier, prend immédiatement soin de préserver Canal+, qui a perdu les droits de diffusion que la chaîne possédait depuis 1984 : « Les abonnés ne doivent pas s'enfuir de Canal+. J'espère que la chaîne qu'on va faire va être disponible chez Canal+. On n'est pas ici pour lutter contre les opérateurs, on a deux ans pour s'asseoir avec tout le monde et chercher la meilleure solution[1]. »

Vingt-cinq euros

Jaume Roures fixe les objectifs : entre 3 et 3,5 millions d'abonnés en « trois ou quatre ans » avec davantage de foot français et étranger. Une chaîne 100 % football. Il pourrait, annonce-t-il, s'intéresser aux droits de la Ligue 2 (qu'il achètera finalement en partage avec BEin en décembre 2018). Il brise vite les premières flèches tirées sur sa qualité de « courtier » ou d'« agence », en excluant catégoriquement une revente aux perdants. « Notre objectif, c'est de diffuser nous-mêmes tous nos matchs. On n'arrive pas pour acheter à 10, revendre à 12 et repartir à la maison », coupe-t-il d'entrée de jeu.

---
1. Conférence de presse, 31 mai 2018.

Main basse sur l'argent du foot français

À une époque où un abonnement est à 15 euros par mois, le PDG de Mediapro annonce également le prix du futur abonnement : 25 euros par mois. Il le justifie ainsi : « 25 euros par mois pour tout le foot français, non, ce n'est pas cher. » Son expérience espagnole est précieuse dans tous les domaines. Il y applique des tarifs de 17 à 25 euros par mois, pour une chaîne qui diffuse les matchs du championnat d'Espagne et de la Champions League et revend les droits pour la France à… Canal+.

La bataille tourne à la querelle d'épiciers. Maxime Saada voit l'affaire sous un autre angle : « Aujourd'hui, la Ligue 1 sur Canal+, c'est 1 million de personnes. 1 million d'un côté, 1,2 milliard d'euros de l'autre, il faudrait que ces gens acceptent de payer 100 euros par mois. » Il effectue un autre calcul : « J'estime que Mediapro a payé entre 800 et 850 millions d'euros. Pour rentabiliser cette somme, il faudrait à peu près 7 millions d'abonnés à 15 euros par mois… BEin Sports, ça fait six ans qu'ils sont là. Ils sont à peine arrivés à 3,5 millions d'abonnés, alors qu'ils ont les droits de la Coupe du monde, l'Euro, le basket… »

Et de montrer ses muscles : « On pose beaucoup la question de la survie de Canal, je pose la question de la survie de Mediapro. Car je suis sûr que Canal+ survivra. Nous sommes là depuis trente ans, nous le serons pour trente ans encore[1]. »

---

1. Europe 1, 30 mai 2018.

Comme des doutes

« Moutons de Panurge »

La Ligue, elle, patine un peu. Au moment de l'attribution des droits, elle n'a pas connaissance du modèle d'exploitation que souhaite développer Mediapro. Une situation troublante, quand on confie toutes les clés de ses revenus. Néanmoins, sans véritable modèle, le résultat de l'appel d'offres est présenté à son conseil d'administration qui le valide.

Sans se poser de questions ?

Lorsqu'on les interroge, beaucoup de présidents de clubs ont quelques soucis de mémoire, ou alors restent évasifs. Toutefois, il est bien difficile de déterminer les propos échangés lors du CA, car, nous y reviendrons, le procès-verbal de cette instance n'est plus disponible.

Heureusement, la mission parlementaire a pu recueillir officiellement quelques avis. Voici celui de l'actuel président de Foot Unis, le syndicat des clubs issu de la fusion entre l'UCPF et Première Ligue, le président de Montpellier, Laurent Nicollin, lors de l'audition du 5 octobre 2021 : « Vous savez, moi-même en tant que membre du CA, je n'étais au courant de rien, quoi. Il y avait une commission, on nous informait au compte-gouttes, pourquoi pas ? Comme cela, je n'ai pas à me reprocher quoi que ce soit... » Il ajoute : « On nous disait qu'il y avait des actionnaires chinois, qu'ils avaient les droits télévisés espagnols, nous avons peut-être été un peu crédules, peut-être un peu naïfs, mais, quant à la

LFP, les experts-comptables, les avocats nous disent que tout est en règle[1]... »

Bernard Caïazzo, président du conseil de surveillance de Saint-Étienne, alors président de Première Ligue, syndicat des clubs de Ligue 1 intégré ensuite au sein de Foot Unis, souligne les justifications qui ont été apportées : « Voilà ce qu'on nous a dit : "Mediapro est un groupe au moins aussi solide que le groupe Canal+. Il n'y a pas d'inquiétudes. C'est béton." Le mot employé, c'est "béton". Comment voulez-vous que le CA puisse aller à l'encontre de cette observation[2] ? »

Beaucoup préfèrent, eux, oublier ce conseil d'administration. J'en ai rencontré quelques-uns, discrètement, dans les bars des hôtels confortables du 8ᵉ ou du 16ᵉ arrondissement. « Bon, on fait cela en *off*, Christophe, c'est mieux, non ? Bon alors, là, c'est du triple *off*, nous sommes d'accord. » Va pour le triple *off*.

Je vous rapporte la conversation avec l'un d'eux, dont je partage l'avis que « Tout le monde se renvoie le ballon... » : « C'est incroyable comme l'appât du gain peut rendre les gens crédules, me dit-il

— J'ai du mal à imaginer. Vous êtes tous des hommes d'affaires, chevronnés, aguerris, non ?

— Peut-être Didier Quillot a-t-il manqué des choses... hésite-t-il.

— Mais personne n'a rien dit ?

---

1. Mission parlementaire sur les « Droits de diffusion audiovisuelle des manifestations sportives », audition du 5 octobre 2021.
2. *Ibid.*, audition du 22 juillet 2021.

Comme des doutes

— Personne, non... On sentait tous que c'était un peu bancal, mais on avait envie d'y croire. [...] Tu sais, un type comme Aulas était pugnace... une sorte de mâle alpha. Oui, j'étais au conseil d'administration. Aurais-je dû voter contre ? Sûrement. Mais moi aussi, j'avais envie d'y croire.

— Des moutons de Panurge ?

— Oui, c'est la bonne image. »

Didier Quillot a bon dos. Mais le plus surprenant est que, renseignements pris, ce président n'était pas au CA d'approbation...

Loin de cette inconséquence collective et navrante, Maxime Saada, toute amertume bien rangée dans un tiroir, reprend ses esprits et ses affaires en main. En chef d'entreprise avisé, il décroche son téléphone pour appeler Mediapro. Selon lui, Roures est favorable à ce moment-là à une sous-licence de certains lots, dont le fameux lot 1, acheté 332 millions d'euros. Les deux hommes vont nouer des relations cordiales. Ils dessinent rapidement les contours d'une collaboration. Ils envisagent notamment une chaîne créée et distribuée par Canal+, en échange d'un minimum garanti reversé à Mediapro.

Seulement, voilà : la réalité du coût des droits acquis plombe vite la discussion. Car, en échange des droits, les Espagnols réclament la somme de 474 millions d'euros pour la saison 2020-2021, grimpant jusqu'à 662 millions d'euros pour la saison 2023-2024. Cette divergence sur le prix n'effraie pas Roures. Le Catalan joue le vieil habitué : « On a passé plus de cinq mois avec mon ami Maxime Saada. Je dis "mon ami", car vous savez, on a produit de l'affection ensemble. On n'est pas des ennemis. On savait que ce serait dur. En Espagne, on n'a pas eu d'accord pendant des années. »

Il détaille son projet : « Une chaîne à distribuer et un business plan de quatre saisons. Perdre de l'argent les premières années, ce que nous avions connu en Espagne. Gagner de l'argent en années 3 et 4. Notre objectif était que la chaîne soit chez Canal+, chez les opérateurs. Oui, nous avions un projet. » Roures semble des plus paisible quand il ajoute : « Après cinq mois, on n'a pas trouvé d'accord. Ce qui n'était pas un problème[1]. »

Nasser torpille le Championnat

Le « milliardaire rouge » a une carte en main. Mediapro produit à travers le monde de nombreuses chaînes pour Al Jazeera ou BEin. Le patron de cette entreprise du « *soft power* » qatari est, on le rappelle, le président du PSG, Nasser al-Khelaïfi, dit NAK. Les hommes de Barcelone et de Doha se pratiquent beaucoup et se connaissent bien. Mais les négociations échouent pour les mêmes raisons. Le prix.

Cet échec témoigne également que NAK n'a pas l'intention d'aider le football français à sortir du bourbier dans lequel il paraît s'enliser. Dans ce jeu à trois bandes, un deal BEin Sports-Mediapro aurait mis Canal+ au pied du mur, mais installé le football français dans

---

1. Mission parlementaire sur les « Droits de diffusion audiovisuelle des manifestations sportives », audition du 16 septembre 2021.

Comme des doutes

une situation beaucoup plus avantageuse. Nasser, qui se pique de défendre notre football tricolore, a torpillé cette possibilité. Il va même faire pire...

Les soucis s'évanouissent lors de la dernière année douillette, 2019. Les dirigeants de Mediapro et de la LFP continuent de parlementer de loin en loin. La structuration de la chaîne et sa diffusion semblent échapper aux tourments. Oui, vraiment, 2019 apparaît comme la dernière année « bénie », selon l'expression de Jean-Michel Aulas. Les derniers mois d'insouciance du football français.

Une première alerte clignote sur le tableau de bord. Non pas que les Chinois, dans une communication nébuleuse, parlent déjà d'un virus, mais deux informations tombent à la fin de l'année 2019, relançant les appréhensions qui s'étaient doucement estompées. C'est aussi pour les clubs le moment d'envisager la saison suivante, d'ajuster les effectifs lors du mercato d'hiver et de préparer les budgets. Or jusque-là, Mediapro a été un peu chiche en informations.

Nous sommes en novembre 2019. Mediapro répond à l'UEFA pour l'appel d'offres des droits de la Champions League 2021-2024. Sans succès. En revanche, Canal+ et BEin se partagent le butin pour 375 millions d'euros (*versus* 350 millions d'euros lors du précédent exercice remporté par SFR). Voilà qui complique la donne pour Mediapro : une vraie chaîne de foot dite « premium » ne peut pas se dispenser de cette compétition. Certes, les Espagnols ont fait quelques emplettes supplémentaires auprès de la LFP, notamment la Ligue 2, mais rien qui puisse rivaliser.

La remontada

Ensuite, en décembre, le 9 précisément, Canal+ et BEin publient un communiqué commun. Ils viennent de sceller un pacte. Canal+ achète pour 332 millions d'euros, exactement le prix payé par BEin, le lot 3 contenant deux matchs par journée, dont vingt-huit de « choix 1 » et trente-huit de « choix 2 », de quoi exister sur la scène audiovisuelle sportive.

Ce n'est pas tout : BEin signe avec Canal+ un accord de distribution exclusive pour son bouquet de chaînes, en contrepartie d'un minimum garanti annuel de 200 millions d'euros. Autre point clé de cette convention : une clause garantirait à Canal+ l'initiative de tout recours judiciaire. En somme, Canal+ pourrait imposer à BEin d'assigner en justice, comme si le locataire d'un appartement avait l'opportunité des poursuites pour le compte de son propriétaire.

Canal+ complète ses emplettes avec le championnat anglais, lui aussi négocié à prix d'or (110 millions d'euros). « Canal+ revient dans le match », annonce *Le Parisien* en une. *Le Monde*, moins enthousiaste, évoque « la très chère *remontada* ». À tort ?

La *remontada* est coûteuse, certes, mais elle délivre Canal+. À un tarif exorbitant. La chaîne qui ne pouvait mettre « que » 720 millions d'euros dans le Championnat

Comme des doutes

de France vient de claquer en quelques semaines 1 milliard d'euros par an, ce qui rend chèvres certains dirigeants de Vivendi, la maison mère, et nourrit encore leur colère.

Cette stratégie laisse *de facto* Mediapro et son Championnat de France sur le bord du terrain. Canal+ possède désormais un catalogue permettant d'élaborer une grille de programmes solide dans le football. De plus, comme ce fut le cas après 2004 avec TPS, le groupe de Vincent Bolloré a quasiment éliminé BEin Sports du panorama.

Yousef Al-Obaidly, mais plus encore Nasser al-Khelaïfi, si on leur donne crédit d'une intelligence minimale, ne peuvent pas avoir ignoré les conséquences de cet accord. Touché. Coulé ?

Les cadres de la LFP ont reçu le message 5 sur 5, d'autant que Mediapro n'a pas encore obtenu d'accord de distribution des opérateurs mobiles ou des autres plateformes, dites OTT (« *over the top* », c'est-à-dire de télévision *via* Internet), telles que Amazon, Netflix, Disney+ ou Apple TV. Où verra-t-on la majeure partie de la prochaine saison de la Ligue 1, débutant en août 2020 ?

Mediapro a embauché depuis quelques mois – le 13 août 2019, précisément – un nouveau directeur général, un professionnel reconnu. Julien Bergeaud a une carte de visite convaincante. HEC, chargé des acquisitions de droits chez Eurosports, DG de Discovery France et directeur des droits pour l'Europe du Sud, le voilà désormais missionné de piloter le bolide espagnol.

Main basse sur l'argent du foot français

Un puzzle compliqué

Trois jours après l'annonce des fiançailles franco-qataries, il est d'ailleurs présent à l'assemblée générale de la Ligue, afin de répondre aux inquiétudes des présidents. Il déploie tableaux et graphiques pour expliquer le plan de bataille. Vincent Labrune, devenu « membre indépendant » au conseil d'administration de la LFP depuis son départ de l'OM, lève le doigt : « Je ne suis pas du métier, mais quand même, vous partez du principe que parce que Canal+ est à 40 euros et que vous, vous allez proposer 20 ou 25, vous allez faire la maille. Je pose la question : et si Canal+ se positionne à 19,90 euros ? » La réponse du directeur général de Mediapro France fuse : « Ah, venant de vous, ce type de question ne m'étonne guère. »

Labrune est soupçonné d'être un pion de Canal+ dans le système, et l'insinuation ne lui plaît guère. L'ancien président de l'OM a une mémoire de grande capacité. L'échange doux-amer laissera des traces.

Plaqués au mur, cornérisés et subissant le pressing du duo Canal-BEin, les Espagnols tentent d'avancer. Ils recrutent Jean-Michel Roussier, un directeur d'antenne que les présidents connaissent parfaitement et qui a beaucoup innové en matière audiovisuelle dans le foot. Un profil insolite pour ce médecin parisien devenu président de l'OM (1995-1999), puis de l'AS Nancy-Lorraine (2018-2020).

Mais ce n'est pas tout. Il a lancé à Marseille OM TV en 1999, puis Onzéo en 2006, une chaîne partagée entre plusieurs clubs (dont Lens et Saint-Étienne), mais aussi, en 2011, CFoot, une tentative avortée de chaîne de la LFP. Une intelligence fine, une voix grumeleuse qu'il approfondit toutes les dix minutes par les blondes qu'il fume au même rythme que Vincent Labrune.

Roussier connaît les arcanes du football et de la télévision. Il a aussi travaillé pour le groupe Canal et occupe à cette époque un siège au conseil d'administration de la LFP. Il a cinq mois pour mettre sur pied une chaîne de télévision, ce qui constitue un délai infernal pour ajuster tous les éléments d'un tel puzzle. Il ne dispose que de quelques semaines pour convaincre des journalistes, les débaucher, séduire des consultants, etc. tout ça pour un actionnaire méconnu, une chaîne qui n'existe pas et qui sera distribuée on ne sait comment. Et, comme si cela ne suffisait pas, quinze jours après son arrivée, le couperet du premier confinement tombe.

Maracineanu :
« Ce ne sera pas la fin du monde... »

Il y a eu toutes sortes de Covid, le Covid Omicron, le Covid long... : le football français a inventé le Covid con. Tout le monde franchira la pandémie avec plus ou moins de bonheur, mais le football français obtiendra enfin un titre de champion d'Europe (tout arrive un jour !) de l'inconséquence – une fois de plus – et d'une gestion collective inquiétante. Un cas unique, absurde et désespérant.

Les championnats de Ligue 1 et de Ligue 2 sont interrompus jusqu'à nouvel ordre le 13 mars 2020, sur décision à l'unanimité de la LFP. Des mesures analogues sont prises dans l'ensemble des pays européens. À la mi-avril, un comité *ad hoc* a préparé pour la LFP un plan de reprise du Championnat avec une date d'inauguration fixée au 17 juin. Mais, en coulisses, c'est la débandade. Au fil des semaines, chacun comprend que le football français pourrait s'arrêter ici au milieu du printemps.

La communication du gouvernement n'est pas fameuse, mais celle de la ministre des Sports, Roxana Maracineanu, est complètement lunaire. Honnêteté ? Fatalité ou naïveté ? Dans une émission sur Eurosport, elle avertit que nombre de compétitions pourraient se tenir « à huis clos » ou « avec des restrictions très strictes » pour les spectateurs. Mais surtout, elle ajoute : « Ce qui est certain, c'est que le sport ne sera pas prioritaire dans notre société. Il n'est pas prioritaire aujourd'hui dans les décisions qui sont prises par le gouvernement. » Rien que cela. Elle continue : « Évidemment une reprise à la mi-juin est le scénario optimum, mais il y en a d'autres. Celui d'une reprise peut-être en septembre des championnats, voire d'une saison blanche cette année pour pouvoir reprendre au mieux la saison prochaine. […] Si ça n'est pas possible, ça ne sera pas la fin du monde[1] », entérine-t-elle.

Les joueurs s'en mêlent, tout du moins leur syndicat, l'Union nationale des footballeurs professionnels (UNFP). Celui-ci publie une étude pour relativiser le coût de la pandémie pour le football. Le chiffre avancé est de 400 millions d'euros, mais l'UNFP affirme que

---

1. Eurosport, 22 avril 2020.

Comme des doutes

le tout sera compensé par les aides étatiques. Un plaidoyer *pro domo* afin d'éviter que les joueurs participent à l'effort de guerre. L'étude conclut que la manne des droits télévisés fournie par Mediapro permettra de tout remettre à l'endroit.

Le coprésident du syndicat, Sylvain Kastendeuch, ancien défenseur de Metz et quelquefois de l'équipe de France – sept cent neuf matchs au compteur sans un seul carton rouge –, publie une tribune doucereuse dans *Le Monde*, demandant l'arrêt du Championnat faute de garanties sanitaires. Après une longue tirade boursouflée sur le « trait d'union social » qu'est le football moderne, « troisième vecteur de socialisation derrière la famille et l'école », il indique que « l'urgence économique ne doit pas prendre le pas sur l'impératif de santé publique » et appelle à renoncer à une reprise qui serait « précipitée et dangereuse »[1].

Panique dans les visioconférences

C'est la panique dans les visioconférences. Les joueurs n'y sont pas allés sabre au clair sans avoir assuré leurs arrières. Ils n'ont pas ce courage et sont trop politiques pour cela. Au lieu de faire bloc, les présidents de clubs s'épient, se soupçonnent, glissent sous le manteau quelques perfidies dont les gazettes se délectent. Les responsables sont vite trouvés.

---

1. « Renonçons à une reprise du championnat de football dans ces conditions », *Le Monde*, 20 avril 2020.

Main basse sur l'argent du foot français

L'OM, une bonne tête de coupable, comme d'habitude. Le club marseillais est deuxième du Championnat, ainsi qualifié pour la Champions League. Cet arrêt serait une aubaine pour le club phocéen. Le président Macron n'en est-il pas le premier supporter ? Le raccourci est facile. Tout le monde s'y engouffre, oubliant un peu vite en chemin que le président de la République ne sert pas toujours bien ses amis. Je sais ici de quoi je parle.

En coulisses, le sage président du Paris Football Club, Pierre Ferracci, le père de Marc, témoin de mariage (et réciproquement) du président de la République, affirme que « reprendre serait une erreur politique. Le retour du foot sera mis sur le dos de l'argent roi ».

Chacun défend depuis tant d'années ses intérêts particuliers qu'aucun n'imagine la moindre sincérité chez ses collègues, offrant ainsi un spectacle désolant, alors que les Français sont confinés. Selon les journalistes, Emmanuel Macron appelle également Didier Deschamps, ce qui inspire ce commentaire acerbe (et juste) de Daniel Riolo dans son livre *Cher football français* : « Le champion du monde se fout bien de la Ligue 1 et de son avenir. Il dirige avec succès des Bleus qui jouent à l'étranger. Régulièrement, il conseille aux joueurs français de partir hors de France[1]. »

Riolo, plume acérée, enchaîne sur les présidents : « Mais qu'ont-ils fait pour éviter cela ? Rien. Pire, ils ont même participé à sa perte. [...] Jean-Michel Aulas a parfaitement symbolisé la médiocrité et l'inconstance des dirigeants. Il a d'abord déclaré qu'il ne voyait pas comment le foot pouvait continuer. »

---

1. Daniel Riolo, *Cher football français*, Paris, Hugo, 2020.

Comme des doutes

Le président de l'OL préconisait alors un arrêt et une annulation pure et simple de la saison. Ainsi reprenait-on pour les qualifications européennes les résultats de la saison précédente, durant laquelle il avait été qualifié. Tandis que là, en avril 2020, au moment de l'arrêt, il n'est que septième du Championnat et non qualifié. Aulas s'est ensuite battu pour faire annuler la décision du gouvernement. « On est les seuls cons[1] », enrage-t-il. Philippe Piat, coprésident du syndicat des joueurs avec Kastendeuch, lui réplique : « On verra à la fin si on a été cons[2]. ».

Dans les couloirs de l'Élysée, on s'agace. Les présidents décrochent tous leur téléphone pour convaincre le palais. Ils tentent également leur chance à Matignon. Mais que veulent-ils ? C'est flou. Dans l'entourage du Premier ministre, on s'agace. Un conseiller d'Édouard Philippe grince : « Tous appelaient, il n'y en a pas un qui disait la même chose... »

La sentence tombe à la fin du mois d'avril du haut de la tribune de l'Assemblée nationale, où le Premier ministre Édouard Philippe déclare que la saison 2019-2020 est définitivement close et ne reprendra pas. La décision d'arrêt du Championnat est adoptée par le conseil d'administration de la LFP le 30 avril 2020.

Pourquoi le gouvernement a-t-il agi ainsi ? Inconséquence ou lassitude ? Peut-être un peu des deux, teinté d'un mépris sans limite pour le sport par ceux

---
1. *L'Équipe*, 24 mai 2020.
2. *L'Équipe*, 25 mai 2020.

qui s'estiment être l'élite. De ce point de vue, Roxana Maracineanu, comme beaucoup de ses prédécesseurs à ce poste, avait dit la vérité quelques jours plus tôt, un message que les présidents auraient dû prendre au sérieux. Le sport n'a jamais été un vrai sujet pour les gouvernements successifs, le sport professionnel encore moins. Quant au football professionnel, n'en parlons pas.

Le président du Paris FC Pierre Ferracci légitime, lui, la décision d'Édouard Philippe : « Le gouvernement a tout simplement évité un nouveau scandale médiatique et ne pouvait pas imaginer voir le football professionnel reprendre, alors que les autres secteurs d'activité restaient à l'arrêt[1]. » Peut-être… Mais les conséquences vont être terribles, assurément.

Saada : « Vous savez, je n'ai pas oublié »

Le jour même de l'annonce d'Édouard Philippe, le Premier ministre étant encore dans les couloirs de l'Assemblée nationale, Canal+ poste un recommandé informant la LFP de sa décision de résilier son contrat sur la saison 2019-2020. La chaîne, qui reproche aux présidents leur approche froide et purement « contractuelle » de leur relation, a aussitôt dégainé.

Depuis le fiasco de l'appel d'offres de 2018, un an plus tôt, Maxime Saada sort toujours armé et il a la gâchette facile. La première balle siffle vite dans le ciel de Paris. Le directeur général signifie à la LFP : pas de

---

1. Entretien avec l'auteur.

Comme des doutes

Championnat, pas de droits. Le message de Canal est limpide : on ne vous paiera pas les dernières échéances. Rien, zéro. La chaîne devait encore 243 millions d'euros. Les supporters continuent, eux, d'acquitter leur abonnement sans Ligue 1 et regardent les autres championnats européens. BEin procède de la même manière. Plus de Championnat, plus de matchs, plus de spectateurs, plus de recettes. Plus rien. Et des joueurs à payer.

Canal+ et la LFP ont deux lectures différentes du conflit ainsi ouvert. Saada est formel : « On ne paie pas au pourcentage dans le contrat. Il y a des échéances. Nous ne sommes plus livrés. On ne paie plus. On applique le contrat. On applique la loi, c'est assez simple », rappelle-t-il sèchement. Il poursuit : « On n'est pas une banque... Canal+ n'a pas à assurer la trésorerie des clubs français »[1].

La Ligue estime pour sa part que Canal+ a consommé vingt-huit journées sur trente-huit, soit 73,5 % du Championnat, et qu'elle a payé 375 millions sur 558. Selon les comptables de la rue Léo-Delibes, il reste donc 6,5 % à payer, soit 35 millions d'euros HT (43 millions d'euros TTC). La décision de la chaîne cryptée, qui en réalité ne paie pas son obole du 5 avril, paraît incompréhensible concernant les rencontres qu'elle a déjà diffusées. Mais Saada reste inflexible : « Nous avons cinquante droits dans différents pays, on arrête, on ne peut pas faire de discrimination. » Mais à chaud, chez Philippe Vandel sur Europe 1 également, le PDG du groupe Canal+ livre sans filtre le fond de sa pensée. Vandel, qui trouve le calcul

---

1. Europe 1, 6 avril 2020.

Main basse sur l'argent du foot français

de la Ligue assez logique, lui lance : « Vous allez entrer dans un dialogue avec la Ligue, non ? » La réponse de Saada est un long prurit d'amertume. « Ça va commencer, mais, vous savez, le dialogue n'est pas toujours facile avec la Ligue. Vous savez, je n'ai pas oublié. On n'a pas oublié les présidents qui se sont réjouis lors du dernier appel d'offres, qui ont félicité Mediapro et BEin. »

Maxime Saada tient sa revanche. Il enfonce profondément le fer de la dague dans le dos des clubs. Ainsi dit-il qu'il ne pouvait pas faire de discrimination. Mais quelques semaines plus tard, oubliant ses déclarations précédentes, il avoue que les dirigeants de la chaîne cryptée ont en fait accompagné le rugby de manière très différente. D'abord, Canal+ a déjà payé 85 % de la saison, ensuite, alors que 60 % des matchs ont été diffusés, la chaîne ne réclame pas le remboursement de la différence et consent même à payer les 17,1 millions d'euros prévus pour la saison afin de pas mettre les clubs dans une situation financière impossible. « Nous n'avons clairement pas la même relation avec le monde du foot qu'avec le monde du rugby qui est un véritable partenaire[1] », admet-il au *Figaro*.

---

1. « L'arrêt de la saison de football et de rugby bouleverse le paiement des droits télévisés », *Le Figaro*, 1ᵉʳ mai 2020.

Comme des doutes

Comme des cons ?

Le message est clair. Le bilan est sombre. D'autant que la nouvelle alliée de Canal+, BEin Sports, informe aussi de sa volonté de ne pas payer. Yousef Al-Obaidly écrit de sa plus belle plume au DG de la LFP que, après « une mûre réflexion », il ne paiera pas la somme de 42 millions d'euros due le 5 avril. Dans les réunions de la Ligue, Nasser al-Khelaïfi, interrogé sur les intentions de BEin Sports, dont il est président, ne s'avance pas, répondant sans rire qu'il était « président du PSG ».

Le sort est d'autant plus cruel que, petit à petit, les championnats reprennent dans les autres pays. Avec la même autosatisfaction qui nous conduit à être champions d'Europe chaque année avant de basculer sans nuance dans l'autoflagellation dès que nos équipes sont éliminées, tous ont cru que les autres pays européens nous imiteraient, qu'il n'y avait pas d'autre voie possible. Pourtant, les autres championnats, ceux du *Big 4*, sont allés à leur terme, à huis clos, mais à leur terme. Ils ont été diffusés et payés.

Le 29 mai, *L'Équipe* publie un numéro retentissant. Sa une est épurée et fracassante. Pas de photos, juste un tableau des cinq championnats européens avec, en face, une colonne comprenant la case « reprise » et une colonne comprenant la case « arrêt ». La case « reprise » est cochée pour les championnats allemand, anglais, espagnol et italien. Une seule case « arrêt » est cochée pour le championnat français. Et titre en énormes caractères : « Comme des cons ? » Doit-on répondre ?

Main basse sur l'argent du foot français

Philippe Piat, coprésident du syndicat des joueurs qui avait ardemment milité pour l'arrêt du Championnat, finira par dire que l'une des raisons de l'arrêt était le non-paiement des droits par Canal+. Le monde à l'envers. D'ailleurs, au mois d'août 2020, le teint encore hâlé, le football français nage en plein bonheur. L'État a bien été présent au rendez-vous des aides, Mediapro a annoncé que le confinement ne remettait pas en cause le lancement de sa chaîne. Chacun est bourse ouverte, prêt à récolter l'or espagnol. Mieux, deux équipes françaises, l'OL et le PSG, sont en demi-finale de la prestigieuse Champions League, les uns et les autres se persuadant à haute voix que cet arrêt a été bénéfique. Le coprésident du syndicat des joueurs l'affirme, tout cela est dû à cet arrêt du Championnat : « Les Français sont plus frais physiquement et mentalement[1] ».

Lorsque François Verdenet, le journaliste de *L'Équipe*, lui fait remarquer que les Allemands avaient, eux, repris la Bundesliga et ont aussi deux clubs en demi-finale, le RB Leipzig et le Bayern Munich, la réponse de Philippe Piat est osée et unique : « Mais les Allemands restent les Allemands. Ils sont toujours là[2] ! » Lyon sera éliminé en demi-finale, le PSG, battu en finale.

---

1. « Philippe Piat, coprésident de l'UNFP, sur l'arrêt de la saison de Ligue 1 : "On ne refait pas l'histoire" », *L'Équipe*, 16 août 2020.
2. *Ibid.*

Comme des doutes

Téléfoot

Les paiements de Canal+ et de BEin n'étant pas arrivés, les clubs sont à sec. Lorsque le PDG de Mediapro demande de différer le début du Championnat, prévu les 22 et 23 août, les présidents refusent. Ils craignent de voir le premier versement des diffuseurs repoussé. Or, le 6 août, les clubs doivent toucher la somme rondelette de 256 millions d'euros dont 172,5 de Mediapro.

Mais il n'est décidément pas dans leur nature de nouer des partenariats solides et de comprendre l'intérêt d'un fournisseur qui doit leur verser plus de 3 milliards d'euros sur les quatre prochaines années. Ce décalage aurait pourtant été salutaire, car l'UEFA a annoncé la phase finale de la Champions League du 7 au 23 août. Il y a donc un mauvais télescopage pour tout le monde.

D'ailleurs, pour Mediapro, rien ne s'engage comme prévu. Son PDG est dépité : « La gestion de la pandémie n'a pas été sérieuse. » Il cite une étude de juillet 2020 effectuée par *L'Équipe*. Les conclusions sont inquiétantes : « 25 % des personnes interrogées iront moins au stade, le huis clos mine l'attrait des matchs, 41 % pensent que, sans les spectateurs, le foot n'est rien, 34 % vont regarder moins la TV, 30 % moins s'abonner. » Selon un autre sondage, sept personnes sur dix n'ont pas entendu parler d'une nouvelle chaîne[1].

Tout est devenu compliqué, de plus en plus. Certes, le groupe espagnol a trouvé un accord avec TF1 pour

---
1. Mission parlementaire sur les « Droits de diffusion audiovisuelle des manifestations sportives », audition du 16 septembre 2021.

appeler sa chaîne Téléfoot. Pour de nombreuses générations, Téléfoot est une madeleine de Proust : les souvenirs de vieux génériques, tous les buts le dimanche matin, la marque la plus ancienne du foot à la télévision (1977). Ce sont, selon les âges, Pierre Cangioni, Michel Denisot, Didier Roustan, Thierry Roland, Thierry Gilardi, Christian Jeanpierre, Grégoire Margotton... Mediapro réalise un bon coup.

Les Catalans trouvent aussi des accords de diffusion avec SFR et Bouygues (c'est peu) et proposent une offre intéressante avec, pour la première année, la Ligue 1, la Champions League et, pour 5 euros de plus, Netflix. Mais il faut engranger des abonnements au plus vite, attirer les consommateurs avec des buts, des rencontres, la liesse. Or, côté spectacle, c'est un scénario catastrophe que jouent les footballeurs.

Covid oblige, les stades sont encore vides, Marseille déclare forfait pour la première journée, Kylian Mbappé aussi... La rentrée s'annonce mouvementée.

10

Dysfonction

Toute la saison durant, les nuages s'amoncellent au large et il ne faut pas être sorcier pour deviner que la fin de l'été sera orageuse. Les acteurs du football français ont multiplié les mauvais choix, parfaitement secondés en cela, ou précédés, à vous de juger, par des pouvoirs publics peu soucieux de la santé économique du football professionnel. L'état d'esprit des élites est sans ambiguïté : à quoi bon s'occuper de ces milliardaires en petite tenue, forcément capricieux, et dirigés par une volaille qui ne vaut pas mieux à leurs yeux ?

Non, vraiment, nul besoin d'outil de précision pour assurer que le gros temps s'annonce sans délai. Il va falloir du muscle plein les manches pour tenir la barre. Or, pour les présidents de clubs, l'équipage de la Ligue n'a pas l'allure attendue depuis que, quatre ans plus tôt, à la suite d'un nouveau vaudeville, Nathalie Boy de La Tour a été élue par un concours de circonstances. Le duo qu'elle compose avec Didier Quillot clopine. Elle n'a jamais accepté le rôle de la potiche mais n'a pas su non plus s'affirmer dans ce milieu. Mais qui l'aurait pu ? Quillot a passé pour sa part beaucoup de temps, pas l'essentiel, à enrager contre les émoluments délirants et les initiatives désordonnées de sa présidente.

Les présidents de clubs, de leur côté, bien remontés par Quillot, se sont crispés face à une présidente dont la plus-value n'était pas patente. Pire, ils y voyaient un parasitage pour la bonne conduite de leur business. Quel dommage !

Une délégation de quatre mâles blancs de plus de cinquante ans a tenté de lui faire comprendre ce qu'ils attendaient, une présence homéopathique, une absence de décisions et une rémunération maintenue. Une version polie de « Sois belle et tais-toi ! ». Avec un succès relatif. « Vos petits arrangements entre amis ne sont pas dignes de l'institution[1] », leur enverra-t-elle. Elle est partie avec un gros chèque au terme de son contrat en dédommagement de... pas grand-chose.

Didier Quillot, outre détester sa présidente, adore être aimé. C'est sa faiblesse. Mais il n'a pas non plus trouvé le bon réglage ni la bonne tonalité, le fameux « *fine tuning* », comme ils disent. Il a défié publiquement Jean-Michel Aulas, croyant bâtir ainsi sa légitimité. Pour une banale histoire d'horaire de matchs, il l'a démasqué, a relevé le méfait et l'a défié. Bigre. Ce que, entre nous, chaque président aurait rêvé de faire. Coincé, Aulas a bougonné, et l'altercation a nourri une acrimonie nécessitant une réparation à la hauteur de l'humiliation. En ce temps jadis, quand vous étiez fâché avec Lyon, il valait

---

1. Point presse, 11 septembre 2020.

Dysfonction

mieux être « en carré[1] » au Parc des Princes, sous protectorat qatari.

Une gouvernance dysfonctionnelle

Mais Nasser est lui aussi exaspéré par Quillot. Le président, colérique, impatient, ne supporte plus le DG de la LFP. D'ailleurs, c'est simple, il n'en veut plus... Selon un banquier d'affaires, « le président du PSG juge la gouvernance de la LFP totalement dysfonctionnelle ». Nasser al-Khelaïfi sait de quoi il parle, la gestion du club parisien n'étant pas, depuis dix ans, très fonctionnelle elle-même. Toujours plus facile de voir la paille dans l'œil du voisin...

Le reproche majeur contre Didier Quillot est qu'il entretient le feu de la discorde avec Canal+, ce que les présidents lui ont demandé de faire. Mais la tension professionnelle s'est transformée en une rancœur personnelle envers Maxime Saada qui exige désormais de ne plus parler, ni avec lui, ni avec celui qui est chargé des droits télévisés, Mathieu Ficot.

Or, Canal+ n'a pas payé son dû pour la période du Covid. La Ligue veut faire rentrer quelque 35 millions d'euros et doit négocier âprement. Pour se débarrasser de Quillot, et au passage flatter les présidents, Canal+ exige de parler à un comité des dirigeants de clubs, des hommes d'affaires, des vrais, pas un demi-sel. Et

---

1. Le carré est la tribune d'honneur du Parc des Princes, qui fait l'objet d'un placement très codifié.

ces derniers acceptent. Pourtant ni Olivier Sadran (Toulouse), ni Waldemar Kita (Nantes), ni Jean-Michel Aulas (Lyon) n'accepteraient qu'un de leurs fournisseurs choisisse ses interlocuteurs au sein de leur propre entreprise.

Ils font même mieux, ou pire c'est selon, puisqu'ils désignent pour conduire l'expédition des « bourgeois de Calais » le faux affable Nasser al-Khelaïfi, bien sûr membre du conseil d'administration de la Ligue, certes président du PSG, mais aussi du groupe BEin Sports.

Pire – c'était donc possible –, Nasser al-Khelaïfi accepte d'y aller, alors qu'il a négocié au nom de BEin Sports un accord de diffusion avec Canal+. Imaginez le PSG demandant à l'OM de choisir les joueurs contre lesquels il désire jouer, et que ces mêmes joueurs aient déjà signé un contrat avec le PSG pour la saison suivante...

Le sous-émir et Don Aulas associés

Mais c'est dit, le sous-émir est à la manœuvre. Il a d'ailleurs choisi un tandem pour conduire la Ligue à partir de septembre 2020. Son choix de président, d'abord, s'est porté sur François Morinière. Cet ancien DG du journal *L'Équipe* est un personnage charmant, toujours souriant et urbain. Il souhaite devenir président non exécutif, vraiment. On lui imposera le DG qui conviendra. Mais les dirigeants du PSG jugent au fil des jours Morinière falot et s'aperçoivent qu'il ne fera pas leur affaire.

Les Parisiens misent alors sur un autre cheval qui passait au près. Non loin en effet, la conjuration du perroquet est dans ses œuvres (souvenez-vous de *La Folie*

Dysfonction

des grandeurs). Les fins stratèges, le duo Le Graët et Aulas, sont revenus du bagne. Après leur représentation comique quatre ans plus tôt avec Raymond Domenech en vedette, ils ont désormais un nouveau favori. Leur poulain a quelques tours de piste au compteur, une belle robe et un nom qui ronfle : Michel Denisot. Monture rare, policé, élégant, bien introduit dans tous les rouages du pouvoir, ancien de Canal, ancien président du PSG, mais aussi ancien président d'un petit club au pays des sorcières, la Berrichonne de Châteauroux.

Les « gros clubs », enfin ceux qui s'estiment comme tels, achètent l'idée. Ils lui ont choisi un DG, Mathieu Ficot, l'homme des droits télévisés à la LFP. Mais il y a un os dans la stratégie de « Don » Aulas et de ses nouveaux affidés. Michel Denisot entend être porté sur le trône sans effort. Il ne donne pas le minimum en appelant les présidents de clubs pour leur laisser un petit mot, une attention, ou un témoignage d'amitié. Il néglige aussi les familles présentes au conseil d'administration (joueurs, entraîneurs, administratifs, etc.) et se présente à l'élection les mains dans les poches, un jeudi de septembre 2020 au pavillon Kléber, à deux rues de la LFP.

Élection à tiroirs

Rappelons brièvement la méthode de l'élection. L'assemblée générale élit les membres du conseil d'administration. Le candidat à la présidence est choisi parmi le collège des indépendants. Le terme « indépendant » est à interpréter de manière large et floue car certains, en guise d'indépendance, travaillent directement avec les clubs ou la Ligue. Ainsi, Alain Guerrini, patron des éditions Panini, est en contrat avec les joueurs et leur syndicat (UNFP) et Vincent Labrune conseille plusieurs présidents de clubs, notamment en matière de transferts, sans que personne sache ou dise si cette activité est rémunérée d'une manière ou d'une autre. Jetons là un voile. Les autorités, la FFF, le gouvernement, qui ont pourtant rapidement le doigt sur la détente en matière d'éthique, assistent à la représentation en bons spectateurs.

Une fois un candidat désigné par le CA, on boucle enfin la boucle : l'assemblée générale vote à nouveau pour ratifier la proposition du CA. Cette validation est symbolique car si elle doit s'effectuer à la majorité absolue au premier tour de scrutin, elle n'est plus que relative au deuxième tour.

Dernier point, les clubs de Ligue 1 dont les votes pèsent le plus lourd se réunissent en conclave, la veille, pour désigner le candidat qu'ils pousseront à la présidence.

Le collège de Ligue 1 s'apprête donc à désigner Michel Denisot.

Labrune messianique

Seulement voilà, au dernier moment, surgit un autre concurrent. Certes, la rumeur l'avait légèrement devancé et il entretenait le mystère. Les supporters de Vincent Labrune chuchotent aux oreilles des journalistes que, jusqu'à la dernière heure, il hésitait.

Dysfonction

Et puis, soudain, au pavillon Kléber, l'ancien président de l'OM, Vincent Labrune, tout en décontraction étudiée, paraît, messianique. Il est dans sa panoplie « BHL » habituelle, le cheveu mi-long qui tombe sur une chemise blanche largement ouverte. Vincent Labrune est vibrionnant et beau parleur, sombre et charmeur. Il s'est forgé auprès de quelques-uns la réputation de l'homme qui murmure à l'oreille des puissants.

« Vince », comme le surnommait Pape Diouf, a associé sa candidature aux clubs « intermédiaires » (il ne faut pas dire « petits »), lesquels sont dans le collège de Ligue 1, ont participé au schisme entre Ligue 1 et Ligue 2, mais savent qu'ils ne sont pas à la table des « gros ». Un statut qui peut s'avérer malléable. Prenons l'exemple du RC Lens faisant des allers-retours entre les cadors lui accordant l'estampille, puis disparaissant en Ligue 2 avant de revenir aux avant-postes.

Ainsi, Labrune a entretenu des relations très étroites avec ses anciens collègues. Il les dorlote dans les bars de palaces depuis des années, notamment ceux qui sont moins présents dans la lumière, en leur tendant un beau miroir. Dans un article de *L'Équipe*, Mathieu Grégoire résume parfaitement cette inlassable activité de réseau : « Vincent Labrune tutoie Nasser al-Khelaïfi, qu'il apprécie, cajole Eyraud, dont il partage l'animosité pour Jean-Michel Aulas, flatte Jean-Pierre Rivère, le dirigeant de Nice. Surtout, il y a la bande de potes. Il dîne avec Jean-Pierre Caillot (Reims), écoute la dernière fantaisie de Waldemar Kita (Nantes), décrypte la dernière mise du trader Loïc Féry (Lorient). Il tempère Bernard Caïazzo (Saint-Étienne) ou Bernard Joannin (Amiens), embrasse

Main basse sur l'argent du foot français

Laurent Nicollin (Montpellier), qui lui fera un grand honneur : permettre à son fils et à sa fille de donner le coup d'envoi de Montpellier-Amiens, en mai 2019. Pour les copains présidents, il a toujours repéré un joueur ou un club anglais à plumer, il a toujours un conseil avisé sur le *trading*, les droits télé ou les passages devant la DNCG [Direction nationale du contrôle de gestion][1]. »

Le petit groupe autour des « intermédiaires », les Caillot, Joannin, Fery, Caïazzo et le « meilleur ami » Laurent Nicollin ont finement joué le tour. Alors que tout se sait assez rapidement dans le cercle fermé du football, ils avancent masqués, gardent le secret sur leur dessein commun : mettre la main sur les instances du football. Quand Vincent Labrune se fait élire pour la première fois parmi les indépendants en 2016, il vise immédiatement le poste de Frédéric Thiriez. « Tu vois, là, un jour, ce sera nous », dit-il à son ami Nicollin. Ils avaient le temps, ils le prendront, sans se précipiter.

Une campagne efficace

Labrune a soigneusement mis au point sa candidature tout l'été 2020 sur les plages de Corse, à Porto Vecchio, passant son temps au téléphone, son seul instrument de travail d'une redoutable efficacité. Il est en vacances avec son autre « meilleur ami » (ils sont quelques-uns), le producteur Pierre-Antoine Capton. De la même géné-

---

1. « Qu'a fait Vincent Labrune, nouveau président de la LFP, depuis son départ de l'OM ? », *L'Équipe*, 11 septembre 2020.

Dysfonction

ration, Capton a effectué une carrière remarquable dans la production audiovisuelle avec Troisième Œil, puis en créant grâce à de nouveaux outils financiers un géant du secteur avec le banquier d'affaires Matthieu Pigasse et le milliardaire Xaviel Niel. Une *success story* pour un jeune Normand sans réseau initial, qui est également devenu président du stade Malherbe de Caen. Pendant la belle saison, Vincent Labrune teste ses interlocuteurs, papote, appelle sans objet, flatte les uns, demande quelques conseils aux autres. Rien de précis, pas de mission, pas d'annonce, tout en petites touches amicales.

Au mois de septembre, son quarteron le pousse, lui se sent prêt, même s'il rabâche à tous : « Je ne sais pas. » Sa ligne de conduite, son obsession est que son nom ne sorte pas dans la presse comme un possible candidat. En bon stratège, en fin communicant, il sait que ses adversaires mettront alors en place un plan d'attaque et de dénigrement pour le contrer et le salir. Il a quelques solides inimitiés et ses détracteurs n'hésiteront pas un seul instant. « En grand parano », de son propre aveu, il tient toutes les issues étanches.

Il sait aussi que s'il franchit l'étape du collège de Ligue 1, il aura dans sa poche les familles pour le vote décisif du conseil d'administration. L'étape cruciale se joue donc en dehors des instances officielles avec les vingt votants de Ligue 1, dans une salle sans charme du pavillon Kléber, où l'ambiance est pesante.

Le vote s'annonce serré. Caïazzo est au fond de la salle, il ne sait pas trop, lui aussi est un peu groggy. Il croyait régenter, il avait porté Didier Quillot à la direction générale de la LFP, et le voilà blacklisté, liquidé par

Main basse sur l'argent du foot français

un collègue. Le président de Nice, Jean-Pierre Rivère, aurait marchandé son vote à Labrune contre la promesse de sortir Caïazzo de toutes les instances. Labrune aurait hésité mais Rivère a un bulletin de vote entre les mains, pas Caïazzo, car la voix de Saint-Étienne appartient à Jean-François Soucasse. Et puis, derrière Rivère se profile le puissant groupe INEOS du milliardaire anglais Jim Ratcliffe. Or, Vincent Labrune aime être à la cour des milliardaires.

« Don Aulas », en grand manipulateur, livre déjà en coulisses le résultat du vote. Tout compte fait, Denisot doit l'emporter assez facilement. Il va gagner treize pour à sept contre, c'est dit, foi d'Aulas.

Seulement voilà, ce ne sera pas treize contre sept, mais match nul.

Denisot : dix, Labrune : dix.

Al-Khelaïfi, Aulas et Le Graët K.-O.

Le lendemain, les deux candidats, s'ils sont élus par l'assemblée générale, seront donc proposés au suffrage du CA. Néanmoins, dans la dernière ligne droite, le vote de l'assemblée oppose un sérieux coup de frein à Vincent Labrune. Des cinq membres indépendants, il est le moins bien élu, 62 %, c'est pauvre, alors que Denisot réalise le meilleur score avec 87 %. Plusieurs présidents franchissent la barre des 90 % et Francis Graille (Auxerre) fait même carton plein (100 %).

Bernard Caïazzo, attablé au Victoria, son quartier général de la place de l'Étoile, occupé à décortiquer des

Dysfonction

gambas, livre encore aujourd'hui la version officielle qui n'a pas varié depuis ce mois de septembre 2020. « Nous étions tous au déjeuner précédant le CA. On le cherchait partout. Je pensais qu'il avait changé d'avis[1]... »

Labrune est lucide. Il a senti des réticences au moment d'obtenir les parrainages. Il sait que sa personnalité fait peur, un intrigant, dit-on. Peut-être, mais il a pris une longueur d'avance en détenant dans son jeu une carte maîtresse qu'il a parfaitement préparée. Un expert des instances résume l'affaire : « Ce sont les joueurs » qui ont fait l'élection de Labrune.

Oui, car chez les joueurs, justement très influents sur le vote des familles, on a sorti le carton rouge contre Michel Denisot. « On l'aime bien, Michel. Mais il est à la Ligue depuis plusieurs années [représentant la FFF, NdA], on n'a pas entendu le son de sa voix. Pas une fois. Tu m'entends ? Pas une fois. » Entendu.

De fait, le vote du CA est une formalité. Les joueurs ont parfaitement tenu les familles (Labrune obtiendra quatre des cinq voix qu'elles représentent), les présidents amis de Vincent Labrune ont tous été élus. Le résultat est net : quinze voix pour Vincent Labrune, dix pour Michel Denisot. *Exit* le duo Denisot-Ficot. La conjuration du perroquet a échoué. « Al-Khelaïfi, Le Graët et Aulas sont sonnés, KO debout », raconte un témoin.

---

1. Entretien avec l'auteur.

Main basse sur l'argent du foot français

La tête de Quillot

Une nouvelle fois, faute d'une préparation rigoureuse, voilà désormais les clubs déchirés et les présidents écartelés. Les « gros » ont chuté lourdement. En outre, leur bête noire, Didier Quillot, est toujours là, car Vincent Labrune, dans sa campagne éclair, a promis de conserver le directeur général.

Preuve d'une candidature méticuleusement préparée, Labrune a rencontré Quillot quelques jours plus tôt. Au menu, l'élection du président. Quillot lui lance : « Pour la concorde générale, je te donnerai s'il le faut, si tu l'estimes nécessaire, ma démission.

— Non, non, Didier, si je suis élu, tu restes. »

Le jour du vote, les deux hommes ont la même conversation. Quillot lui propose à nouveau sa démission ; Labrune lui répond, fermement : « Toi, tu ne bouges pas. »

Il faut néanmoins passer l'étape de l'assemblée générale. Il reste donc aux clubs à valider l'arrivée de Labrune qui, rappelle-t-on, a obtenu un score mitigé le matin pour rester au CA. Le premier tour est décevant : 47,7 % des clubs votent Labrune. Le deuxième tour ne vaut pas mieux. Labrune n'améliore pas son score, 47,3 %, mais est élu à la majorité relative.

Vincent Labrune se dirige vers le pupitre pour une rapide prise de parole. Il prend acte de son élection, mais relève la faiblesse du score qui l'a ratifiée, lui offrant ainsi la présidence mais pas la majorité. Comme premier geste, il offre la tête du directeur général, Didier Quillot. « Un coup parfait : à peine élu, il fait allégeance à Nasser qui poussait un autre candidat et qui détestait Quillot »,

Dysfonction

analyse un participant. Nasser apprécie le geste du nouveau président. Vincent Labrune en quelques secondes fait volte-face. Lui qui vient d'être élu avec les clubs « intermédiaires » – Amiens, Reims, Lorient –, fera la politique des « gros » – Paris, Lyon, Marseille – et il a déjà un plan en tête. Au détriment de ses anciens amis ?

Représentants des clubs de Ligue 1
(87,5 voix exprimées) (8 sièges à pourvoir)

- Nasser AL-KHELAÏFI (Paris)   93,7 %, ÉLU
- Jean-Pierre CAILLOT (Reims)   77,1 %, ÉLU
- Saïd CHABANE (Angers)   27,1 %, NON ÉLU
- Jacques-Henri EYRAUD (OM)   80,3 %, ÉLU
- Loïc FERY (Lorient)   76,0 %, ÉLU
- Marc INGLA (Lille)   22,9 %, NON ÉLU
- Waldemar KITA (Nantes)   77,1 %, ÉLU
- Laurent NICOLLIN (Montpellier)   81,1 %, ÉLU
- Oleg PETROV (Monaco)   94,9 %, ÉLU
- Jean-Pierre RIVÈRE (Nice)   78,0 %, ÉLU

Représentants des clubs de Ligue 2

- Francis GRAILLE (Auxerre)   100 %, ÉLU
- Pierre-Olivier MURAT (Rodez)   97,8 %, ÉLU

Représentants des membres indépendants

- Michel DENISOT   87,0 %, ÉLU
- Alain GUERRINI   75,5 %, ÉLU
- Vincent LABRUNE   62,0 %, ÉLU
- Gervais MARTEL   85,3 %, ÉLU
- François MORINIÈRE   73,6 %, ÉLU

Main basse sur l'argent du foot français

En complément des membres désignés et siégeant de droit au conseil d'administration : Karl Olive (représentant de la FFF) ; Bernard Caïazzo (président de Première Ligue/Saint-Étienne) ; Claude Michy (président de l'UCPF/Clermont-Ferrand). Prend note enfin des membres désignés siégeant de droit au conseil d'administration, mais soumis à candidatures : Philippe Piat (UNFP) ; Sylvain Kastendeuch (UNFP) ; Pierre Repellini (Unecatef) ; Raymond Domenech (Unecatef) ; Patrick Razurel (Snaff).

L'assemblée générale, présidée désormais par Philippe Piat, conformément à l'article 10 des statuts de la LFP, prend note de la proposition formulée par le conseil d'administration de porter Vincent Labrune comme président de la LFP : prend note de l'avis partagé rendu par le collège de Ligue 1 à dix voix contre dix, pour les candidatures de Michel Denisot et Vincent Labrune ; procède, à la demande du directeur général exécutif de la LFP, au vote électronique et enregistre les résultats suivants :
- premier tour à la majorité absolue (sur 82,75 voix exprimées) :
    - pour : 39,5 voix, 47,7 %,
    - contre : 43,35 voix, 52,3 %,
- second tour à la majorité relative (sur 92,75 voix exprimées) :
    - pour : 44 voix, 47,4 %,
    - contre : 48,75 voix, 52,6 %.

Enregistre l'élection, à la majorité relative au second tour, de Vincent Labrune en tant que président de la LFP[1].

---

1. Procès-verbal, assemblée générale de la LFP, 10 septembre 2020.

Dysfonction

Vincent Labrune a bâti sa victoire avec doigté, a beaucoup esquivé, a abordé les obstacles dans le bon timing, sans précipitation, a profité des atermoiements de ses adversaires, ce que confirme un témoin de l'élection, cité par *L'Équipe* : « Nasser [al-Khelaïfi] et Jean-Michel [Aulas] ont été nuls. Ils se sont trompés sur le rapport de force. Ils ne l'ont pas vu venir[1]. » Sachant que son profil pouvait heurter, il s'est laissé glisser dans la pente, ne s'est pas dévoilé, s'ouvrant une voie royale, ce que regrette Jean-Michel Aulas. « J'ai été un peu surpris et déçu car à aucun moment, contrairement aux autres candidats indépendants, il ne nous a dit que le poste l'intéressait. Or, une élection s'oppose par définition au secret. Sur le fond, j'aurais préféré une présentation plus démocratique », confie, groggy, le président de l'OL sur le perron du pavillon aux journalistes présents. Mais Jean-Michel Aulas reprend vite ses esprits et salue son adversaire : « Je reconnais qu'il a été bluffant », lâche-t-il. Après tout, les deux hommes, qui ne s'aiment pas, ne partagent-ils pas la même vision libérale, celle d'un Championnat moins solidaire, moins partageur avec la Ligue 2 et avec les clubs « non européens » ? Ne souhaitent-ils pas tous les deux une compétition plus resserrée et plus élitiste ? Bien sûr que si. Ainsi, Jean-Michel Aulas ne boudera pas longtemps. Car l'étrange paradoxe de sa défaite est que, pour la première fois

---

1. « Qu'a fait Vincent Labrune, nouveau président de la LFP, depuis son départ de l'OM ? », art. cité.

dans l'histoire de la Ligue, le président de l'institution est à la fois issu de l'une des grosses cylindrées du Championnat et offre un profil ouvertement libéral, ce qui devrait être favorable au club lyonnais. C'est la seule motivation authentique connue de Jean-Michel Aulas. Nasser al-Khelaïfi est sur la même longueur d'onde.

Félicité collective…

La félicité est collective et chacun se dit que le football français peut sortir de l'ornière lorsque Canal+, qui guerroie avec brutalité depuis plusieurs années, sort le drapeau blanc pour l'occasion. La chaîne publie un communiqué pour se réjouir de l'élection de Vincent Labrune, Maxime Saada saluant « l'arrivée de Vincent Labrune à la présidence de la LFP. Nous nous connaissons depuis longtemps. La Ligue va pouvoir s'appuyer sur un entrepreneur qui connaît le monde du football et des médias sous toutes ses coutures. Je suis certain qu'il saura accompagner le rayonnement des clubs français sur la scène européenne. Enfin, j'espère reconstruire avec lui une relation plus forte avec la Ligue[1] ». Vincent Labrune remerciera chaleureusement son ami Maxime, non sans lui dire : « Je ne suis pas sûr, Maxime, que ce soit une heureuse nouvelle pour nous deux car toi, tu veux acheter un championnat à 300 millions d'euros et moi j'ai besoin d'un milliard[2]. » Les interventions de

---

1. Communiqué de Canal+, 11 septembre 2020.
2. Entretien de Vincent Labrune avec l'auteur.

Dysfonction

Julien Bergeaud, directeur général de la chaîne Téléfoot/Mediapro, et de Yousef Al-Obaidly seront plus conventionnelles et professionnelles.

Vincent Labrune ne peut pas observer de temps mort, car du côté de la rue Léo-Delibes, c'est un peu le chaos. La tête du directeur général Didier Quillot a roulé dans la sciure et les deux directeurs généraux adjoints n'affichent pas une mine de vainqueurs. Le premier, Arnaud Rouger, a donné sa démission quelques jours plus tôt pour rejoindre la FFF, rattrapé finalement par Didier Quillot et Vincent Labrune ; le second, Mathieu Ficot, faisait partie de l'équation Denisot. Il faut trancher au plus vite. Au tout début de la semaine de l'élection, qui était un jeudi, le futur président – le coup était donc bien monté – déjeune avec Rouger. Il veut en faire son DG. Il s'entend mieux avec lui qu'avec Mathieu Ficot, lequel se retire de la course.

Labrune ne laisse rien traîner. Une semaine plus tard, le 17 septembre, il annonce à ses collègues qu'après réflexion et consultation d'un grand nombre d'entre eux, il propose la nomination d'Arnaud Rouger au poste de directeur général exécutif. Il ajoute : « Je souhaite porter à la connaissance du conseil d'administration un point important, à savoir qu'Arnaud Rouger ne souhaite aucune augmentation de ses conditions salariales dans le cadre de ses nouvelles fonctions éventuelles[1]. »

---

1. Procès-verbal, conseil d'administration de la LFP, 17 septembre 2020.

... et parachute individuel

Étonnamment, dans ce monde où circulent des sommes folles pour le salaire des joueurs ou pour les transferts, le sujet de la rémunération des dirigeants de la Ligue est encore un peu tabou. Quatre ans plus tôt, en 2016, Frédéric Thiriez était encore bénévole, mais dépensait « des sommes folles pour des voyages en jet privé[1] », raille un cadre, et le président de la FFF ne perçoit pas non plus de rémunération. Le football est mal à l'aise avec la question. Ainsi, lorsqu'il est interrogé sur sa propre rémunération, Vincent Labrune estime « que la question n'est pas d'actualité, [et] demande à ce que la question puisse malgré tout être traitée rapidement, compte tenu de l'engagement que nécessite la fonction de président de la LFP ».

Le sujet est traité un mois plus tard au cours de la réunion suivante du conseil d'administration, qui fixe la rémunération du président à 30 000 euros bruts par mois sur quatorze mois, tenant « compte du caractère très exigeant et exposé de la fonction, de l'importance des responsabilités et de l'effectivité des tâches[2] ».

Mais le plus étonnant est le libellé du parachute de Vincent Labrune en cas de départ. On parle ainsi d'une « indemnité forfaitaire de fin de mandat destinée à réparer l'ensemble des préjudices occasionnés par la perte du mandat et notamment le préjudice matériel, financier, moral, social, et d'image. Cette indemnité sera due en

---
1. Entretien avec l'auteur.
2. Procès-verbal, conseil d'administration de la LFP, 15 octobre 2020.

Dysfonction

cas de révocation, de non-renouvellement de mandat, de non-candidature au renouvellement de son mandat, de non-candidature ou de non-renouvellement du mandat sous-jacent d'administrateur. Cette indemnité sera également due en cas de démission liée à un conflit de gouvernance au sein de la LFP dûment constaté et faisant obstacle à l'exécution, par le président, de ses responsabilités et prérogatives ». Bref, une prime d'un minimum de 840 000 euros dans tous les cas de figure. Il est aussi dit que cette indemnité sera calculée sur les douze derniers mois en y intégrant toute forme de rémunération supplémentaire comme les bonus[1]. Nous verrons ainsi que deux ans plus tard, cette indemnité « pour réparer l'ensemble des préjudices » pourra atteindre des sommes bien plus vertigineuses.

---

1. « L'indemnité forfaitaire brute de fin de mandat s'élèvera à vingt-quatre mois de rémunération brute. La rémunération servant de base de calcul de l'indemnité forfaitaire brute est égale à 1/12ᵉ de la rémunération brute des douze derniers mois, perçue à quelque titre que ce soit (inclus primes et gratifications éventuelles). Elle sera payable dans les quinze jours de la fin du mandat ». Procès-verbal, conseil d'administration de la LFP, 30 octobre 2020.

11

Une intuition ruineuse

Il faut se méfier du mois de septembre, il ne finit jamais bien. L'atmosphère est gorgée d'air chaud venant fouetter la montagne, la foudre frappe le sol dans un fracas glaçant, les orages sont d'une violence inouïe et les crues, dévastatrices. Foi de Cévenol, tout se joue en un instant et mieux vaut être à l'abri.

Nous y sommes presque, à la fin du mois de septembre 2020. Julien Bergeaud, le directeur général de Mediapro France, passe un coup de fil à Mathieu Ficot, le directeur des droits médias de la LFP. Il souhaite le rencontrer rapidement et, précise-t-il, dans un endroit discret. Ils se donnent rendez-vous dans leur club de tennis de l'Ouest parisien, où chacun arrive avec son sac et ses raquettes pour ne pas attirer l'attention. Julien Bergeaud, visiblement gêné, prend son élan : « Mathieu, on n'y arrive pas…

— De quoi tu me parles ?

— On n'y arrive pas, Mathieu, on s'est mis sous la protection du tribunal. »

Main basse sur l'argent du foot français

Mathieu Ficot secoue la tête, se voûte sur son siège, abattu. Il ne trouve pas les mots. « C'est une plaisanterie, Julien ?

— Non, non, malheureusement non. »

Vincent Labrune est averti quelques minutes plus tard. Il a eu à peine le temps de fêter son habile victoire, la douche est glacée. Un rendez-vous au sommet est fixé trois jours plus tard. Vincent Labrune est à la Fédération française de football dans l'immeuble *seventies* du 15e arrondissement de Paris. Il est venu flatter Noël Le Graët afin de trouver le moyen de collaborer avec celui qui est encore tout-puissant. Il lui tourne bien en tête que, dans la foulée, il doit affronter Mediapro, et il redoute la tempête qui l'attend. Mais après tout, ses électeurs voulaient un capitaine courage… C'est l'heure de leur montrer, de retrousser les manches et de gonfler ses biceps.

Rendez-vous est pris avec les Espagnols à l'angle du boulevard de Grenelle et de la rue Dupleix, au Metropolitan, sous ses bâches bleues délavées, une petite table au soleil. Ce sera la seule bonne nouvelle de la journée. Jaume Roures, notre milliardaire rouge, est entouré de Julien Bergeaud, donc, et de son acheteur des droits que nous avons croisé plus tôt[1], Oliver Seibert. Les trois hommes sont venus demander un rabais sur les droits qu'ils ont achetés deux ans plus tôt. Ils souhaitent obtenir une ristourne exceptionnelle sur la première année d'exploitation (2020-2021) de 200 millions d'euros.

---

1. Voir plus haut, p. 62 et 117.

Une intuition ruineuse

Les sept questions capitales

Pour mémoire, Mediapro doit payer plus de 830 millions par an dès la saison 2020-2021 sur une durée de quatre ans (donc 3,3 milliards d'euros), pour environ 80 % du Championnat de France, le reste étant détenu par le duo BEin Sports/Canal+ (le premier ayant concédé au deuxième les droits acquis pour 332 millions d'euros par an, 1,33 milliard d'euros au total) et par Free pour le lot « mobile » (42 millions d'euros par an).

Pourquoi en sommes-nous arrivés là, ce jour de septembre, à une terrasse du 15e arrondissement de Paris ? Avant d'entrer dans la conversation entre les deux camps, plusieurs questions se posent :
- Pourquoi Mediapro souhaitait-elle obtenir ces droits (à ce prix) ?
- Mediapro en avait-elle les moyens ?
- La LFP avait-elle une garantie suffisante ?
- La sous-licence, bon ou mauvais génie ?
- Fallait-il accorder ces droits à Mediapro ?
- Quelles sont les raisons de cet échec ?
- Quels sont les arguments de Mediapro (pour demander une ristourne) ?

Nous allons examiner avec minutie ces sept questions parce que la huitième, induite, est autrement plus douloureuse et plus fondamentale encore, car elle conduit à se demander pourquoi le football français a accepté de perdre autant d'argent. Cette question, la voici.

- **Pourquoi la LFP n'a-t-elle pas négocié avec Mediapro ?**

Afin de se forger une idée précise, il existe un document, nous l'avons évoqué plus haut : le rapport d'information du député des Alpes-Maritimes, Cédric Roussel, publié en décembre 2021 à la suite de la mission sur « les droits de diffusion audiovisuelle des manifestations sportives ». Ce document, rigoureux et complet, s'intéresse tout particulièrement au « fiasco Mediapro », selon les mots du député, lequel s'étonne d'abord qu'aucune autre institution (LFP, FFF, ministère des Sports) n'ait diligenté un audit.

La mission, elle, a mené une enquête longue et sérieuse, auditionnant plus de deux cents personnes. Elle a effectué plusieurs voyages à l'étranger. La plupart des auditions ont été dirigées par Cédric Roussel et par Régis Juanico, député socialiste de la Loire, et sont presque toutes disponibles en vidéo sur le site de l'Assemblée nationale.

Deux auditions sont particulièrement éclairantes : celle de Jaume Roures, le PDG de Mediapro, et celle de Maxime Saada, PDG de Canal+. Les deux hommes ne se sont pas dérobés et se livrent beaucoup. Ce n'est malheureusement pas le cas de l'ancienne présidente de la LFP, Nathalie Boy de La Tour, et de l'actuel président, Vincent Labrune. Les deux, à la tête d'une sous-délégation de service public, n'ont pas souhaité répondre aux questions de la représentation nationale. Cela nous donne-t-il une tendance ? On va le voir.

Pour compléter les informations de cette mission, j'ai rencontré plusieurs des acteurs auditionnés. La plupart,

Une intuition ruineuse

une fois encore, ont exigé du *off*, mais leur témoignage a permis de préciser certains sujets ou d'obtenir un sous-titrage, voire un décryptage, de certaines déclarations. Ces rencontres ont aussi permis de creuser un ou deux sujets que la mission n'a pas rapportés.

- **Pourquoi Mediapro souhaitait obtenir ces droits (à ce prix) ?**

Rappelons ici que l'appel d'offres s'est déroulé en mai 2018, bien avant la pandémie, et que les droits achetés s'exerçaient, eux, pendant la pandémie. Les explications du PDG de Mediapro sont limpides et convaincantes : « La population française est 50 % plus importante qu'en Espagne, la tradition de télévision payante est plus importante qu'en Espagne (7 millions). Ces données économiques sont objectives. C'était le prix correct, je le crois encore. Notre projet ? Une chaîne à distribuer, un BP [« *business plan* », c'est-à-dire le budget prévisionnel] de quatre saisons. Perdre de l'argent les premières années, ce que nous avions connu en Espagne. Gagner de l'argent en années 3 et 4. Notre objectif était que la chaîne soit chez Canal+, soit chez les opérateurs. Nous avions un projet stratégique avec la LFP[1]. »

Même si en 2018 tous les voyants économiques sont au vert, on peut qualifier le BP d'agressif, à mi-chemin entre ambitieux et infaisable. Les chances d'y parvenir étaient de l'ordre de 5 %. Mais, en la matière, des plans

---

1. Mission parlementaire sur les « Droits de diffusion audiovisuelle des manifestations sportives », audition du 16 septembre 2021.

plus agressifs ont connu le succès. Qui pariait sur Canal+ en 1984 ?

Selon l'expert financier de la LFP, qui a quitté l'institution depuis, et les modélisations de Canal+, Mediapro aurait perdu 625 millions d'euros la première année, 250 millions la deuxième. Était-ce surmontable financièrement ? Était-ce rattrapable en années 3 et 4, c'est-à-dire réaliser environ 450 millions d'euros de bénéfices par an ? Difficile à croire. Seulement, au moment d'attribuer les droits, la LFP n'a pas de BP en mains… Voilà le vrai sujet. Nous y reviendrons.

- **Mediapro en avait-elle les moyens ?**

Au vu des connaissances du marché de l'époque, oui. La Ligue a bien entendu saisi des avocats afin de tester la robustesse de Mediapro. L'un d'eux révèle aujourd'hui : « Quelques mois plus tôt, des Chinois, qui ne sont pas idiots, ont acheté pour 1 milliard d'euros 52 % de cette entreprise. Ils ont été conseillés par les grandes banques d'affaires mondiales et l'argent du *deal* a été prêté aux Chinois par les géants mondiaux que sont JP Morgan, Goldman Sachs et la Deutsche Bank. » Une question surgit : faut-il faire autant confiance aux banques d'affaires, même lorsqu'elles sont « grandes » et « mondiales » ? Nous y apporterons une réponse un peu plus tard.

La thèse d'une certaine solidité de Mediapro peut être étayée. Au début du mois d'août 2020, sept semaines avant le meeting improvisé à l'angle de la rue Dupleix, juste sous le regard des passagers de la ligne 6 du métro, Mediapro avait acquitté à la Ligue près de 200 millions

Une intuition ruineuse

d'euros cash. Une compagnie qui débourse une telle somme d'argent sans aucune rentrée commerciale a une certaine profondeur de porte-monnaie, un actionnaire généreux ou encore un banquier confiant.

- **La Ligue avait-elle une garantie suffisante ?**

La question de la garantie a beaucoup agité le monde du ballon rond. C'est pourtant une tarte à la crème. Néanmoins, nous devons l'aborder, car elle a suscité la polémique, savamment entretenue par Canal+.

D'abord, de quoi parle-t-on, parmi les présidents de clubs eux-mêmes ? On évoque une garantie « à première demande d'une banque de premier ordre ». Comment s'exerce-t-elle ? En cas de non-paiement constaté, vous pouvez aller piocher sans aucune formalité dans la banque de votre débiteur qui, elle, ne peut pas s'y opposer. En pratique, pour trouver une banque qui délivre cette garantie, elle doit avoir la quasi-totalité de la somme sur un compte de la société, compte évidemment bloqué par la banque.

La parole est à Jaume Roures : « Personne ne va déposer une garantie de 3 à 4 milliards, c'est une "tonteria" [autrement dit : une absurdité, une folie]. Ça n'existe pas ! La Ligue avait la garantie de Canal+, ils n'ont pas payé... La Ligue italienne avait la garantie de Sky, ils n'ont pas payé[1]... » Dans le cas de Canal+, Roures fait référence au moment où la chaîne, lors de la période du Covid, a coupé les vivres à la LFP.

---

1. Mission parlementaire sur les « Droits de diffusion audiovisuelle des manifestations sportives », audition du 16 septembre 2021.

Main basse sur l'argent du foot français

Le milliardaire rouge ajoute : « Nous avons donné le même type de garantie que tout le monde donne, c'est la garantie de la maison mère. Elle n'a pas été actionnée parce que le tribunal de Nanterre nous a offert une conciliation. Dans ce processus de conciliation, la garantie ne pouvait pas être actionnée. BEin Sports a suivi le même schéma. Pour ne pas se retrouver dans la même situation que nous[1]. » Un point est crucial dans la déclaration du PDG de Mediapro : la conciliation gèle toutes les créances de la société.

Le sujet de la garantie a été entretenu par le PDG de Canal+, pas très crédible dans ce rôle. Pourtant, lors de son audition au Parlement, il porte une accusation très grave, affirmant que la LFP a recouru, par rapport aux précédents appels d'offres, à un « abaissement très significatif de la garantie demandée, puisqu'ils font le choix de renoncer à la "garantie bancaire à première demande". Ce choix est fait pour atteindre le milliard, pour faire entrer les acteurs qui éventuellement ne peuvent pas la fournir. C'était le choix délibéré de renoncer à une garantie solide[2]. »

Il affirme, en sus, que cette garantie est demandée dans tous les appels d'offres. Or, quelques minutes plus tard, il déclare : « Soit des garanties, soit des acomptes, soit les deux », et raconte que la Premier League exige « 3 % à payer un an et demi avant la diffusion », ce qui ne constitue pas une garantie, loin de là. Saada pour-

---
1. Mission parlementaire sur les « Droits de diffusion audiovisuelle des manifestations sportives », audition du 16 septembre 2021.
2. *Ibid.*, audition du 18 novembre 2021.

suit en disant qu'il a versé une garantie lors d'un appel d'offres européen « pour 300 millions d'euros ». Oui, mais voilà, entre 300 millions et 3 milliards...

La réponse de Didier Quillot, DG de la Ligue, est sans bavure : « Pour qu'une banque signe une telle garantie, il faut qu'elle prenne un engagement hors bilan de 3 à 4 milliards d'euros, ce qui est rigoureusement impossible. » Et il ajoute : « Chaque fois que la LFP a demandé une garantie bancaire à première demande, elle ne l'a jamais obtenue, que ce soit avec Vivendi ou avec Orange. »

Oui, mais l'Italie... Quoi, l'Italie ? À chaque débat sur la garantie est brandie l'« affaire italienne ». Mediapro avait obtenu les droits du Calcio, mais la Ligue italienne avait finalement renoncé « faute de garanties », ce que relaie avec gourmandise le PDG de Canal+, Maxime Saada. Jaume Roures y répond sans détour : « En Italie, les Chinois ont donné la garantie de leurs entreprises. Je les ai emmenées moi-même au président de la Ligue. KPMG donnait foi de la validité de la garantie chinoise. Nous ne sommes pas partis pour cela, mais parce qu'il y avait une décision judiciaire qui demandait un nouvel appel d'offres, parce qu'ils voulaient continuer de travailler avec leurs anciens diffuseurs, parce que le fils du président de la Ligue... je m'arrête là... pff... » Information vérifiée et vraie.

Claude Michy, ancien président de Clermont-Ferrand et du syndicat des clubs de Ligue 2, l'UCPF, dont le métier est, lui aussi, d'acheter des droits, résume parfaitement l'affaire : « On n'avait pas de garanties, on ne les avait pas plus avec Canal+[1]. »

Les quatre types de garanties admises
par la LFP dans l'appel d'offres de 2018,
classés dans l'ordre d'appréciation décroissant suivant
(La garantie choisie est en italique.)

— Une garantie à première demande, autonome, émanant de l'actionnaire de référence du groupe auquel appartient le candidat ;
— un acte de cautionnement solidaire émis par un établissement bancaire de premier rang avec renonciation aux bénéfices de division et de discussion ;
— *un acte de cautionnement solidaire émis par l'actionnaire de référence du groupe auquel appartient le candidat* avec renonciation aux bénéfices de division et de discussion ;
— une lettre de confort émise par l'actionnaire de référence du groupe auquel appartient le candidat.

- **La sous-licence, bon au mauvais génie ?**

« Le génie de cet appel d'offres, c'est la sous-licence », triomphait Jean-Michel Aulas après les résultats. Bon ou mauvais génie ? Ni l'un ni l'autre. Beaucoup de ce qui a été dit sur cette sous-licence est manichéen. Elle a

---

1. Entretien avec l'auteur, 6 mars 2023.

Une intuition ruineuse

charrié son lot de fantasmes. Rappelons le principe : la sous-licence permet d'acheter des droits et d'en revendre tout ou partie.

Pourquoi autant de bruit autour ? Parce que c'est la première fois que la LFP introduisait cette possibilité. Auparavant, les droits achetés devaient être produits et diffusés par l'acheteur.

L'autre raison est qu'une partie des activités de Mediapro est le trading de droits, ou le métier d'agence, c'est selon. Mediapro, comme les agences Sportfive ou Infront, achète des droits sur les gros marchés (CIO, fédérations internationales) pour les revendre, par exemple, pays par pays, en encaissant au passage une commission. Pour avoir travaillé chez ces deux derniers spécialistes, Sportfive et Infront, je sais que ce métier est assez méprisé, sauf lorsqu'on vient sonner à votre porte pour demander une avance de trésorerie... La méfiance s'est donc portée sur Mediapro, soupçonnée de faire du vilain pognon sur le dos du vertueux football français, d'autant que la LFP avait révélé que la possibilité de cette sous-licence avait été introduite dans l'appel d'offres à la demande d'un des futurs candidats.

Seulement, voilà, si la sous-licence a bien été demandée par un prétendant, elle ne l'a pas été par Mediapro, mais par... Canal+. Car cette sous-licence permet, si l'on est piégé par l'appel d'offres (ce fut le cas de BEin Sports), de céder une partie des droits pour alléger son exposition financière. L'avantage, pour Canal+, aurait été de pouvoir acheter la quasi-totalité des lots et d'en revendre des parties à un partenaire choisi, celui par exemple qui n'a pas les moyens de lui faire de l'ombre.

Autre possibilité, cette sous-licence permet à un groupe d'avoir une approche plus souple, mieux calibrée, de sa grille des programmes.

La chaîne cryptée en a d'ailleurs profité dans un cas de figure qu'elle n'avait pas imaginé une seule seconde avant de le demander. N'ayant aucun droit, Canal a racheté la partie acquise par BEin Sports (le lot 3). Voilà une histoire tristement banale, mais la sous-licence ne peut pas être déclarée coupable de la situation dans laquelle Mediapro se trouve à l'automne 2020.

- **La Ligue devait-elle accorder ces droits ?**

Contrairement à la réécriture un peu facile de l'histoire, la réponse est oui ! Ou, plus exactement, la réponse ne pouvait pas être non.

Nous avons vu, dans les chapitres précédents, tous ceux qui se sont défaussés dire qu'ils n'avaient pas les moyens de décider et qu'on leur avait dit que c'était « béton », selon l'expression de Bernard Caïazzo, se dédouanant de l'erreur et accusant ainsi les services de la Ligue et les avocats. Il n'a pas été le seul.

La Ligue, elle, n'avait pas d'autre choix. Depuis vingt ans, si la LFP ne veut pas se voir imposer le tarif réduit de Canal+, elle n'a qu'une stratégie possible : lui opposer un concurrent, l'obligeant à ne pas fonder son prix sur la seule valeur réelle des droits. La LFP doit contraindre Canal+ à une surprime stratégique à chaque appel d'offres. Drôle de sport. L'inconvénient de cette situation est la recherche d'un challenger tous

Une intuition ruineuse

les quatre ans. Or, l'obligation ou la quasi-obligation de s'appuyer sur le groupe Canal pour ensuite être distribué en France est un frein puissant. TPS ayant été absorbé par Canal, Orange ayant jeté l'éponge et BEin s'étant alliée aux Français, il n'est pas facile de dénicher des compétiteurs. De plus, toute la place de Paris sait que ces trois-là n'ont jamais rentabilisé leurs investissements. Mais – la précision est cruciale – malgré leurs échecs, ils ont toujours payé leur dû et leurs actionnaires étaient bien connus.

Malheureusement, la LFP a été prise au jeu de son propre appel d'offres et de la stratégie tordue de Canal+. Cet appel d'offres n'avait pas été conçu pour céder l'ensemble du Championnat à un nouvel entrant, mais bien pour obliger Canal à une surenchère et à un partage. Personne ne pouvait imaginer que, par orgueil, Canal+ allait se coucher au milieu de l'appel d'offres, alors que le jeu n'était pas fini de distribuer. Les services de la LFP se sont ainsi retrouvés avec deux acteurs, Mediapro et BEin Sports devant s'acquitter, à eux deux, de 1,2 milliard d'euros. Si la somme correspond à la visée, personne à la Ligue n'avait anticipé le forfait de Canal+.

La construction de l'appel d'offres atteste d'ailleurs qu'il n'avait pas été élaboré pour éliminer Canal+, contrairement à ce qu'a imaginé la chaîne. Les équipes de la LFP étaient ainsi persuadées que leur « partenaire historique » remporterait au moins un des trois lots premium et misait sur deux. Ayant en main une information précieuse, à savoir que Mediapro était prête à débourser 900 millions d'euros, si la LFP avait voulu punir Canal+ – dans quel but ? –, elle aurait fait deux ou trois lots et non sept. Quelques années plus tard, les dirigeants de la chaîne, exaspérés que la Ligue leur mette dans les pattes un outsider – on peut les comprendre –, jouent les outragés. Mais à qui la faute ?

Il reste cependant la question initiale : la Ligue devait-elle accorder ces droits ? Juridiquement, elle pouvait ne pas le faire. Au lendemain de l'appel d'offres, le conseil d'administration pouvait ne pas le valider. Seulement voilà, dès le soir de la consultation, trop heureuse, elle avait communiqué les résultats *urbi et orbi*.

En outre, dans la grâce de la théorie pure, la Ligue aurait dû faire tourner pendant la nuit un BP pour déterminer que le plan de charge était acrobatique et que la défection pure et simple de Canal+ était suicidaire. Cette absence constituait un poison doublement mortel pour la Ligue. Elle se privait d'abord du diffuseur ayant le plus intérêt à détenir le Championnat. Elle exposait ensuite les nouveaux détenteurs des droits à la rage du groupe, le poussant à refuser de les distribuer.

Il aurait donc fallu renoncer au résultat de l'appel d'offres. Les administrateurs (en majorité les présidents de clubs) auraient dû refuser, mais ils ne détenaient pas suffisamment d'informations et étaient hypnotisés devant leur tas d'or. Qui pouvait dire non ? Personne. Ce fut donc oui.

Une intuition ruineuse

- **Quelles sont les raisons de cet échec ?**

Nous venons de le voir, l'impossibilité d'agir sans un laissez-passer de Canal+ est d'une complexité folle en France. La barrière dressée à l'entrée est infranchissable. D'autant que le groupe joue double jeu avec les gouvernements successifs, doté d'une arme absolue dans son arsenal : le financement du cinéma français. C'est la raison pour laquelle François Hollande, en couple avec une actrice, avait autrefois bloqué les assauts de BEin Sports pour rafler la totalité du football français.

Le financement du septième art est directement indexé au chiffre d'affaires de Canal+, ce qui signifie l'obligatoire maintien en vie de Canal et sa bonne santé. La chaîne tient le football en otage. Au jeu de l'influence politique, le cinéma pèse plus lourd que le football professionnel, les producteurs, plus que les propriétaires de clubs, les acteurs, plus que les joueurs de football. À tort ? Peu importe, la situation est ainsi. Elle ne variera pas. Le gouvernement, le président de la République lui-même auraient pu intervenir. Ils ne l'ont pas souhaité. Notons que les clubs et la Ligue font peu d'efforts pour améliorer leur influence.

Nous l'avons vu, dès que BEin Sports a déposé les armes aux pieds de Maxime Saada, la position de Mediapro est devenue quasi injouable. La pandémie, un Championnat qui s'arrête, le suivant qui débute de façon chaotique ont étalé avec application plusieurs couches de difficulté supplémentaires, rendant la mission impossible. Un des acteurs s'interroge d'ailleurs : « C'est fou, ils avaient tous les moyens de sortir avant. L'arrêt du Championnat, la décision ubuesque d'Édouard Philippe de stopper le Championnat, ils avaient tous les éléments en main pour s'en aller et nous traiter de fous. À la place, ils lancent leur chaîne, recrutent des dizaines de personnes. Pourquoi ont-ils payé la première traite sachant que Canal+ ne leur ferait aucun cadeau, sachant que la pandémie rendrait l'exploitation périlleuse, sachant que le Championnat allait commencer avec un mois de retard, les privant d'une ressource ? C'est incompréhensible[1]. »

D'autant que le Covid a secoué Mediapro partout sur la planète, réduisant ses capacités, obligeant ses actionnaires à remettre au pot. En conséquence, dès le mois d'avril, l'agence Moody's dégradait la notation de la société mère de Mediapro, Joye Media, lui attribuant la note B3, soit l'échelon « spéculatif » le plus bas avant le risque de défaut[2]. L'agence évaluait alors la liquidité très fragile de la société et redoutait un fort impact attendu de la crise sanitaire sur son résultat en 2020. *Bis repetita* en juin, c'est cette fois une autre agence de notation, Fitch, qui punit Imagina, filiale de Joye et propriétaire directe de Mediapro, la rétrogradant de BB à B, soit la dernière étape avant le risque de défaut (CCC)[3]. La note B signifie qu'« un risque de défaut existe » et que « si la société respecte actuellement ses engagements financiers, sa capacité à continuer à les honorer

---

1. Entretien avec l'auteur.
2. Moody's, 26 avril 2021.
3. Fitch downgrades Invictus Media to "CC", FitchRatings, 29 juin 2021.

Une intuition ruineuse

est vulnérable à une détérioration de l'environnement économique ». Bref, si la pandémie continue...

Retour au Metropolitan :
« Il veut jouer. On va jouer »

Revenons à Paris, au Metropolitan, à la petite table avec Jaume Roures, l'indépendantiste catalan déplumé, et Vincent Labrune, le libéral assumé chevelu. Les cartes de la partie sont distribuées. Jaume Roures cherche le bon contact : « On peut peut-être se tutoyer, Vincent ? »

Voilà ce dont Jaume Roures se souvient : « Qu'est-ce qu'on a tenté de demander ? Un rabais de 200 millions, c'est-à-dire de 7 millions par club de L1, 3 millions par club de L2[1]. » Labrune se pique d'être un joueur averti. Il épie son adversaire, traque tous les signes trahissant son jeu, tentant de deviner comment il va jouer son entame. Il détaille tout. Il laisse Roures se justifier. Il s'interroge : « Je me dis, soit il bluffe, donc il se fout de ma gueule, soit il est pendu. Pour de vrai[2]. »

Labrune a foi en ses intuitions. Et a, déjà, une petite idée en tête. Il se décide vite. Il se dit que ce type assis en face de lui est trop abattu pour un coup de bluff. Il n'a rien dans son jeu. En outre, intérieurement, il bougonne : « Ces Espagnols, je ne les aime pas », mais il le laisse dérouler ses arguments pour affûter sa riposte. Le PDG

---

1. Mission parlementaire sur les « Droits de diffusion audiovisuelle des manifestations sportives », audition du 16 septembre 2021.
2. Entretien avec l'auteur.

de Mediapro s'explique encore : « Tous les opérateurs, y compris Mediapro, ont renégocié les contrats de droits TV, y compris avec l'UEFA ou la Ligue espagnole. La Premier League a fait un rabais de 16 %... Tout le monde a renégocié depuis le Covid. »

Labrune est bouillant. « Il veut jouer ? On va jouer. » Oui, Labrune a vraiment quelques idées en tête et une « paire d'as » dans son jeu. Jaume Roures continue sa démonstration. Il retourne, carte après carte, ses arguments sur la table. Il a terminé et semble dire à Labrune : « Tu en penses quoi ? »

Vincent Labrune a écouté, se passe la main dans les cheveux. « C'était le matin, je suis fatigué le matin. » La riposte est pourtant cinglante : « Je vais vite te mettre à l'aise, le contrat de télévision, c'est le seul contrat que l'on ne peut pas discuter. Tu sais quoi, on va le casser, on va s'arrêter là. Comment bâtir une relation de confiance désormais ? Ce n'est pas possible. On arrête tout. Tout de suite. »

Le jour même, le conseil d'administration de la LFP « prend note de l'information communiquée par Vincent Labrune, de la réception le matin même d'un courrier de Mediapro sollicitant une facilité de paiement sur l'échéance du 5 octobre 2020 », mais ne connaît pas la décision risquée de Vincent Labrune. Il est ajouté que « cette demande va être examinée par les services et les conseils de la LFP »[1].

---

1. Procès-verbal, conseil d'administration de la LFP, 24 septembre 2020.

Une intuition ruineuse

« *Ils nous doivent zéro* »

Vincent Labrune a répliqué. Un coup sec, porté à la nuque, fatal. Il marche au *feeling*. Il ne sentait pas Roures, il voulait sa peau. Les conséquences ? Il maîtrise. Il a toujours sa petite idée derrière la tête, simple et efficace. Ses amis présidents, il le sait, il le renifle, crieront au génie. Sa conviction est établie, il ajuste mentalement son plan de bataille parfaitement clair dans sa tête. Une offensive en deux actes.

La première partie se joue là, maintenant, et il va mettre Mediapro dehors, un coup de pied aux fesses, dans les plus brefs délais. Il pense avoir le droit pour lui : « Tu ne paies pas, on reprend nos droits », c'est le contrat, c'est la loi. Pas question de sentiments. La Ligue n'a jamais cajolé ses diffuseurs. Elle ne va pas commencer aujourd'hui, pas avec Rambo à sa tête.

Il repart rue Léo-Delibes, remonte dans son bureau au premier étage et ouvre la fenêtre pour en griller une sur le balcon qui surplombe le trottoir. Mais lorsqu'il plonge dans le dossier, l'affaire s'avère moins simple, voire... infaisable. « On a mis un peu de temps à comprendre tous les tenants de la situation juridique », se souvient Labrune. Les avocats de l'institution ne sont pas optimistes pour de nombreuses raisons. L'un d'entre eux, un cador de la place, lui explique d'abord : « Le droit des contrats, président, ne nous est pas favorable. Si la Ligue sort, nous sommes en faute.

— C'est ouf, ce truc. Et pendant ce temps-là, ils diffusent nos matchs, s'étouffe Labrune.

Main basse sur l'argent du foot français

— Oui, nous sommes dans la situation d'un restaurant qui doit continuer à servir, dont la salle est pleine tous les jours, mais où plus personne ne paie son addition. »

La réalité est crue, parfaitement résumée à l'un des présidents de clubs par Vincent Labrune lui-même : « La vérité est que, factuellement, Mediapro ne peut pas nous payer. Zéro ! Mais surtout, tu es bien assis, tu m'écoutes ? Ils nous doivent zéro[1]. »

Comment en sommes-nous arrivés-là ? La somme d'informations qu'on va lui fournir dessine doucement le pire des scénarios. D'abord, donc, il ne peut pas virer Mediapro, c'est-à-dire reprendre les droits.

La filiale française qui porte le dossier est sous mandat *ad hoc*, elle a demandé une procédure de conciliation au tribunal de Nanterre et l'a obtenue le 28 septembre. Cette procédure gèle les obligations. Elle est autorisée à ne pas payer ses droits le temps de trouver une solution amiable, ce qui peut durer quelques semaines, peut-être quelques mois. Nous sommes début octobre 2020 et elle doit, avant la fin de l'année, plus de 300 millions d'euros en deux échéances, le 6 octobre et dans les premiers jours de décembre. Deux traites qu'elle s'apprête à ne pas honorer dans l'attente d'une négociation.

Pour tenter de résoudre le problème, le président du Tribunal de commerce (TC) a nommé un conciliateur, Marc Sénéchal. Le type a une grosse cote dans le monde des affaires, avec quelques jolis coups à son actif, connu pour avoir trouvé des solutions dans des cas désespé-

---

1. Entretien avec l'auteur.

Une intuition ruineuse

rés, « un très fin médiateur rompu aux négos de haut niveau », selon un avocat spécialisé. Recruté par Mediapro – c'est la règle –, le TC a validé la conciliation dont le terme a été fixé au 7 décembre.

Mais le conciliateur parvient difficilement à trouver une entrée à la Ligue, repliée dans sa coquille. De l'aveu de Vincent Labrune, « on n'avait pas bien compris à quoi servait ce bonhomme qui cherchait à nous joindre. J'ai même reçu un coup de fil de l'Élysée : "Vous devriez peut-être répondre à M. Sénéchal" ». Car, pendant ce temps-là, le mobile de Labrune chauffe. Il reçoit des coups de fil de tous les clubs à l'agonie. Il enrage contre Mediapro et contre les diverses dispositions juridiques qui le ligotent.

Tout en diplomatie, le casque bleu Sénéchal confirme : « Les premières négociations, même la prise de contact, ont été difficiles. Cela n'a pas été extrêmement cordial. Mais on a réussi à établir une zone de dialogue[1]. »

Il apprend la règle du jeu à Vincent Labrune, lui expliquant qu'il agit dans le cadre d'une « procédure préventive dite amiable. Procédure classique, très efficace », précise-t-il. Il n'est pas reçu avec un collier de fleurs. Il a même quelques réticences avec le tout frais mais éruptif président de la LFP qui entame son mandat sous les pires auspices. Un cauchemar.

---

[1]. Mission parlementaire sur les « Droits de diffusion audiovisuelle des manifestations sportives », audition du 7 juillet 2021.

Main basse sur l'argent du foot français

La Ligue en dépôt de bilan ?

Car à la Ligue, c'est la panique. Les clubs ont, comme toujours, anticipé sans précaution sur les droits télévisés, et ont commencé à taper dans le pactole sans se soucier, on les connaît, d'être encore en pleine pandémie. Ils sont pourtant étranglés. Le Covid a aussi contaminé le football. Certes, le gouvernement s'est montré généreux pour amortir les effets du virus, mais le montant des transferts s'est effondré, privant les clubs de leur bouée de sauvetage habituelle. Et puis, il n'y a toujours personne dans les stades. C'est mauvais pour les recettes, désespérant pour le moral.

La LFP n'a, elle, aucun fond propre. Nous l'avons vu dans les chapitres précédents : si elle s'était constitué une cagnotte pour le gros temps ou la famine, elle aurait pu avoir quelques grains pour subsister. Mais non, rien. Résultat de plus de deux décennies d'une politique de cigale voulue par les présidents de clubs : ses caisses sont vides, son principal fournisseur, K.-O., et les clubs, aux abois. « Pas un seul petit morceau de mouche ou de vermisseau[1]. »

Le diagnostic vital est engagé. Les avocats de la LFP ont les données du malade sur les écrans. Les courbes ont toutes plongé dans le rouge. Ils craignent désormais le pire à tout moment, même si, au dernier moment, l'institution vient d'obtenir une ligne d'oxygène de 125 millions d'euros à Londres auprès de la banque JP Morgan. « Nous avions 350 millions de dettes, 20 millions d'euros

---

[1]. Jean de La Fontaine, « La Cigale et la Fourmi », in *Fables*, I, 1, 1668.

Une intuition ruineuse

de fonds propres et un immeuble, un petit immeuble », lâche Arnaud Rouger, le directeur général. Lors d'une réunion de crise, l'un des avocats réfléchit tout haut à la possibilité d'un dépôt de bilan. Rouger le recadre tout de suite : « Non, non, ce n'est pas une option, cela fait dix jours que nous sommes là, on ne va pas déposer le bilan. »

La LFP a une autre solution. Elle va aller frapper à la porte de la maison mère de la chaîne Téléfoot, chez Joye Media, à Barcelone, dont elle détient la garantie. Elle va réclamer son dû et tout va vite rentrer dans l'ordre. Seulement voilà, Joye Media n'aura pas à payer. Personne ne saura jamais si elle en avait les moyens financiers. Non, car on ne peut même pas l'atteindre. La désillusion est totale.

La cause de cette impossibilité est cette fois d'une tout autre nature : quelques semaines plus tôt, en mai 2020, le gouvernement a promulgué des ordonnances pour protéger les entreprises afin que l'on ne puisse pas, pour un temps donné, les poursuivre pendant la pandémie. Mais surtout, ces ordonnances s'étendent aux maisons mères européennes des sociétés qui ont des filiales en France. C'est le cas de Mediapro.

Juguler l'hémorragie

La Ligue, coincée, se vide de son sang. D'un côté, elle ne peut rien attendre de la justice française, pas plus que de la justice espagnole, même vérité des deux côtés des Pyrénées. « Les ordonnances nous clouaient au mur », se souvient Labrune.

Main basse sur l'argent du foot français

De plus, par expérience, Marc Sénéchal n'est pas tenté par ce type d'opération commando : « Quand vous êtes en discussion, vous n'actionnez pas la garantie de votre interlocuteur... une sorte de cessez-le-feu. » Il ajoute : « Si jamais vous opériez, vous deviez le faire en Espagne. Pas du tout impossible. Il faut passer les Pyrénées. Quand vous devez passer une frontière, pour l'exécution forcée, c'est toujours un enjeu, pas seulement dans ce contrat. Ensuite, il faut que votre interlocuteur soit solvable. »

Lorsqu'il est interrogé par les députés, cette question lui est posée par Cédric Roussel, obsédé par la nature, on y revient toujours, de la garantie : « Vous êtes dubitatif sur la possibilité d'actionner cette garantie...

— Je dis simplement que c'est compliqué. Si vous avez du temps, monsieur le rapporteur, vous pouvez engager l'exécution forcée. Avec du temps, vous auriez probablement gain de cause. Quand vous manquez de temps, il faut pouvoir trouver des solutions plus raisonnables. Il fallait juguler la plaie et trouver un traitement. » Marc Sénéchal développe : « Je suis un spécialiste des restructurations, des gens qui font défaut, c'est mon quotidien. Tout le temps, quel que soit le secteur d'activité, la seule façon de corriger un défaut ou de le surmonter, c'est avoir du cash. Une garantie à première demande et encore une fois sur la volumétrie dont on parle, ça n'existe pas. Ils ont pris un risque important, pas déraisonnable mais important[1]. »

---

1. Mission parlementaire sur les « Droits de diffusion audiovisuelle des manifestations sportives », audition du 7 juillet 2021.

Une intuition ruineuse

Faux rythme

En ce début d'automne, le bras de fer avec Mediapro se déroule encore à l'abri des regards quand soudain un premier coup est finalement porté dans *L'Équipe*, le 7 octobre. La LFP est à la manœuvre en deux temps, une première fuite puis une confirmation officielle le lendemain, deux lames pour avoir la certitude que le message passe avec l'efficacité que requiert la situation.

L'arrêt des paiements par Mediapro, mais surtout sa justification (la pandémie), en partie recevable, a ouvert un trou béant dans la coque. Vincent Labrune et Arnaud Rouger doivent se montrer intraitables sinon Canal+, qui doit déjà payer 332 millions d'euros pour seulement deux rencontres, et Free vont vite venir frapper à la porte.

Ce qui ne manque pas d'arriver, mais pas comme on l'attendait. Ce n'est pas Maxime Saada qui cogne chez Labrune, mais Xavier Niel. Le PDG de l'opérateur mobile souhaite un rabais sur le lot digital payé 42 millions d'euros. Les deux hommes se connaissent. Xaviel Niel est l'actionnaire de son ami Pierre-Antoine Capton chez Mediawan, qui a racheté la boîte de production Black Dynamite, dont Labrune était actionnaire. Labrune se rend vite compte que, désormais, il n'y a plus d'amitié qui tienne. Inutile de les inviter chez lui à Saint-Rémy-de-Provence pour les attendrir et les courtiser. Il va devoir apprendre à se faire des ennemis. La réponse du président de la Ligue est d'ailleurs sans équivoque : « Xavier, tu sais quoi, je n'ai pas un rond. Pas même 2 ou 3 millions d'euros. »

Main basse sur l'argent du foot français

Chez Canal+, ils attendent leur heure. Avec gourmandise.

Labrune et Rouger disposent en banque de la somme pour payer aux clubs l'échéance du mois d'octobre grâce au prêt obtenu chez les Anglais. Mais le taux est élevé (5,5 %) et il faudra bien trouver une solution pour le rembourser. La deuxième étape se profile six semaines plus tard, début décembre, lorsque Mediapro doit théoriquement payer sa troisième échéance. Mais le PDG espagnol ne dévie pas de sa ligne non plus.

Puisque le sujet est désormais public, Jaume Roures réaffirme dans les médias ce qu'il a demandé à Labrune, ce qu'il dit à Sénéchal : « Nous voulons rediscuter le contrat de cette saison. Elle est très affectée par le Covid-19, tout le monde le sait car tout le monde souffre. On ne remet pas en cause le projet en tant que tel. Mais les bas et les restaurants sont fermés, la publicité s'est effondrée… Ce sont des choses que tout le monde connaît. »

Étonnamment, pendant plusieurs semaines, les deux camps mènent les négociations sans entrain, sur un faux rythme, comme l'entame d'une grande finale de coupe d'Europe quand personne, tétanisé par l'enjeu, ne veut prendre l'animation du match à son compte, la peur de perdre étant supérieure à l'ivresse promise de la victoire.

Effectivement, des deux côtés, il y a beaucoup à perdre. Certes, Vincent Labrune gonfle les pectoraux, et, un mois plus tard, dans une interview en novembre 2020, se dit prêt à affronter Mediapro[1]. Mais il sent bien – c'est

---

1. « Vincent Labrune : "Profitons de la crise pour réinventer le modèle

Une intuition ruineuse

un intuitif – que le terrain est miné. Et puis, il n'a pas trouvé la clé avec Roures. Il le répète : « Je ne les aime pas. »

Un des acteurs de Mediapro livre sa version : « J'ai l'impression qu'il y avait une négo dans la négo. Nous avions beaucoup de réunions de négociation officielle où nous avons travaillé sur différents scénarios afin de continuer : l'élaboration d'une chaîne commune avec la LFP où la production aurait été assurée par Mediapro, une chaîne commune avec Canal+ et BEin, la cession de l'exclusivité d'un ou deux matchs pour des codiffusions, l'allongement des droits. C'était un long travail où nous passions de nombreuses soirées très tard. Mais j'ai surtout l'impression qu'il y avait une autre négociation, plus secrète[1]. » Même son de cloche à la LFP.

Marc, Vincent, Maxime...

Labrune progresse quand même, avec toujours sa petite idée derrière la tête. Il a pris une pièce à l'adversaire, une belle prise de guerre. Labrune a un nouveau « meilleur ami » en la personne du conciliateur, Marc Sénéchal. Les deux hommes ont sympathisé. Ils se sont découvert des origines limousines communes, une passion pour la montagne. On les croisera plus tard ensemble à Saint-Rémy-de-Provence, mais aussi à

---
du foot français" », *Le Journal du dimanche*, 7 novembre 2020.
1. Entretien avec l'auteur, 9 mai 2023.

« Courch' », où Sénéchal est le roi de la piste. Ne dites pas Courchevel, vous allez passer pour un plouc.

Il se dit aussi *mezza voce* que ce Sénéchal est « blindé », un gros paquet d'oseille, murmure-t-on. C'est vrai que cette fonction judiciaire est une curiosité du système français où les mandataires peuvent gagner des sommes folles, indécentes parfois, pour sauver ou enterrer les sociétés sans y mettre le moindre euro. Une roulette magique où l'on tombe toujours sur le bon numéro. La roue de la fortune. Labrune aime ce jeu et sait faire la roue. Bref, les deux hommes se sont trouvés. Un coup de foudre. Labrune, désormais, est même devenu administrateur de l'une des boîtes de la famille Sénéchal. À l'évidence, les témoins sont unanimes, le président de la Ligue prend l'ascendant sur le conciliateur. Comme le dirait volontiers Vincent Labrune : « Ça, c'est fait. » Il pense encore qu'il a une belle donne en main, la montre à son nouvel ami et sourit.

Malgré cette nouvelle amitié, Sénéchal trouve cela audacieux. Le conciliateur est gêné par l'attitude de Canal. Il a proposé à la chaîne de reprendre les droits du Championnat dans le cadre de la conciliation. Négatif. Sans aucune justification juridique, les dirigeants de Canal ont argué que Mediapro devait relâcher les droits au préalable, que la Ligue devait ensuite les reprendre, bref, que le terrain devait devenir vierge. Décidément, après la stratégie bancale de l'appel d'offres, le management de cette entreprise paraît bien singulier.

Pour Sénéchal, ça ne sent pas bon. Mais « Vincent » lui a tellement vendu du « Maxime » par ci, « Maxime »

Une intuition ruineuse

par-là, lui affirmant que, « à la fin », Saada serait là. Même discours auprès des présidents de clubs : « Maxime et moi... » Oui, on sait, Vincent, on sait...

Pas de négociations

Les ordres de Labrune sont donc sans appel. On ne négocie pas. La proposition de Mediapro semble pourtant offrir une base consistante. Les Espagnols réclament 200 millions de rabais la première année, soit 25 % du montant global, 100 millions la deuxième année. Roures précise sa pensée : nous souhaitions une remise « tant que le Covid [était] vivant ». Incohérent ?

Labrune ne veut pas y croire. Didier Quillot, qui dîne avec lui dans le quartier des Champs-Élysées et à qui il explique la situation, lui préconise d'accepter. « Prends-le *deal*, Vincent !

— Je ne les sens pas », lui répond Labrune.

Un des avocats de la LFP note aussi que « le conciliateur s'est immédiatement forgé la conviction que c'était mort, que l'ensemble du groupe Mediapro était moribond et qu'il ne fallait rien en attendre. Pourtant, ajoute-t-il, la société dégage en 2019 de solides bénéfices et deux ans plus tard, la société dégagera encore des bénéfices... ». Comment le conciliateur est-il parvenu à cette conclusion ? Difficile à dire.

Pourtant, les comptes sont vite faits. Si Labrune avait proposé un accord semblable (réduction de 25 %) à BEin Sports, en procédure de conciliation elle aussi, la remise aurait été de 90 millions d'euros et de 10 millions pour

Main basse sur l'argent du foot français

Free sur la même base. Au total, une remise générale de 25 % aurait coûté 300 millions d'euros sur la première année. Dit ainsi, c'est beaucoup, mais le Championnat de France aurait pu toucher 900 millions d'euros, l'équivalent du championnat italien (927 millions d'euros) et la LFP aurait pu se rabibocher, enfin, avec Canal+ qui a racheté les droits de BEin et se lamente encore et encore sur ce tarif délirant. Toujours sur la base de la requête de Mediapro, le montant en faveur de la Ligue pour la deuxième année se serait élevé à 1,05 milliard d'euros.

En fin de compte, sur les quatre ans, la remise aurait été de 450 millions d'euros sur 4,94 milliards d'euros, soit 4,5 milliards pour la Ligue, une moyenne de 1,12 milliard d'euros par saison. Un chiffre dont personne ne pouvait rêver en 2018, une augmentation de 40 % par rapport aux années précédentes et, à l'estimation par Canal+, de la valeur du Championnat... Admettons que ce calcul puisse être optimiste, ou trop favorable à Mediapro, et que la valeur du Championnat aurait pu s'articuler autour de 900 millions d'euros.

Charles Biétry, l'ancien patron des sports de Canal+ puis de BEin Sports, dans une longue interview sur la diffusion du sport à la télévision à propos de laquelle son avis est toujours attendu, situe le montant des droits plutôt autour de 800 millions d'euros et dira : « Je crois que la Ligue aurait dû discuter et accepter un rabais de 200 millions d'euros. Dans ces conditions, je pense que Mediapro aurait payé [...] sans la crise qui a encore des conséquences aujourd'hui et qui en aura demain[1]. »

---

1. « Charles Biétry sur la diffusion de la Ligue 1 : "Amazon va

Une intuition ruineuse

Jaume Roures défend cette hypothèse. Il le martèle aux députés français lorsqu'il vient s'expliquer devant eux un an après les faits, en septembre 2021 : « On a dit qu'il fallait discuter le prix comme tout le monde l'a fait. Sauf la Ligue française avec nous. Je vous le rappelle, je vais vous le redire, c'est 7 millions pour un club de L1, 3 millions pour un club de L2, pas possible que les clubs n'arrivent pas à couper dans cette dimension, dans cette petite dimension... Ça veut dire que les joueurs à la place d'une Ferrari auront une Maserati. On discute de cela ! On ne discute de rien de plus ! Tout le reste, c'est du bruit ! En Espagne, les joueurs de Madrid, les joueurs de Barça ont baissé leurs salaires. Ici, il paraît que cela n'a pas été possible. On a proposé d'étendre le contrat à six ans, de s'allier avec Canal+, de faire une société commune avec la Ligue, tant que le Covid est vivant, on ne disait pas qu'il fallait enlever 200 millions chaque année sur quatre ans, et ça, c'est écrit, ce n'est pas quelque chose que j'invente. Quand [on a vu que] cela n'était pas possible, on est allé à la conciliation. Cela n'a pas été possible à cause de l'ambiance, la pression médiatique. [...] Voilà ce qui nous a amenés à fermer la porte. Sinon on serait là[1]. »

À l'époque de cette déposition devant la mission, un article de *L'Équipe* qui la relate donne la parole la Ligue. La source, intitulée « « Du côté de la LFP », en vrai Vincent Labrune, car lui seul a mandat pour s'exprimer

---

gagner" », *L'Équipe*, 11 février 2022.
 1. Mission parlementaire sur les « Droits de diffusion audiovisuelle des manifestations sportives », audition du 16 septembre 2021.

ainsi, rabâche : « Comment négocier avec quelqu'un qui n'est de toute façon pas obligé de vous payer ? La vérité est qu'il ne nous aurait jamais réglé. Ils n'ont eu de cesse de nous dire qu'ils étaient en faillite[1]. »

Parole contre parole. Jaume Roures, qui maintient sa version, m'a envoyé un document de la société KPMG devant servir au refinancement de la société Mediapro. Dans ce document, la société d'audit prend bien en compte les paiements prévus à la LFP, dont sont soustraites les sommes de 200 millions d'euros pour 2021 et de 100 millions d'euros pour 2022, ce qui constitue un indice.

L'histoire retiendra que cette option n'a pas été gardée, que l'opération n'a pas été tentée. Gardons néanmoins en tête les chiffres que cette option, même dégradée, aurait pu générer, car nous verrons que la solution choisie a coûté une fortune aux clubs français. D'ailleurs, les députés, toujours eux, qui interrogent Marc Sénéchal lors de leur mission s'en étonnent. Le rapporteur Cédric Roussel le questionne : « Vous n'avez pas évoqué une renégociation. Comment a-t-elle été traitée ? Comment a-t-elle été perçue par la LFP ?

— Une option a été envisagée avec un rabais, répond Marc Sénéchal. Cette option a été écartée parce que, dans toute négociation, il y a une forme de maturation. Réflexe, assez classique, assez normal, assez naturel. Non, non, vous devez honorer votre contrat. La LFP a eu ce réflexe. Même avec le rabais demeurait un problème

---

1. « Comment Jaume Roures a réécrit l'histoire des droits TV devant les députés », *L'Équipe*, 16 septembre 2021.

Une intuition ruineuse

structurel. » Le conciliateur, dont la pensée a été éclairante jusque-là, semble moins à l'aise avec la question et poursuit : « Ça dépend du montant du rabais dont on parle... Cette option a été écartée rapidement ; avant qu'on ait une connaissance intime et profonde de ce contrat. Elle aurait pu être creusée mais pour des montants significatifs... Le rabais aurait dû être important. »

Un des présidents que j'ai interrogés, un proche de Vincent Labrune, propose une explication : « Négocier, c'était se déjuger. Pour moi, en intuition pure, je pense que les Chinois avaient décidé de déposer le bilan. De prendre leur perte, mais de ne pas risquer plus... » Un autre président confesse : « Peut-être que cette affaire nous dégoûtait, peut-être qu'on aurait dû discuter des options choisies. La situation ne s'est pas présentée. »

Personne ne le saura jamais. C'est bien le problème.

Une décision d'autant plus incompréhensible que rompre avec Mediapro ressemble à une ascension face nord en plein hiver. « Débrancher Mediapro n'était absolument pas évident, ils avaient des options procédurales beaucoup plus bénéfiques[1] », dit le conciliateur.

Pendant ce temps-là, chez Canal+, on se frotte les mains, non sans être actif.

---

1. Mission parlementaire sur les « Droits de diffusion audiovisuelle des manifestations sportives », audition du 7 juillet 2021.

Main basse sur l'argent du foot français

700 millions sinon rien !

Alors que le terme de la conciliation, fixé début décembre 2020, se rapproche à pas de géant, les dirigeants des groupes Canal et Vivendi observent d'un œil goguenard et satisfait la LFP patauger. Ils organisent discrètement une indiscrétion, afin d'être bien sûrs que la LFP ne trouvera pas d'accord avec Mediapro.

Ils veulent avoir la certitude de renvoyer les Espagnols à Barcelone, si possible ruinés, de les punir, afin qu'ils ne reviennent plus jamais. Tant pis pour le football français. Une première salve avait été tirée mi-novembre 2020 et publiée par RMC, pour préparer les esprits les plus fragiles, révélant que la LFP et Canal+ « échangeaient depuis plusieurs jours afin d'envisager une reprise en partie ou totale des droits[1] ». Mais, il y a toujours un « mais », Canal+ « a des doutes sur le calendrier et veut connaître tous les éléments de la situation juridique avant d'avancer ses pions ». Les meilleurs soldats de Vincent Labrune montent au feu, en première ligne. Waldemar Kita (Nantes) et Jean-Pierre Caillot (Reims) réclament un retour de Canal. « Je pense et j'espère qu'ils seront avec nous », lâche Kita. Canal+ apprécie, mais envoie le signal que « le produit a été dévalorisé cette saison et que la perte de la Ligue 1 n'a pas entraîné de perte d'abonnés ».

Une semaine plus tard, un deuxième missile est lancé. Ainsi, *L'Équipe* publie sur son site un article dont le titre

---

1. « Discussion actives entre la LFP et Canal pour la reprise des droits TV de la Ligue 1 », RMC, 18 novembre 2021.

Une intuition ruineuse

saute aux yeux des présidents de clubs : « Canal+ prêt à faire une offre pour les droits TV de la Ligue 1 ». Les journalistes Étienne Moatti et Arnaud Hermant, deux bons connaisseurs des droits télévisés, reconnus pour la qualité de leurs analyses, affirment : « Si la situation se décante, le diffuseur historique pourrait proposer autour de 700 millions d'euros annuels à la LFP, incluant notamment des bonus liés à une hausse éventuelle de ses abonnements[1]. » Ils notent « la conciliation entre Mediapro et la Ligue patine » et soulignent que Mediapro « souhaite obtenir une baisse des montants dus cette saison sans apporter, pour l'instant, de garanties pour les suivantes ». Ils ajoutent qu'« en marge de la conciliation, la LFP fait évidemment le tour du marché pour trouver une solution alternative [...] pour pallier la défaillance de la société présidée par Jaume Roures ».

En quelques mots, tout est dit : Mediapro est failli, avec un sous-entendu : « Pourquoi discuter avec ce rustre de Roures, d'autant que lui, on ne le croisera plus dans les cocktails parisiens ? » Toutefois, toujours selon cet article très informé, Canal, une fois encore, ne se dit pas pressé et n'a « pas budgété de dépenses supplémentaires pour la L1 cette saison », rappelant que le groupe a fortement investi sur la Champions League qui revient sur ses antennes en 2021-2022 et « n'assiste pas vraiment à une baisse sensible de ses abonnés depuis le démarrage de Mediapro cet été ». Le papier évoque une offre potentielle autour de 700 millions d'euros pour

---

1. « Canal+ prêt à faire une offre pour les droits TV de la Ligue 1 », *L'Équipe*, 23 novembre 2020.

l'ensemble des droits de la L1, incluant notamment des bonus si ses abonnements augmentent. Ainsi, avec le lot détenu par Free, le total s'élèverait à 750 millions d'euros tout compris. Mais il faut d'abord que Mediapro accepte de lâcher les droits, tout en réglant la facture pour les matchs diffusés et non payés.

Dans cette fuite opportune, il se trouve tout son lot de menaces et d'avertissements pour les différentes parties.

- Labrune dit à Roures qu'il a déjà une offre alternative sur la table, plus basse, bien plus basse, mais garantie.
- Labrune dit à ses présidents que les négociations n'avancent pas et qu'il y a grand danger. Bref, il va buter les Espagnols.
- Canal+ et Labrune soulignent devant les présidents que Mediapro n'a pas de garantie.
- Canal+ prévient Labrune (et les présidents) de ne pas s'enflammer et affiche un prix auquel il estime depuis plusieurs années la valeur du Championnat. 700 millions d'euros, Canal+ n'en démord pas, ça ne vaut pas plus. C'est toujours le même chiffre pour les dirigeants de Canal, « au-dessus, au perd de l'argent », dit l'un de ses dirigeants.
- Canal+ proclame que ses abonnements ne baissent pas.

Une intuition ruineuse

Les délices du Brach et du vin espagnol

Seulement, en coulisses, rien n'avance vraiment. Petit à petit, Mediapro est écœurée par l'attitude de Labrune. « Et derrière lui, de Canal+, personne n'est dupe[1] », me confie un jour Jaume Roures. Le Catalan se dit que, tout compte fait, mieux vaut peut-être quitter ce pays de cocagne. Labrune, lui, a toujours sa panoplie de messie auprès des présidents, mais il entend le message de Canal+. La chaîne ne voulant pas discuter dès lors que la Ligue n'aura pas récupéré ses droits, il voit poindre le spectre de l'écran noir. Plus d'argent. Plus de matchs, bientôt plus de clubs. La faute au Covid ou pas, c'est un film catastrophe, le syndrome chinois.

Marc Sénéchal, qui en a vu d'autres, qui a réussi à réconcilier de grandes rivalités parisiennes, entre anciens camarades de promo de l'ENA ou de l'X, est plus que perplexe. Il se trouve face à un mur et n'entrevoit aucune issue favorable tant les adversaires campent sur leurs positions. Un jeu malsain, dont Mediapro ressortira peut-être essorée, mais qui laissera la Ligue en coma dépassé. Sénéchal ne peut pas se payer le luxe d'assumer la faillite du football français. Il le dit aux deux patrons et les met en garde sur les conséquences d'un échec. « Bon, maintenant, vous devez vous voir, en tête à tête. » Oui, mais pas simple de dîner à l'extérieur en temps de Covid. Alors, Labrune invite Roures à son quartier général, à l'hôtel Brach, avec vue sur la tour Eiffel, sa déco Starck, son potager sur le toit, ses trois

---

1. Entretien avec l'auteur, 16 mai 2023.

poules pondeuses et son bar en croûte de céréales. « Je choisis le vin, lance Roures, je vais te faire découvrir les vins espagnols, tu vas voir il y a des pépites. C'est moi qui paie bien entendu », dit le dirigeant catalan. Labrune se retient de sourire, mais, c'est lui qui le dit, n'est jamais « contre une bonne bouteille de vin ».

Les deux hommes accrochent, se racontent leur carrière, l'ambiance est décontractée, presque amicale. Ils passent plus de trois heures attablés. Marc Sénéchal est présent, œuvre en toute discrétion, ne prend pas part à la conversation sauf sur invitation, passe le sel et le pain. Mais on ne parle pas du dossier.

Sur le pas de la porte, enfin, le PDG de Mediapro dit, assez vague, qu'il est prêt à lâcher les droits et une somme entre 20 et 25 millions d'euros. C'est maigre et il faudra remettre le couvert, en tête à tête à nouveau, enfin pas vraiment, toujours avec Marc Sénéchal en modérateur. Les discussions deviennent plus productives. Jaume Roures accepte de poursuivre la production et la diffusion, le temps qu'il faudra à la LFP pour trouver un remplaçant. On commence aussi à chiffrer la vaisselle cassée. Par différents biais, on s'approche des 100 millions d'euros, c'est la somme que retient Vincent Labrune.

Mediapro libère les droits

Les deux camps sont briefés, font tourner les tableurs, calculent l'incidence fiscale. « Oui, nous étions très proches d'un accord, nous rentrions dans les probléma-

Une intuition ruineuse

tiques de récupération de TVA qui avaient une incidence significative sur les montants finaux », dit-on à la Ligue.

Une nouvelle rencontre est fixée au 10 décembre. Ce jour-là se tient le conseil d'administration de la LFP. Marc Sénéchal présente aux administrateurs l'état des négociations en cours avec les représentants de Mediapro. « Il indique qu'une solution de sortie rapide est désormais envisageable, mais que les questions financières restent à finaliser dans le cadre d'une ultime réunion prévue en soirée », et rappelle que « cette solution de sortie dans le cadre de la conciliation est à la fois la plus rapide et surtout la moins incertaine pour la LFP ». Il recommande donc au conseil d'administration de privilégier cette voie qui permettrait à la LFP de récupérer les droits détenus par Mediapro le plus rapidement possible.

Vincent Labrune intervient, lui, et fait part de « sa détermination pour obtenir une compensation financière de la part de Mediapro, sans quoi la conciliation n'aurait aucun intérêt pour la LFP et les clubs »[1]. Il les informe qu'une ultime étape de négociation sera déterminante pour connaître précisément les conditions financières attachées à la sortie du contrat avec Mediapro et les invite à une nouvelle réunion du CA le lendemain.

Le soir, managers, équipes internes et avocats sont dans la salle du CA au quatrième étage de la Ligue, où les lumières vont encore brûler jusqu'à tard. Les avocats ont abattu un gros travail. Les contrats du divorce sont

---

1. Procès-verbal, conseil d'administration de la LFP, 10 décembre 2020.

sur la table, les modalités, aussi, afin que l'addition soit moins amère pour Mediapro. Les équipes de la Ligue ne s'attendent tout de même pas à une partie de pique-nique. Elles pensent avoir fait l'essentiel lorsque Mediapro a accepté de libérer les droits, mais s'accrochent aux 100 millions d'euros, car dans quelques jours il faut payer les clubs.

Cependant, le secrétaire général de Mediapro, venu d'Espagne dans la journée, est une enclume. Il ne bouge pas d'un pouce. Les équipes de la LFP s'agacent, tournent autour, proposent quelques solutions, mais en vain. Labrune, qui avait su rester serein jusque-là, bouillonne. Sans un mot, il se lève et descend dans son bureau. Il fume cigarette sur cigarette, passe quelques appels, dont un à Waldemar Kita à qui il raconte la scène. « Très bien, tu les envoies tous chier ! » lui dit le président nantais.

Game over

Labrune remonte deux heures plus tard. La réunion n'a pas évolué, rien, zéro. « Je vois que vous en êtes toujours au même point », ironise-t-il. Les Espagnols répètent que non, les actionnaires ont bien réfléchi, « ils ne paieront pas 100 millions d'euros ». Le dossier est enlisé.

Le président de la Ligue écoute encore quelques échanges lorsque, tout à coup, il tape du poing sur la table et éructe : « Vous savez quoi ? *Game over* ! J'en ai marre ! On arrête tout ! »

Une intuition ruineuse

Il fait signe aux équipes de se lever. « Allez, on s'en va. Ils nous prennent pour des guignols. »

Un des avocats témoigne : « C'était impressionnant, c'était du brutal. Il s'est mis hors de lui... » : « Ça suffit ce cinéma, tonne Labrune, ça suffit, non vraiment, ras-le-bol. On arrête tout. J'actionne la caution de ta maison mère. On va en justice. On verra bien. »

Ses avocats le regardent, un peu gênés. Ils n'ont pas envisagé cette position dans les différents scénarios préparatoires de la réunion. Certes, dans cette hypothèse, les chances de l'emporter existent mais ce sera très long et coûteux. Or, les clubs manquent de cash, affreusement.

Le secrétaire général de Mediapro se lève aussi. Labrune va quitter la pièce. Il lui fait un petit signe de la main pour l'inviter à rester. Tout le monde se fige. Après un petit moment de flottement, le secrétaire général, Vincent Labrune et Marc Sénéchal s'isolent dans la petite pièce adjacente, la salle Jacques-George. Ils appellent Jaume Roures.

Labrune entame la conversation sans façon avec un débit de mitraillette, il s'emporte. « OK, Vincent, l'interrompt Roures

— Quoi, "OK" ? Ça veut dire quoi ?

— OK, Vincent. Tu as les 100 millions.

— T'es sérieux ?

— Oui, Vincent.

— Mais attends, tu me donnes quelle garantie ? Comme puis-je te croire ?

— Vincent, tu n'as pas besoin de garantie. Tu as ma parole. Je paierai avec mon argent perso s'il le faut. »

Le protocole de conciliation est rédigé pendant la nuit. Dès le lendemain, Vincent Labrune en détaille les principaux éléments, « afin que les membres du conseil d'administration puissent apprécier s'il convient ou non de donner mandat aux dirigeants de la LFP pour le signer[1] ».

Lors de ce CA, Marc Sénéchal insiste pour préciser que le versement des indemnités de rupture du contrat par Mediapro est prévu en deux temps :

« • 1. Le versement à la LFP au moment de l'homologation du protocole de conciliation par le Tribunal de commerce de Nanterre de 64 millions d'euros hors taxes, qui peuvent donc être considérés comme des éléments certains.
• 2. Le versement par Mediapro de 36 millions d'euros HT complémentaires en trois échéances (deux fois 10 millions d'euros + 16 millions d'euros), lesquels, même s'ils sont adossés à des cautions de sociétés mères, doivent être considérés comme des éléments aléatoires voire des bonus. »

Le conseil accorde la récupération des droits de Ligue 1 et de Ligue 2 exploités par Mediapro « sous réserve de l'homologation par le Tribunal de commerce de Nanterre ».

---

1. Procès-verbal, conseil d'administration de la LFP, 11 décembre 2020.

Une intuition ruineuse

Une étrange affaire

Fin d'une étrange affaire. Étrange ? Oui, car la Ligue, curieusement, n'a jamais négocié l'hypothèse du maintien de Mediapro. « Je pense, dit un des avocats de la Ligue, que Roures était dans l'état d'esprit de négocier une ristourne. Du moins pendant l'été, après le premier versement. Chemin faisant, il ne l'était plus du tout. »

Vincent Labrune ne les aimait pas. Voilà un sentiment bien coûteux.

Au total, sur 830 millions attendus, Mediapro paiera 280 millions d'euros pour, environ, les deux tiers d'un Championnat sous protocole sanitaire. Du côté de la Ligue, pour une seule saison, la perte totale se montera à 500 millions d'euros. « *Prorata temporis*, vous êtes dans des sommes acceptables », dira le conciliateur aux députés, en juillet 2021. Une façon de voir en effet.

Pourtant, lors de la négociation, Jean-Michel Aulas est formel : « Je ne crois pas que Mediapro ne puisse pas payer. Mediapro a un actionnaire chinois, un fonds d'État de la région de Shanghai très puissant, important et sérieux. Il faut qu'ils payent et s'ils ne payent pas, il y aura des négociations avec d'autres. Vincent Labrune fait du bon travail. Et les droits télé, c'est un sujet qu'il connaît parfaitement bien. J'ai toute confiance en Vincent. J'ai beaucoup de respect pour lui[1]. »

---

[1]. « Droits TV : "Je ne crois pas que Mediapro ne puisse pas payer" estime Jean-Michel Aulas », *Le Parisien*, 14 octobre 2020.

Main basse sur l'argent du foot français

Dans un marché ligoté par Canal+, la pensée dominante affirmait pourtant que les Espagnols étaient ruinés. Sur quelle base ? Personne n'a mené une enquête solide, personne n'a cherché à connaître les réelles intentions du fonds chinois majoritaire au capital de Mediapro. Allait-il lâcher la société dont il venait de prendre la majorité pour plus d'un milliard d'euros au risque de sa propre faillite ? Selon l'agence Bloomberg, Orient Hontai Capital recapitalisera Mediapro en novembre 2021 pour un montant de 702 millions d'euros[1]. Les Chinois n'étaient donc pas sans capacités financières. Personne n'a payé pour voir. Le jour de l'annonce de la recapitalisation, Mediapro annonçait un résultat revu à la hausse (160 millions d'euros contre 124 millions d'euros prévus)[2].

Jaume Roures, le PDG de Mediapro, reste persuadé que la négociation aurait été productive : « Tous les actionnaires ont mis de l'argent dans la compagnie. Quand les conditions sanitaires allaient mieux, on a redémarré, difficilement car tout avait changé. Avons-nous une responsabilité ? Oui, sûrement. Avons-nous tout fait bien ? Non. Mais si nous avions trouvé un accord avec la LFP, on n'en serait pas là. L'entourage pour nous a été très défavorable[3]. »

L'entourage ? « Cette renégociation n'a pas été possible parce qu'il y avait une espèce d'offre de Canal+,

---

1. « Spanish TV producer's owners agree on $702 million restructuring », Bloomberg, 29 novembre 2021.
2. « Spanish broadcaster Mediapro to undergo financial restructuring », S&P Global, 29 novembre 2021.
3. Entretien avec l'auteur, 16 mai 2023

Une intuition ruineuse

la presse en a parlé, une offre entre 600 et 700 millions, et la Ligue a cru que cela était possible[1]... »

Dansez maintenant !

L'appel d'offres s'était avéré un fiasco, davantage parce que Canal avait jeté l'éponge que par défaut de garanties. Que dire du débouclage ? Les dirigeants de la LFP auraient-ils dû être plus attentifs en 2018 ? Peut-être. Les présidents de clubs, plus courageux ? Assurément. Ils ont entériné le départ de Mediapro comme ils avaient validé son arrivée, insouciants, incapables de comprendre que la martingale était terminée, que le prix devait être plus proche des possibilités du marché, incapables de comprendre aussi que sans Canal+ qui a bâti sa réputation sur leurs clubs, rien n'était jouable, que le nœud coulant passé autour de leur cou se resserrait inexorablement. N'est-ce pas cela, une position dominante ?

Les présidents ont suivi l'intuition de leur président. Ont-ils fait l'addition de la perte ? Le paradoxe est que, sur ce champ de ruines, certains vont bâtir de juteux projets d'avenir. Mais est-ce seulement un paradoxe ?

Quelques jours plus tard, le 17 décembre 2020, le Tribunal de commerce, dans une longue audience, examine le protocole de conciliation que Vincent Labrune

---

1. Mission parlementaire sur les « Droits de diffusion audiovisuelle des manifestations sportives », audition du 16 septembre 2021.

relate aux administrateurs, indiquant notamment que « la procureure de la République a mis en évidence quelques points juridiques justifiant d'émettre un avis réservé, mais pas défavorable, sur le principe de l'homologation du protocole transactionnel. La décision sera rendue le 22 décembre 2020[1]. » Labrune confirme aux clubs que 64 millions d'euros ont bien été versés et placés sous séquestre en attendant la décision du tribunal, date à laquelle la LFP récupérerait la jouissance de ses droits. Le procès-verbal du CA de la Ligue précise que Nasser al-Khelaïfi fait part de « son analyse sur les difficultés liées aux futures négociations », ce que confirme à demi-mot le président de la LFP : « S'il faut se réjouir du dialogue apaisé, serein et constructif mis en place avec Canal+, il n'en demeure pas moins que les négociations futures seront extrêmement complexes avec les opérateurs intéressés » et demande aux clubs de faire preuve de « retenue et surtout de patience dans les semaines qui viennent »[2].

L'un des membres du CA s'en souvient : « On a bien compris que la suite que l'on nous avait promise sans problème, presque rose, allait être *rock and roll* ». Eh bien ! Dansez maintenant.

---

1. Procès-verbal, conseil d'administration de la LFP, 17 décembre 2020.
2. *Ibid.*

12

Un bain de sang

L'année 2020 a été sans contestation possible la pire année financière pour le Championnat de France de football. Les clubs de Ligue 1 sont exsangues et perdront 645 millions d'euros sur l'exercice (dont 224 millions d'euros pour le seul PSG). Elle se termine pourtant sur une note d'optimisme avec une décision judiciaire que la Ligue estime favorable, après le choix hautement contestable de brandir un carton rouge contre Mediapro. Les Espagnols sont bien sortis du terrain, quoique, en ce début d'année 2021, ils continuent à diffuser confidentiellement huit des dix rencontres de Championnat.

La communication de Vincent Labrune est au cordeau, justifiant impeccablement la stratégie installée depuis l'automne. Le gouffre qui s'ouvre sous les pieds du football français est salué comme une victoire. Le culte de la défaite ? « Heureusement que Vincent était là », s'extasient les présidents de clubs, qui ont enfin trouvé le loup de haute mer qu'ils cherchaient. Officiellement, le président est serein. Tous sont persuadés que cela va maintenant dérouler tranquillement avec Canal.

Main basse sur l'argent du foot français

Certes, le président les a prévenus que les « négociations futures seront extrêmement complexes », mais ils sont sans inquiétude : le partenaire historique suivra sans histoires.

Cependant, derrière le rideau, alors que l'on n'a pas fini d'écoper la boue de Mediapro, une deuxième voie d'eau a percé la coque et se déverse à gros bouillons. Vincent Labrune manie avec brio la stratégie de la double vérité consistant à assener une vérité tellement énorme que ses interlocuteurs ne la croient guère. Et pourtant, s'ils savaient, il leur a bien dit la vérité, car il détient quelques informations qui ne le rassurent pas. Il l'aime bien, son « pote Maxime » Saada, mais il a flairé l'embrouille, comme une pièce qui grippe le mécanisme et manque de le bloquer. Labrune est un rapide, il commence à comprendre.

En effet, dès le *deal* scellé avec Mediapro le 10 décembre, tout à son triomphe, il appelle Maxime Saada afin de lui annoncer la bonne nouvelle ; lui qui attendait un terrain vierge, nous y sommes. Mais il y a comme un petit vent froid sur la ligne, c'est de saison. « Ça y est, on a récupéré nos droits, Maxime », lui annonce Labrune. « Ah... vraiment ? Tu peux passer. Je suis chez Vivendi. »

La Ligue et Vivendi sont reliés par l'Étoile, la première au milieu de l'avenue Kléber, l'autre au début de l'avenue Hoche, quelques minutes à pied. Vincent Labrune pense avoir la main, enfin. Les dirigeants de Canal+ ont laissé fuiter moins d'un mois auparavant qu'ils étaient prêts à payer 700 millions d'euros, valorisant les droits télévisés à 742 millions d'euros (avec le lot mobile de Free). Certes, ils ont fait un pas de retrait

Un bain de sang

en décomposant l'offre en 590 millions de prix fixe et le reste en bonus variés. Mais tout cela, se dit-il, c'est la négo qui commence.

« J'ai besoin de 600 millions ! »

Il arrive donc plein de fougue et envisage de repartir avec un accord de principe : « Maxime, je ne vais pas te la faire à l'envers, j'ai besoin de 600 millions d'euros. Par 595, pas 605, juste 600 », explique Labrune. Maxime Saada, après quelques médiocres explications, lui lance : « Écoute Vincent, on a bien réfléchi, ce serait mieux que vous lanciez un appel d'offres. »

Labrune est estomaqué. Un appel d'offres ? Une telle consultation ne se monte pas ainsi, d'un coup de baguette magique, à la veille de Noël. Au retour du patron, les équipes de la Ligue ont un coup de chaud. Elles ont, certes, sauvé 100 millions d'euros, mais elles ont maintenant, une fois encore, la hantise de l'écran noir. « On est tétanisés. On a nos droits, mais personne pour les diffuser. On est obligés de retourner vers Mediapro pour être sûr d'être retransmis chez les abonnés. On devient totalement schizophrènes. Pas facile de virer les gens et de leur demander un service, un immense service[1] », se souvient Vincent Labrune.

Puisque Canal le veut, va pour un appel d'offres ! Toutes les équipes pédalent pour ficeler une nouvelle consultation qui est prête un mois plus tard, le 19 janvier.

---

1. Entretien avec l'auteur.

Les offres doivent être reçues avant le 1ᵉʳ février, alors que Mediapro s'est engagé à diffuser le championnat jusqu'au 31 janvier. Chacun attend l'offre de Canal. La discussion sera rude, mais la vie devrait pouvoir reprendre son cours normal. On joue à se faire peur : « Ils ne vont pas nous faire de cadeaux. Ils finiront par l'avoir, leur Championnat pour 600 millions », s'échange-t-on, amer, en interne.

Nous n'en sommes pas là. Nous en sommes loin. On semble ne pas bien s'être compris entre la Ligue et Canal. Le suspense ne dure pas longtemps. À la première lecture de l'appel d'offres que l'on vient de lui déposer sur son bureau design, le sang de Maxime n'a fait qu'un tour. Il appelle la Ligue. « Il faut d'abord reprendre le lot 3. Je ne le vois pas dans l'appel d'offres », dit Saada à la LFP. « Il est à Be In Sports… » répond-on à la LFP. « Vous jouez sur les mots ! » s'emporte Saada.

Le célèbre lot 3

La chaîne demande au préalable de pouvoir restituer le célébrissime lot 3, afin de l'inclure dans un appel d'offres reprenant la totalité du Championnat de France. Mais la Ligue est prise à la gorge. Doublement. D'abord, elle doit alimenter les clubs qui ont bâti leurs prévisions sur plus de 1,2 milliard d'euros, et il ne lui reste que le fameux lot 3, payé 332 millions d'euros. Ensuite, elle ne peut pas le rendre au risque que Canal, profitant de sa situation, ne fasse une offre très basse. Enfin, le lot est gagé pour le prêt obtenu.

Un bain de sang

Canal+ qui, soulignons-le à nouveau, a demandé cet appel d'offres un mois plus tôt, annonce rapidement qu'elle n'y répondra pas. Pour justifier publiquement sa position, Maxime Saada sort de sa poche une énorme galéjade. Se posant en expert, il rappelle doctement : « La valeur du lot 3 est surestimée du fait du comportement irrationnel de Mediapro durant l'appel d'offres. Il est essentiel de rappeler que les lots ont été attribués de manière successive, si bien qu'au moment de l'attribution du lot 3, l'ensemble des acteurs savaient qu'ils n'avaient pas remporté les deux premiers lots. Le lot 3 était donc la dernière chance de repartir avec un lot premium. Les offres se sont artificiellement envolées. » Seulement voilà, Saada ne peut pas avoir oublié que Mediapro n'a pas fait d'offres sur le lot 3 et omet de mentionner que Canal+ n'a pas fait d'offres sur les lots 2 et 3...

Non seulement Canal+ ne participera pas à l'appel d'offres – il sera déclaré infructueux le 1er février – mais la chaîne poursuivra la LFP devant le tribunal de commerce et devant l'Autorité de la concurrence pour contester la validité du lot 3 et la position dominante de la LFP. « Mon pote Maxime » ou pas, le « partenaire historique » a donc bien changé. C'est peu dire...

L'esprit Canal

Il y avait autrefois l'« esprit Canal ». La recette n'est pas déposée, mais elle était composée d'un mélange de déconne, de de Caunes, de coke, de Cannes, des

Main basse sur l'argent du foot français

Guignols, du porno et du foot le samedi, de l'amour et de l'humour, à la fois Duras et Platini, Deneuve et Rocco Siffredi, des fêtes fastueuses alcoolisées et saupoudrées, d'une débauche chic, des programmes trash et élégants, d'une folle nostalgie des années 1980. Et puis, les gestionnaires ont mis bon ordre à ces bacchanales. Fourtou puis Bolloré ont sifflé la fin des agapes. Depuis, on y rigole moins, on y compte plus et les Guignols ont disparu.

Il y a désormais le nouvel esprit Canal. On y parle panel, abonnés, *cash flow*, rentabilité et bonnes manières définies dans le bureau du proprio, Vincent Bolloré. Au milieu de ce nouvel esprit Canal, rationnel et compté, il y a une énormité. Il y a, devinez quoi, le lot 3. Si ! Les dirigeants de Canal+ et de Vivendi réunis ont cet os en travers de la gorge. Quillot ou Labrune, ils s'en moquent, ils ne voient que ces deux rencontres d'un Championnat faiblard, payées 9 millions d'euros la journée ou, plus parlant, 4,4 millions d'euros le match : c'est plus qu'un match premium de l'équipe de France, plus qu'un OM-PSG à 2,5 millions. Par-dessus tout, en étant sûrs justement de ne pas pouvoir choisir les affrontements entre le PSG et l'OM. 4,4 millions le match pour diffuser un Rennes-Nice ou un Lille-Strasbourg, qui fera moitié moins de téléspectateurs qu'un Grand Prix de moto, quelques centaines de milliers seulement...

Ce lot 3 cristallise les frustrations des dirigeants des deux groupes contre les dirigeants du football passés, présents et futurs, leur incapacité à livrer le produit. Un cadre dirigeant de Canal+, un des proches de Vincent Bolloré, s'indigne encore aujourd'hui : « En Formule 1, on peut interviewer Lewis Hamilton à quelques minutes

Un bain de sang

du départ, en moto Grand Prix, Quartararo nous répond cinq minutes après une lourde chute. Ces types sont champions du monde ! Ce sont des légendes ! Nous, pour les matchs de L1, on nous envoie le cinq millième joueur mondial, un obscur remplaçant. Le sujet est le même à Paris ou à Auxerre. On se plaint, une fois, deux fois, trois fois… Nous avons essayé d'expliquer plusieurs fois ce que nous voulions. Sans résultat. Les présidents ne décident rien. Ce sont les joueurs les patrons et ils font ce qu'ils veulent. On a l'exclusivité partout, ce qui permet de bâtir de vraies stratégies avec les différents sports. Là, on paie 330 millions d'euros pour deux rencontres… pff… J'ai les boules. Et en plus, le niveau est une honte en France[1]. »

De plus, la chaîne cryptée, pour grossir sa colère mais se libérer de ces tocards, a acheté pour un milliard d'euros par an de droits premium (Champions League, Premier League, etc.). Un spécialiste des droits les observe, éberlué, et commente leur comportement : « Ils achètent n'importe comment. Pour la Champions League, ils n'ont pas vu arriver RMC et sont montés au cocotier, puis sont encore montés au cocotier pour contrer Mediapro, avant qu'ils se retirent de la Ligue 1. Pour moins d'un milliard, ils auraient dû avoir facilement 100 % de la Champions League, 100 % de l'Europa League et 100 % du Championnat de France. Leurs erreurs tactiques et politiques leur font dépenser un pognon de dingue[2]. »

---

1. Entretien avec l'auteur.
2. *Ibid.*

Du côté de Canal+, ce dirigeant du premier cercle continue, exaspéré ou feignant de l'être à la perfection, et lui répond : « Canal+ ne risque plus rien. Canal+ est invulnérable. Avec nos accords de distribution, on a tué tout le monde. Je crois que dans le foot, ils n'ont pas compris que le groupe est passé de 5,3 millions [en 2015, date de nomination de Maxime Saada comme PDG] à 11,5 millions d'abonnés aux différentes offres du groupe. »

Il est inarrêtable, furieux : « On a fait des analyses pour savoir quelle est la valeur qu'on extrait du droit acheté. On ne se trompe pas ou peu. Jamais plus de 10 %. Nos modèles sont éprouvés. Nous avons tous les chiffres sur une base de données colossale. Nous savons combien de temps les gens regardent, combien de sports ils ont visionné. On sait dire combien d'abonnés partiraient si nous perdions tel ou tel sport. Aujourd'hui, le départ du football français, c'est 200 000 abonnés. Sur 11,5 millions ! »

Il tente de démontrer que le football ne vaut pas bien cher. On met les chiffres sur la table ? En moyenne ? La Formule 1, c'est 1,2 million de téléspectateurs ; la moto, 950 000 ; le rugby, 530 000. Le football ? En moyenne, 540 000. « Ces chiffres sont une moyenne. Un PSG-OM ou OM-PSG qui reste le plus gros match oscille entre 1,5 et 2 millions. Ce qui veut dire qu'il y a beaucoup de matchs sous les 400 000. Beaucoup ! »

Un bain de sang

La bande à « Bollo »

Un autre proche de la bande à « Bollo », comme ils disent, toujours du premier cercle, explique l'analyse des dirigeants de Canal+ : « En plus, ils ont eu des effets de bords positifs. Ils ont bouclé un accord bien plus avantageux que ce qu'ils avaient imaginé avec BEin. Le système élaboré au départ était très coûteux. Mais comme BEin était dans le dur avec son lot de football acheté trop cher, ils ont pu trouver une voie intéressante[1]. »

Il résume : « Avant, Canal+ perdait 500 millions d'euros, ils en gagnent désormais 500. La différence, c'est le football français. » Voilà ce qui est vendu au conseil d'administration de Vivendi et aux petits actionnaires. La démonstration est un peu trop rapide, trop facile aussi, pas exacte, mais frappe les esprits Canal.

Manque de chance, parmi ses dirigeants, personne ne s'intéresse au football. Au rugby, ils se sont investis dans le système, sont allés manger des rillettes et du saucisson avec les dirigeants. « En plus, dit un proche de Vincent Bolloré, il n'y en pas un qui aime le football. Le seul qui s'y intéresse, c'est Gilles Alix, un homme de confiance de Bolloré, mandataire de dizaines de sociétés du groupe, mais il n'a pas la main sur le secteur. De toutes les façons, Vincent n'est jamais loin[2]. »

Vincent, c'est bien sûr Vincent Bolloré, « Bollo », autrefois « petit prince du *cash flow* », un flair énorme,

---
1. Entretien avec l'auteur, 5 juin 2023.
2. *Ibid.*

un *raider* redouté qui a fini par régenter Vivendi, par tout contrôler chez Canal, les émissions, les droits, les tenues, l'humour, qui ne s'embarrasse d'aucune manière dans les affaires et roule sans frein dans les couloirs de la chaîne.

Que lui a-t-on raconté du crash de l'appel d'offres de 2018 ? Pourquoi cette rancune ? Impossible de le savoir. Pour bien faire comprendre ses sentiments aux présidents de clubs, il les a invités à déjeuner, mais n'est pas resté pour le repas... Bon appétit, messieurs. Pourtant, Maxime Saada a bien dit que... Il a cité des chiffres, il est allé chez Labrune à Saint-Rémy. Mais que pèse Maxime Saada dans la galaxie Bolloré ?

Lors de cette période compliquée, un professionnel des droits télévisés a trouvé une voie directe pour l'atteindre et pose la question à un membre du premier cercle : « Il va faire quoi pour les droits de la Ligue 1, Bolloré ? »

Réponse sans filtre : « Les droits de la Ligue 1. Plus jamais. Saada va continuer de faire son cinéma à Labrune, tant mieux pour lui, mais c'est fini. » Quoi d'autre ?

« Putain, il nous défonce »

Marc Sénéchal, le conciliateur, l'avait bien compris lorsque, à l'automne 2020, en tête à tête avec le PDG de la chaîne, Maxime Saada lui avait fait une offre de 700 millions pour les droits qui n'est jamais venue, arrê-

Un bain de sang

tée en vol chez Vivendi. Par Vincent Bolloré lui-même ? Sûrement, mais cela, personne ne le saura.

Vincent Labrune tente de piquer à son tour : « Canal+ n'a aucun intérêt à financer un grand championnat, elle n'en a pas les moyens », et n'a plus aucune illusion sur Saada, ce qu'il partage avec ses interlocuteurs. « Maxime, il est comme tous les types de sa caste. Ces types-là, ça déroule parfaitement, c'est limpide, intelligent, mais si l'axiome de base est faux, il déroule le mauvais fil[1] », confie un de ses proches. Pourtant, grand fan de séries américaines, Maxime Saada a lui aussi son pouvoir, celui de sa fonction dans le groupe. « J'étais dans son bureau lorsqu'il passait un coup de fil chez Orange. J'ai vu comment, en quelques minutes, il leur a pris 10 millions d'euros. Canal+ est vraiment au centre du jeu. » La Ligue en prendra pleinement conscience lors de l'audition auprès de l'Autorité de la concurrence.

En effet, Canal+ n'a pas participé à l'appel d'offres de la LFP mais, comme nous l'avons vu, a aussi saisi d'un côté le tribunal de commerce et l'Autorité de la concurrence, toujours pour contester la validité du fameux lot 3. Ils veulent prouver deux choses. D'abord, que le lot 3 était solidaire de l'appel d'offres. L'un des membres du groupe s'explique : « Les trois premiers lots (1, 2, 3) étaient solidarisés par un prix de réserve intermédiaire, commun, fixé à 800 millions d'euros. Dans le règlement, si ce prix de réserve n'était pas atteint, l'appel d'offres tombait. Les deux premiers lots [ceux

---

1. Entretien avec l'auteur.

qui avaient été concédés à Mediapro] n'étaient plus attribués, l'appel d'offres est caduc. »

La démonstration, qui a du sens, n'a pas été retenue par le tribunal de commerce. Alors, devant l'Autorité de la concurrence, Canal+ veut prouver – sans rire – que la LFP est en position dominante. Ce jour-là, Labrune est excellent mais secoué. Il voit arriver en témoin cité par Canal+ Maxime Lombardini, dirigeant d'Iliad, la maison mère de Free. Lombardini est un ami proche du couple Labrune, mais aussi le « meilleur pote » de Saada et visiblement mieux en cour avec lui qu'avec Labrune. « Il nous a exécutés, piétinés, fusillés auprès de l'Autorité de la concurrence[1] », dit l'un des participants.

Un témoignage à charge, très à charge. Surprenant, même. « P***, il nous défonce », jure Labrune, qui est appelé désormais à donner son point de vue sur l'accusation de Canal+. « Madame la présidente, je vais vous raconter l'histoire de deux hommes dans le désert, l'un est à genoux, les yeux bandés et les mains attachées dans le dos. Le deuxième a un pistolet posé sur la tempe du premier. D'après vous, lequel est en position dominante ? »

Au bon vieux temps

Ainsi, tout le premier semestre 2021, Canal+ va exercer une pression colossale sur le football français. Car, en ce début d'année 2021, la Ligue a deux enjeux

---
1. Entretien avec l'auteur.

Un bain de sang

cruciaux. Elle doit d'abord assurer la diffusion des rencontres laissées libres. Il reste quinze journées de Championnat. Et pour ces mêmes droits, elle doit trouver un partenaire pour les trois années suivantes.

Pour cajoler les dirigeants de la chaîne, les équipes de la Ligue se démènent. Elles leur proposent de codiffuser gratuitement le Trophée des champions le 13 janvier à Lens, entre le PSG et l'OM. Habituellement, cette rencontre opposant les vainqueurs du Championnat et de la Coupe de France se dispute en août avant le début de la saison. La pandémie a tout décalé. Coup de chance pour le spectacle, comme le PSG a remporté les deux compétitions, il affronte son dauphin de Ligue 1, son grand rival marseillais dans un stade habituellement bouillant, habité par la fièvre ch'tie. Le *classico* tombe à pic. Les dirigeants de Canal+, Franck Cadoret et Gérald-Brice Viret, sont là... On discute autour d'une coupe de champagne et des petits fours au foie gras.

Quinze jours plus tard, le 4 février, alors que l'appel d'offres a été déclaré infructueux, est lancée une mini-consultation pour le match phare de la 24e journée, OM-PSG. Canal propose 2,5 millions d'euros, se positionnant au ras des pâquerettes, juste au-dessus de M6. Pas de quoi s'enthousiasmer pour la LFP. Pourtant, Canal+ va mettre le paquet.

La chaîne bouleverse sa grille, décale son habituel match de rugby. L'affiche Racing 92-La Rochelle est avancée à 14 h 15. À noter que, à trois jours d'un match, la Ligue de rugby et les deux clubs concernés acceptent de décaler leur rencontre, ce que le football n'aurait jamais validé. C'est peut-être cela, le savoir-vivre. Ce jour-là, Canal+ diffuse également Nantes-Lille et le Canal Football Club. On se croirait revenus au bon vieux temps.

Un art consommé de la torture

D'ailleurs, Canal+ en profite pour lancer une campagne d'abonnements : « Pour suivre OM-PSG ainsi que de nombreux programmes en tous genres (sport, films, séries, créations originales), vous avez plusieurs abonnements disponibles. L'offre 100 % digitale à Canal+, sans engagement, est à 20,99 euros par mois... » Une éclaircie ? Mieux, un rayon de soleil. Canal+ accepte enfin de discuter de la fin du Championnat. Labrune vient de rencontrer Saada, ils ont topé. Labrune appelle Mathieu Ficot. « Tu es dans ton bureau ?
— Yes !
— C'est bon, j'ai un accord avec Saada. Il sera là à 12 h 30. »

En début d'après-midi, Maxime Saada et la secrétaire générale du groupe Laëtitia Ménasé sont rue Léo-Delibes. Ils achètent les lots de Mediapro jusqu'à la fin de la saison. Sans le lot 3. Le prix ? 36 millions d'euros. Une misère pour des lots qui avaient une valeur de 300 millions six mois plus tôt. Mais le temps n'est plus aux regrets et la LFP verra ses matchs diffusés, enfin.

Une affaire en or ? Ce n'est pas l'avis du premier cercle de Bolloré, où l'on traîne des pieds. « Cette affaire nous a fait perdre 30 millions d'euros. Il a fallu mettre en œuvre des moyens de production, trouver des équipes

Un bain de sang

en quelques jours. Je sais, c'est de la tambouille, mais c'est une réalité et ce n'est pas anecdotique[1] », confie l'un d'eux. Pourquoi le faire alors ? Par charité. « On a estimé que le foot français avait assez souffert. » On n'a pas perdu chez Canal+ le sens de l'humour... noir.

Jaume Roures, le PDG de Mediapro, garde un œil attentif sur les démêlés français et donne volontiers son avis : « Oubliez Mediapro une seconde. Quelle a été l'attitude de Canal+ par rapport à la LFP dans cette affaire, après que les problèmes de Mediapro ont disparu ? Un problème de pressions insupportables, des offres fantômes. Ils leur ont fait croire : on avance, on avance, on avance et à la fin on serre le nœud. [...] Quand vous donnez 35 millions pour un lot qui en valait 780 parce que vous êtes seuls, quand vous faites procès sur procès, ça, c'est de la pression[2]. »

Car, simultanément, la chaîne cultive l'art consommé de la torture. À feu doux. Mais ça fait mal. Canal+ n'a donc pas répondu à l'appel d'offres, lequel a été déclaré infructueux, ne souhaite pas non plus entrer dans des discussions de gré à gré avec la Ligue avant la décision de l'Autorité de la concurrence, fixée au 11 juin, après la fin de la saison et très proche de la suivante, une manière d'avoir le champ totalement libre. Qui pourrait, en effet, en quelques semaines, acheter les droits et monter une chaîne capable de diffuser la Ligue 1 sans eux ?

---

1. Entretien avec l'auteur.
2. Mission parlementaire sur les « Droits de diffusion audiovisuelle des manifestations sportives », audition du 16 septembre 2021.

13

Chronologie de la sortie de Mediapro

— 10 septembre 2020 : élection de Vincent Labrune, président de la LFP.
— 24 septembre 2020 : Mediapro demande à la LFP un délai supplémentaire pour le paiement de la prochaine échéance, prévue le 5 octobre.
— 28 septembre 2020 : le tribunal de commerce décide une conciliation de Marc Sénéchal à la demande de la société Mediapro.
— 7 octobre 2020 : Jaume Roures s'exprime dans la presse et affirme vouloir renégocier le contrat sur la saison 2020-2021, « très affectée par le Covid-19 ». « On ne remet pas en cause le projet en tant que tel. Mais les bars et les restaurants sont fermés, la publicité s'est effondrée[1]... »
— 8 octobre 2020 : la LFP annonce refuser le délai de paiement demandé par Mediapro. Vincent Labrune met alors en doute « les capacités de ce

---

1. Mission parlementaire sur les « Droits de diffusion audiovisuelle des manifestations sportives », audition du 16 septembre 2021.

groupe à faire face à ses obligations contractuelles et financières ».
— 13 octobre 2020 : *Le Canard enchaîné* révèle que Mediapro est sous mandat *ad hoc* depuis le 28 septembre.
— 14 octobre 2020 : la Ligue met en demeure Mediapro de respecter ses obligations et saisit le tribunal de commerce de Paris pour actionner la garantie et obtenir le versement des sommes dues par la société mère Joye Media SL.
— 17 octobre 2020 : date à laquelle la LFP aurait dû reverser à chaque club sa quote-part annoncée.
— 21 octobre 2020 : Jaume Roures indique alors avoir engagé une procédure de conciliation auprès du tribunal de commerce de Nanterre, dans l'objectif de renégocier ses dettes à l'égard de la LFP. Il annonce également que Mediapro ne réglera pas non plus l'échéance suivante, prévue au début du mois de décembre. Un total de 600 000 abonnés à Mediapro est avancé, soit bien en deçà de l'objectif des 3 à 3,5 millions. Il apparaît également que le fonds d'investissement Orient Hontai Capital n'apportera pas de soutien à Mediapro ou Joye Media SL aux fins de régler les sommes dues à la LFP.
— 30 octobre 2020 : Maxime Saada indique que Canal+ ne « réinvestira pas à perte » dans le football français, excluant ainsi *a priori* une reprise des droits de Mediapro à prix coûtant.
— 18 novembre 2020 : RMC Sport fait état de « discussions actives » entre la LFP et Canal+ pour une reprise des droits.

Chronologie de la sortie de Mediapro

— 24 novembre 2020 : *L'Équipe* fait état d'une offre de 700 millions d'euros de Canal+ pour l'ensemble des droits – à l'exception du lot détenu par Free –, auxquels s'ajouterait une variable d'un montant non communiqué.
— 26 novembre 2020 : Mediapro engage des poursuites contre Canal+ en abus de position dominante, assorties d'une demande de dommages et intérêts au titre des négociations interrompues, concernant la distribution de Mediapro.
— 8 décembre 2020 : prolongation du mandat *ad hoc* de Marc Sénéchal.
— 10 décembre 2020 : CA de la LFP, accord dans la nuit entre les parties sur la sortie de Mediapro (relâchement des droits + 100 millions d'euros).
— 11 décembre 2020 : CA de la LFP, annonce de l'accord de sortie entre Mediapro et la LFP sur la base d'une remise des droits en échange d'un dernier versement de 100 millions d'euros. Au total, 280 millions d'euros sur les 830 prévus sur la saison 2020-2021 auront été versés.
— 17 décembre 2020 : audience du TC.
— 18 décembre 2020 : CA de la LFP.
— 22 décembre 2020 : accord validé par le TC.
— 19 janvier 2021 : la LFP annonce un nouvel appel d'offres pour réattribuer les lots initialement remportés par Mediapro. Un désaccord émerge entre la LFP et Canal+ qui diffuse le lot 3 non inclus dans l'appel d'offres, et souhaite que l'appel d'offres porte sur l'ensemble des lots.

— 25 janvier 2021 : Canal+ dépose finalement un recours auprès du Tribunal de commerce de Paris.
— 29 janvier 2021 : recours auprès de l'Autorité de la concurrence pour obtenir la remise en vente de l'ensemble des lots.
— 1er février 2021 : à l'issue de l'appel d'offres, les prix de réserve fixés par la LFP ne sont atteints sur aucun des six lots mis en vente. Des offres avaient été déposées par Amazon, Discovery et DAZN. Des négociations en vue d'une vente en gré à gré débutent.
— 4 février 2021 : Canal+ conclut un accord avec la LFP pour un montant total de 38 millions d'euros pour la diffusion de la saison 2020-2021 de Ligue 1 et de Ligue 2 à partir de la 25e journée. La LFP aura perçu 688 millions d'euros au titre de la saison, au lieu du 1,23 milliard prévu.
— 7 février 2021 : 24e journée de Championnat, dernier match diffusé par Téléfoot/Mediapro.
— 11 mars 2021 : le tribunal de commerce de Paris rejette la demande de Canal+, considérant que le refus de la LFP d'intégrer le lot 3 dans un appel à candidatures d'ensemble n'a pas pour effet de fausser la concurrence.
— 11 juin 2021 : l'Autorité de la concurrence déboute Canal+, ne relevant aucune discrimination à l'encontre de la société et estimant que la LFP n'était pas tenue de remettre en vente le lot 3, dès lors que le contrat était régulièrement formé et qu'il n'avait pas été contesté en justice.

Chronologie de la sortie de Mediapro

— Juin 2021 : les droits sur les saisons courant de 2021 à 2024 sont attribués en gré à gré à Amazon pour 250 millions d'euros pour les lots de Mediapro sur la Ligue 1 – contre 796 millions d'euros initialement –, et 9 millions pour ceux de Ligue 2 – contre 34 initialement. Les championnats de Ligue 1 et Ligue 2 sont ainsi valorisés à 663 millions d'euros. Canal+ et BEin Sports proposaient une offre pour tous les lots (dont ceux qu'ils détenaient déjà, 362 millions d'euros, ou qui étaient détenus par Free pour 42 millions d'euros) à 595 millions d'euros. L'offre additionnelle fixe de Canal+ était donc de 191 millions d'euros (*versus* 250 millions d'euros pour Amazon). Il s'ajoutait une série de bonus éventuels pour 78 millions d'euros.

***

**Ligue 1 et Ligue 2 cumulées
Chiffres clés 2021-2022***

	2018-2019	2020-2021	2021-2022	VARIATIONS**
Total produits d'exploitation	2 114	1 813	2 263	+25 %
Résultat d'exploitation	−835	−1 287	−1 202	+7 %
Résultats transferts	740	409	463	+13 %
Résultats courants	−96	−881	−739	+16 %
Résultat net	−160	−685	−601	+12 %
Capitaux propres	956	606	457	−25 %
CC *** actionnaires	642	305	357	+17 %
Trésorerie nette dette	−239	−507	−380	+25 %

*En millions d'euros 2021-2022, **par rapport à 2020-2021, ***comptes courants

14

À genoux

Une semaine avant le 11 juin, Maxime Saada se rend en seigneur à l'assemblée générale de la LFP où sont réunis tous les présidents de clubs. Al-Khelaïfi, Aulas, Le Graët, Caïazzo, Nicollin, les manants sont tous venus pour l'écouter en vedette de la représentation. Le PDG du Groupe Canal+ est arrivé avec son exposé et un message de paix.

La créature de « Bollo »

Sa présentation se déroule en trois axes : « 1. Tourner la page du passé récent, 2. Comprendre le présent, 3. Construire ensemble le futur. » Il vient donc enterrer la hache de guerre. Il a bien eu vent d'une offre concurrente du géant américain Amazon pour 250 millions d'euros (pour les lots laissés libres par Mediapro). Il le mentionne d'ailleurs dans sa projection. Mais là, il est sur ses terres. Comme en 2018, devant les dirigeants de la Ligue, il explique, assène même, quelle est la « valeur » du Championnat. Il se délecte de son diagnostic : les lots autrefois attribués 780 millions à Mediapro en valent aujourd'hui moins de 250 et, l'œil rieur, il se moque doucement d'Amazon. D'ailleurs, comment les équipes du géant américain pourraient-elles lancer une chaîne en quelques semaines ? Lui, Saada, parle digital – les présidents adorent –, bonus sur le nombre d'abonnés, partenariat *win-win*... : on connaît. Il est prêt à offrir ses bretelles en prime, oui, madame. Il a effacé de sa mémoire le « méfie-toi » de Quillot.

Au contraire, afin de bien rappeler à chacun comment ils ont été laminés, il précise, suffisant, qu'il attend la décision de l'Autorité de la concurrence pour formuler une offre. « C'était puant, dégoulinant et méprisant », se souvient un président. Un autre se tourne vers un de ses collègues et lui lance un peu fort : « Il nous prend pour des cons, c'est bien cela ? » Oui, c'est bien cela. Vincent Bolloré aurait été fier de sa créature.

Vincent Labrune, qui a viré Mediapro et ses centaines de millions d'euros sur tapis vert pour lui dérouler le tapis rouge, remercie son « ami Maxime ». Il lui signifie néanmoins « l'impérieuse nécessité de formuler son offre au plus vite », exposant devant tous que « la dernière proposition orale n'est pas suffisante ». Noël Le Graët prend également la parole pour souligner que « si le football a besoin de Canal+, Canal ne peut pas se passer non plus du football », bref la phrase qui horripile le ban et l'arrière-ban de la chaîne. Ils n'en peuvent plus. À croire, d'ailleurs, que vingt ans plus tard, les

À genoux

présidents, celui de la FFF en tête, n'ont toujours rien compris. Ceux de Canal+ non plus. La romance est terminée.

« *Ils ne croient pas à Amazon* »

Le lendemain, Vincent Labrune est installé au Brach, le luxueux hôtel où il a son rond de serviette et son lit douillet aux frais de la Ligue (c'est si bon !). C'est l'heure du rosé et des cacahuètes. Il partage cette douceur quotidienne avec trois autres présidents. Le baromètre est au beau fixe. Ils ont débouché une bouteille. L'apéro est arrosé, « disons festif[1] », corrige l'un des participants. Rien à fêter pourtant. D'ailleurs, le président de la Ligue est sombre, œil noir sur chemise blanche, loin de son éclat habituel, entre agacement, colère et belle déprime. Bon, déjà, la saison 2020-2021 a tourné à l'accident industriel. Canal+ a consenti à diffuser les rencontres laissées libres par Mediapro pour 38 millions d'euros, une obole, là où les présidents, serviette autour du cou, avaient déjà affûté leurs lames pour se partager 800 gros millions. Vingt fois moins. En euros.

Mais, c'est son côté jongleur, Labrune a réussi à maintenir les assiettes en l'air sous le regard ébahi de ses mandants. Sur le plan économique, la Ligue a réuni près de 650 millions d'euros de droits télévisuels malgré l'aumône de la chaîne cryptée. Il n'a pas arrêté, en coulisses, de dire que Canal+ serait là, même s'il

---

1. Entretien avec l'auteur.

a commencé, de-ci de-là, à nuancer le discours pour amortir le festival de vaisselle cassée.

Il discute tous les jours avec Canal+, mais il ne sait plus trop bien. Désormais, nous ne sommes plus dans le processus forcé d'un appel d'offres mais de gré à gré. En somme, la Ligue choisit librement son futur diffuseur, fait monter la sauce avec les ingrédients qu'elle souhaite. Le cadre est très souple.

Vincent Labrune a désormais en main l'offre d'Amazon et celle de Canal+. C'est maigre, très maigre. En revenus fixes, Amazon est légèrement devant Canal+. La chaîne française s'apprête à effectuer une offre à tiroirs, avec des étapes, des bonus et une collaboration avec BEin Sports. Les deux rivaux d'autrefois coulent dorénavant le parfait amour. Ils proposent une chaîne commune pour huit des dix rencontres du Championnat. Les deux meilleures affiches de la journée échoient à Canal+. Rien d'enthousiasmant.

Dans l'autre main, Amazon, c'est un peu l'aventure aussi. Vincent Labrune explique à ses convives qu'il n'est pas très chaud. Mais les présidents ont une dent contre Canal+ et, *mezza voce*, contre lui, car il les promène depuis une saison avec les promesses de Maxime Saada. L'un de ses fidèles, un frère de la côte, écoute, pose son verre et lance : « Tu as appelé Canal+ pour leur dire la situation ?

— Pff ! Je leur parle tous les jours, bien sûr. Tu crois quoi ?

— Et alors ?

— Ils ne me croient pas. Ils ne croient pas qu'il y a Amazon en face, ils ne croient pas à une offre des Américains. Ils me prennent pour un guignol et un menteur. Ils ne veulent pas bouger.

— Ils connaissent le montant d'Amazon ? relance le frère de la côte.

— Oui ! Mais ils ne me croient pas, je suis dégoûté. »

De l'autre côté, Vincent Labrune et ses équipes ont fait le job avec Amazon. Déjà au mois de février, le président de la LFP avait rencontré le patron France, Frédéric Duval, pour lui vanter les mérites de l'appel d'offres. Avec efficacité. D'ailleurs, pendant que Canal boudait dans son coin, Amazon, comme la plateforme anglaise DAZN (qui remportera quelques semaines plus tard les droits du championnat italien) et le groupe américain Discovery (propriétaire d'Eurosport), déposera une offre. Elle sera jugée insuffisante mais le lien s'est tissé, des discussions se sont nouées. Le président de la Ligue et le patron des sports d'Amazon pour l'Europe, Alex Green, se voient au tournoi de Roland-Garros, dont le géant américain possède les droits. Le climat est bon, même si les Américains ont un léger sentiment d'être assignés au rôle du lièvre pour faire courir Canal+ dans la garenne. Peu importe, la somme qu'ils envisagent de proposer, très raisonnable, paraît convenir. Sur un malentendu...

La concurrence tacle Canal+

Tout le monde attend donc le 11 juin pour savoir si la plainte de Canal+ demandant l'annulation de l'appel d'offres de 2018 est recevable. Ce jour-là, comme convenu, la vice-présidente de l'Autorité de la concurrence, Fabienne Siredey-Garnier, qui a mené les audiences, rend son avis : elle rejette la saisine de Canal+, « pas appuyée d'éléments suffisamment probants, s'agissant de l'existence d'une pratique abusive de discrimination ». Ancienne présidente au Tribunal de Paris des affaires économiques et financières et co-présidente du Parquet national financier, elle est une magistrate chevronnée. Sa sentence est sévère pour Canal+, jugeant que « la décision de la LFP de ne pas résilier à l'amiable le lot 3 n'est pas déraisonnable [...]. Elle est à la fois nécessaire et proportionnée par rapport à l'objectif qu'elle poursuivait, préserver ses intérêts et ceux des clubs à la suite de la défaillance de Mediapro dans un contexte de crise sanitaire contribuant à dégrader ses perspectives de revenus ». Elle ajoute qu'« aucun élément de la saisine et du dossier d'instruction n'est susceptible de démontrer que la non-inclusion du lot 3 dans la consultation 2021 par la LFP créerait une discrimination à l'encontre du groupe Canal+ ». Mais, surtout, elle remue le couteau dans la plaie, à vif, en notant que Canal+ « a sciemment pris le risque en 2018 de ne pas remporter les lots 2 et 3, en formulant des offres d'un très faible montant, afin de tenter de faire échec à la procédure d'appel d'offres ». Pas de quoi ébranler Canal+, bien sûr.

Ce même 11 juin, les dirigeants de la chaîne sont ponctuels au rendez-vous et se croient une nouvelle fois seuls au monde qu'ils ont arrondi à leur main. En février, ils avaient posté une offre excentrique et ont écrit cette

À genoux

fois ce qui relève plus d'une liste au père Noël que d'une offre acceptable, avec des bonus liés à des objectifs inatteignables et, au surplus, des pénalités si certains ne sont pas remplis. Tout compte fait, l'offre fixe additionnée aux droits déjà exercés (dont le fameux lot 3) donne des revenus télévisés pour un montant total de 595 millions, comme si les dirigeants de Canal+ s'étaient ingéniés à bien rester sous les 600 souhaités par Labrune pour lui faire comprendre qui était le patron. Nous sommes loin des 700 millions affichés quelques mois plus tôt, loin aussi du montant des années précédentes où le total s'élevait à 761,5 millions. Ah, cet « ami Maxime », quel farceur ! Mais peu importe, nous sommes mi-juin, et le Championnat commence six semaines plus tard... Canal+ croit l'affaire pliée.

Le 11 juin toujours, Amazon est aussi au rendez-vous. Une offre fixe de 250 millions comme le savait Canal+. Le comité de pilotage dispose des deux offres, pas bien grasses mais officielles et posées sur la table. Le président lyonnais, exaspéré par l'attitude de la chaîne cryptée, est particulièrement virulent : pas question de les donner à Canal+, ce qui reviendra immédiatement aux oreilles de la chaîne. Sympas, les « potes »... Aulas est arc-bouté, Jean-Pierre Caillot (Reims) et Noël Le Graët (FFF) aussi. Contre Canal ? Oui, mais pas seulement. Amazon est devant. Jacques-Henri Eyraud (OM) a d'autres préférences. Il louvoie et voudrait organiser un deuxième tour, alors que les offres sont très éloignées l'une de l'autre, près de 60 millions d'euros. Les juristes pointent, eux, les sujets de droit. Ils se souviennent, jadis, des attaques de TPS, mieux-disant mais éliminé en coulisses. « Injouable », se dit Labrune. « Non vraiment, je n'avais pas le choix, Canal+, ça ne tenait pas. » Il reste sobre car il sait que tous ses propos seront rapportés. Arnaud Rouger, le directeur général, conclut : « Trop de risques de recours, ils ne sont pas au niveau d'Amazon. » Vincent Labrune s'isole dans le bureau voisin pour annoncer les résultats aux deux diffuseurs. « Maxime, vous n'avez pas été retenus.

— Quoi ? Qu'est-ce que tu me dis ?

— Vous n'avez pas été retenus.

— Tu vas me le payer. Vous allez tous me le payer. C'est dég***. C'est une honte !

— Je t'avais prévenu, je t'ai dit qu'on avait une offre d'Amazon, je t'ai dit que j'avais 250 millions, je t'ai tout dit, Maxime. »

Inutile de rapporter ici les propos de Maxime Saada, qui pète un câble. La séance est houleuse. Labrune confie à un président : « Ils ne croyaient tout de même pas que j'allais leur donner les droits, alors qu'ils étaient moins-disants, non ? Ce serait vexant qu'ils pensent cela de moi[1]. »

Chez Amazon, on tombe de l'armoire. Personne n'a cru une seule minute que la LFP lui attribuerait les droits. Ils n'ont pas de chaîne, pas d'expérience, pas de moyens de production, pas d'animateurs, rien... Ils se mettront en ordre de marche en six semaines pour diffuser le multiplex de Ligue 2, le 24 juillet. Belle performance.

---

1. Entretien avec l'auteur, 31 mai 2023.

À genoux

Ras-le-bol des Thénardier

Dans le premier cercle de Bolloré, les plus placides expliquent : « Notre offre était moindre, c'est vrai, car nous étions bien obligés de partir du point de départ que nous avions déjà à payer, 332 millions d'euros. Les présidents ont calculé autrement. Ils ont préféré prendre plus d'argent sans se soucier de l'avenir. Nous verrons qui a raison. Aulas a beaucoup poussé pour Amazon. Labrune n'a pas tempéré... »

Un des autres membres du premier cercle analyse que « les dirigeants de Canal+ se sont dit un peu vite que le foot n'allait pas faire deux fois la même connerie (Mediapro). Mais je crois que les présidents en ont eu marre des Thénardier ». Il prédit cependant que « tôt ou tard, il y aura des accords entre Canal+ et Amazon. Deux sociétés comme celles-là ne peuvent se passer l'une de l'autre. La raison l'emportera ». Pour la bonne mort du football...

Si, chez Vivendi, on garde ses nerfs, Maxime Saada, lui, a perdu le contrôle. Il envoie un communiqué pour annoncer que Canal+ se retire du football, carrément, et écrit à ses salariés des propos sans beaucoup de recul : « La LFP a considéré à tort que la proposition d'Amazon se cumulait aux montants des lots attribués, à savoir les 332 millions d'euros de Canal+ et les 42 millions d'euros de Free pour le lot digital. Ce scénario n'existe pas. Canal ne paiera pas 332 millions pour 20 % des matchs, quand Amazon diffuse 80 % pour 250 millions. Nous ne diffuserons donc pas la Ligue 1. Après la chimère

Main basse sur l'argent du foot français

Mediapro, la LFP et les présidents reproduisent la même erreur qu'en 2018. »

Seulement voilà, Maxime Saada, prisonnier de sa colère, a même oublié que le lot appartient en réalité à BEin sports dont le président est Nasser al-Khelaïfi, également président du Paris Saint-Germain, et bien embarrassé. Le conflit d'intérêts n'est pas toujours un costume facile à porter.

Vincent Labrune montre son sens de la navigation lorsque la mer forcit : « Ils ont tiré un peu sur la corde en termes de calendrier et ils ont pris un risque. Mais je n'ai pas le sentiment que les clubs étaient revanchards. Canal+ n'a pas laissé tomber le foot français, mais a peut-être été frileux dans la dernière ligne droite. » Il se montre insensible à l'amicale pression de son pote Maxime : « Les déclarations d'intention, les menaces ou la politique-fiction, tout ça, c'est très bien. Mais à un moment donné, il y a les faits et le monde réel. La réalité est très simple. On a un contrat avec BEin Sports (332 millions d'euros annuels et une sous-licence à Canal+) qui n'a pas manifesté, à date, sa volonté de le résilier. J'ajouterai à ce sujet, comme l'a rappelé le gouvernement, qu'un contrat est fait pour être respecté. Les dernières décisions de justice sont toutes en notre faveur. Quand on est un acteur de télévision sportive payante, il est quand même difficile de soutenir que le fait de bénéficier des droits nationaux du football est contre-productif pour l'audience et les abonnements. Je n'ai pas envie de polémiquer avec quiconque et surtout pas avec Canal+, qui est un partenaire majeur et que j'apprécie particulièrement à titre personnel, mais je pense sincèrement que la

À genoux

stratégie systémique des contre-feux juridico-médiatiques a ses limites. Et qu'il serait plus sain et constructif que le bon sens et la raison l'emportent[1]. »

En guise d'épilogue, Maxime Saada continuera, lui, de diffuser le Championnat de France et de le payer. Pour les clubs, l'addition est salée, et pas seulement celle du Brach. Ils ont perdu la somme folle de 550 millions d'euros par an sur trois ans, soit un montant extravagant de 1,65 milliard d'euros ; c'est la douche froide. Mais tous sont solidaires. Le discours d'ordre imposé par Labrune est un succès : silence dans les rangs ! Ils récitent tous le bréviaire fourni et, même s'ils enragent contre la chaîne de « Bollo », même si le montant des droits est une misère, pas une phrase de travers sur Canal+. Non, la bonne attitude est d'applaudir le nouvel entrant. Chouette, Amazon ! On vous avait bien dit, qu'on irait chercher un des Gafam. Mission accomplie.

Quelques grincheux notent que le football français se rend « invisible ». Mais les éléments de langage sont vite écrits : ce sont des acariâtres, pas encore rompus au phénomène OTT, mais l'éclosion de toutes les plateformes (Netflix, Disney+, Apple TV), MyCanal y compris, les convertira à ce mode de visionnage moderne, à ce nouveau monde. Non, vraiment, réjouissons-nous, voilà le mot d'ordre.

Le seul à convenir, quelques semaines plus tard, que le compte n'y est pas est Bernard Caïazzo : « Amazon

---

[1]. « Vincent Labrune : "Il faudrait être fou pour refuser Amazon" », *L'Équipe*, 18 juin 2021.

Main basse sur l'argent du foot français

est dans un test de trois ans dans lequel ils vont payer 250 millions par an, qui est le prix le plus bas. En Italie ou en Espagne, ils auraient dû payer 700 ou 800 millions. Nouvel acteur, mais en même temps un modèle économique autre. Nous voilà au centre d'un immense hypermarché avec un flux énorme. Une nouvelle manière de marketer le produit. Cela a été mon métier pendant quarante ans. Je suis optimiste[1]. » Nous voilà rassurés. Marketons !

Mais pour commencer, communiquons ! Le président de la Ligue maîtrise la matière. Il s'est imposé une communication avec des apparitions restreintes réservées aux médias les plus influents. Inutile de perdre son temps. Son vecteur préféré est naturellement *L'Équipe*, à laquelle il donne une interview pour clôturer cette saison ébouriffante et fournir les éléments de langage à ses « actionnaires présidents ». L'une des deux petites idées qu'il avait eues en tête un jour de septembre à l'angle de la rue Dupleix, à savoir remettre Canal au centre du terrain, a échoué. Elle a été ruineuse pour les clubs. Mais il a une deuxième idée en tête et, celle-là, s'ils sont dociles, rendra riche la Ligue, les clubs, et lui avec. Le moment est parfait.

---

1. Mission parlementaire sur les « Droits de diffusion audiovisuelle des manifestations sportives », audition du 22 juillet 2021.

15

Un tableau noir

Alors qu'il est en plein marasme, à l'automne 2020, qu'aucune solution n'a été ni cherchée ni trouvée avec Mediapro mais que Canal+ se dit prêt à prendre le relais, Vincent Labrune pétrit la pâte des présidents avec méthode. Il prépare l'avenir de la société commerciale, peaufine sa stratégie des locomotives. Le sujet est d'une très grande sensibilité pour tous les clubs façonnés depuis des décennies par l'égalitarisme.

Je connais précisément ce sujet car, lorsque j'arrive en 2002 à l'OM, les revenus des droits télévisés sont divisés en parts égales pour chaque participant du championnat. Seulement, voilà : Canal+ (et TPS à l'époque) s'octroient, comme meilleur match de la journée, le choix 1, systématiquement l'Olympique de Marseille. L'OM subit alors de nombreux handicaps. Nous jouons le dimanche, nous sommes attendus sur tous les stades où l'équipe locale joue son match de l'année sous les projecteurs, où les joueurs adverses doivent prouver l'étendue de leur talent devant les caméras. Nous assurons ainsi la quasi-totalité du spectacle. Le PSG n'est pas encore dans sa version qatarie ; Lyon, qui domine sans partage sur le plan sportif, ne suscite pas l'engouement ; Bordeaux et Monaco sont brillants, mais bien moins populaires. Aucune comparaison possible. En retour, nous sommes payés comme les autres, c'est-à-dire moins de 5 % des revenus télévisés.

Les dirigeants auxquels je succède avaient d'autres soucis. Bernard Tapie multipliait les transferts (cinquante-huit en une seule saison) ; Pierre Dubiton, le directeur financier, et Étienne Ceccaldi, se battaient dans les locaux du club... Une pétaudière. Or, pour moi, cette équation économique est une aberration. J'en parle rapidement aux autres présidents qui me renvoient gentiment à mes chères études. La discussion avec Frédéric Thiriez est tout aussi stérile. Personne ne souhaite écouter nos doléances. Avec l'accord de mon actionnaire majoritaire, Robert Louis-Dreyfus, j'entreprends alors une action judiciaire pour « abus de majorité », ce qui fait sourire l'avocat Thiriez : « Bon courage, tu n'arriveras à rien. » Certains présidents sont tout de même sensibles à l'assignation qu'ils ont reçue, puisqu'ils forment la majorité. Nous avons assigné l'ensemble des autres clubs et nous leur demandons, en cas de victoire judiciaire, de lourdes indemnités en compensation des années de spoliation.

Une nouvelle répartition

Outre la procédure, nous avons positionné l'arme atomique dans le stade. Ainsi, un samedi de l'automne 2002, je reçois un coup de fil de Canal+ qui vient ins-

taller son matériel au Vélodrome. « Bonjour, président, les portes du stade sont fermées. On nous dit que ce sont vos instructions.
— Effectivement. Et elles resteront fermées tant que nous n'aurons pas trouvé une solution sur la répartition des droits télévisés.
— On risque de ne pas pouvoir diffuser la rencontre demain soir.
— Je le sais, c'est le but. »
Quelques présidents m'appellent : « Tu es dingue. Tu vas faire péter le contrat avec Canal+ et avec TPS. On n'aura plus de droits télévisés !
— Ce n'est pas mon problème. Nous avons le plus grand stade, nous le remplissons tous les week-ends. S'il n'y a plus de droits télévisés, nous aurons, au moins, une manière de nous différencier sur le plan économique par rapport à vous.
— Tu ne pourras pas jouer un championnat tout seul dans ton coin.
— Je n'ai pas dit cela. Je souhaite une nouvelle répartition. Sans l'OM, vos droits ne valent rien.
— Sans nous, non plus.
— Peut-être... »
Au fil des heures, la tension monte de plusieurs crans. Le syndrome de l'écran noir. Mais nous sommes fermement décidés à ne pas ouvrir. Je me suis renseigné auprès d'un producteur de télévision afin de connaître le point de non-retour et savoir jusqu'à quelle heure les équipes de Canal+ pouvaient installer le matériel. Enfin, Frédéric Thiriez, qui a dû effectuer le même calcul, m'appelle. Il a toujours eu une grande lucidité sur les

forces en présence. Nous nous sommes quittés en nous insultant quelques jours plus tôt. Son ton est pourtant amical : « Bon, Christophe, qu'est-ce que tu veux ?

— Tu le sais, Frédéric, je veux une discussion sur la répartition, sur le modèle anglais 50/25/25 [50 % répartis de manière solidaire à parts égales, 25 % pour la place en Championnat, 25 % pour la notoriété].

— OK, c'est bon. J'organise une réunion la semaine prochaine avec un groupe de présidents. »

Autant vous dire que, quelques jours plus tard, je suis monté à la capitale dans mes souliers bien cirés, pas très à l'aise pour la première réunion de négociation. L'accueil est rude. Mais les discussions se sont vite engagées et, grâce à l'intelligence de certains, je pense à Pascal Urano (Sedan) ou Jean-Pierre Louvel (Le Havre), ou encore aux services de la Ligue (Stéphane Dor et Jean-Guillaume Welgryn), nous avons trouvé un accord dont les modalités sont d'ailleurs toujours en place, vingt ans plus tard.

Un bilan inquiétant

Cette répartition, déjà en 2003, visait à mieux alimenter les « locomotives », ces clubs qui pourront rivaliser avec les représentants des autres pays européens. Aujourd'hui, ce n'est plus suffisant. Vincent Labrune est sur le même thème pour sortir non seulement l'OM de l'ornière, mais aussi les quelques clubs qui peuvent briller en Coupe d'Europe, et tracter la valeur du championnat sur le marché international. Car depuis cette

Un tableau noir

année 2003, le bilan est inquiétant : quatre finales de coupes d'Europe toutes perdues ; une finale de Champions League pour Monaco (contre Porto, 2004), une pour le PSG (contre le Bayern, 2020), deux finales de la coupe de l'UEFA, ou Europa League, pour l'OM (contre Valence, 2004 ; contre l'Atlético de Madrid, 2018).

Depuis 2004, en vingt saisons, les Espagnols ont remporté huit Champions League et douze Europa League ; les Anglais, cinq fois la première, trois fois la deuxième. Notons que Porto, deuxième ville d'un pays de 10 millions d'habitants, a remporté, depuis 2004 les deux coupes. L'Ukraine (Donetsk) et la Russie, deux fois, ont même remporté l'Europa League.

Le manque de notoriété des clubs français a une conséquence immédiate sur la valeur des droits internationaux. Le Championnat de France est largué avec un minimum garanti assuré par BEin Sports de 72,5 millions d'euros. Or, si les droits domestiques sont par nature limités, surtout lorsque votre principal diffuseur potentiel vous livre une guerre permanente, les droits étrangers ont un sérieux potentiel de hausse. L'Angleterre touche ainsi plus de droits internationaux que de droits domestiques. Les trois autres pays européens, Espagne, Italie et Allemagne, en sont loin mais le plus faible est autour de 200 millions d'euros par an.

Pour booster les ventes du Championnat de France, une solution, peu populaire, s'impose : privilégier certains clubs, les fameuses locomotives. Voilà pour l'objectif. Pour les moyens d'y arriver, la meilleure voie est dite de la « société commerciale » : une société appartenant à la Ligue, mais indépendante des soubresauts du conseil d'administration de la LFP où chacun, sous couvert d'intérêt collectif, défend son intérêt individuel. Jean-Michel Aulas, irréprochable avec son club, en est la parfaite illustration. D'ailleurs, lorsque je défendais le fameux 50/25/25, le président, toujours tenace, s'est montré moins pugnace, pour éviter ainsi un retour au premier plan, condamnant le club phocéen, mais aussi le Championnat. Ainsi, lorsqu'il fallut voter un retour à dix-huit clubs, il vota contre, faisant échouer la manœuvre après l'avoir lui-même initiée. Mais depuis des années et des années, il appelle de ses vœux la société commerciale. Alors, *banco* ! Paris suivra.

Poutinien mais efficace

Vincent Labrune maîtrise bien son sujet. Il a effectué un long bail à l'OM, d'abord comme conseiller de Robert Louis-Dreyfus puis comme président du conseil de surveillance, avant de prendre directement la main comme président du directoire. Il s'est fait élire avec un quarteron de petits clubs (qui n'ont pas intérêt à ce changement) et, avec une communication soignée, va mettre à profit les trois tsunamis qui ont dévasté le Championnat de France.

Il a sa petite idée en tête avant même son élection en septembre 2020. Pendant l'été, il a rencontré un banquier d'affaires et ils ont discuté de l'opportunité de la société commerciale. L'idée a vite germé que, pour accompagner ce dessein, un fond financier pourrait s'associer et abonder. Car pour remettre dans la course quelques bateaux à la dérive, il faut du cash. Cette option possède plusieurs avantages : elle dissimule mieux la dette, permet d'acheter les petits clubs et, lorsqu'une grande masse d'argent tombe du ciel, le ruissellement doit pouvoir profiter.

Ainsi, alors que les dégâts des trois « tsunamis » ne sont pas réparés, que l'affaire Mediapro n'est pas résolue, Vincent Labrune inocule le virus.

Six mois plus tard, à l'issue d'une saison dantesque, Vincent Labrune salue l'arrivée d'Amazon mais surtout suggère plus sérieusement encore cette opportunité. Son propos est plus structuré. Il mentionne l'apport d'un fonds et commence à évoquer certaines sommes d'argent face à des clubs saignés à blanc. Ses sorties ne doivent rien au hasard, jamais.

Alors qu'il porte la responsabilité de la vraie-fausse négociation, sa négociation ratée avec Canal+ et celle, guère mieux réussie, avec Amazon, Vincent Labrune se proclame le vainqueur de ces trois séquences et ses ouailles s'inclinent. Par une curieuse alchimie, parce qu'ils les flattent et les maltraitent, ils sont convaincus de son autorité et de sa vision. Il exige le silence, ils se taisent. Il bannit la contradiction, ils applaudissent. Il détient le secret des Templiers. Il a transformé le plomb en or, il s'apprête à transformer leur dette à court terme en dette à long terme, les voici ensorcelés. Plus personne ne songera à demander des explications sur l'affaire Mediapro et ses corollaires. L'audit demandé par Nasser al-Khelaïfi sur Mediapro est broyé, le nouveau président du PSG étant lui aussi sous l'emprise. Il a tellement besoin qu'on le considère enfin. À ce jeu, le président de la LFP est sans rival. Sa communication est maîtrisée. En interne, toujours disponible et réactif pour un président ou un club. « Tu l'appelles, il répond. Il traite le sujet », me dit un président. En externe, toujours disponible pour les journalistes, toujours *off*. S'il faut étouffer un départ d'incendie, il appelle les directeurs de rédaction, se fâche, menace ou échange leur silence contre une bonne info ou une interview future. Ses interviews sont rares et calibrées. Il ne réagit pas au moindre fait divers, explique en *off*, tout en maîtrise, verrouillant le système d'une main de fer. « Poutinien mais efficace », observe un président.

Un Championnat à dix-huit clubs

Dès les premiers mois de son arrivée, Vincent Labrune a fait plancher deux banques d'affaires et un cabinet d'avocats sur le modèle d'accompagnement économique d'une éventuelle société commerciale. Il sait que le foot professionnel devra apporter des compensations et prouve sa volonté d'évoluer pour épouser un projet ambitieux. L'une des premières preuves de cette bonne foi serait le passage du Championnat de vingt à dix-huit clubs. Le sujet est épineux. Entre la Ligue 1 et la Ligue 2, il y a un gouffre. C'est une grande déception de ne pas être champion de France, une déception de ne pas être Européen, mais un cauchemar de changer de division. Or, l'année du changement, ce sont quatre descentes, un toboggan vers l'enfer. En outre, les principaux soutiens de Labrune sont parmi ceux qui pourraient être rapidement touchés. Nicollin (Montpellier), Fery

Un tableau noir

(Lorient), Caillot (Reims), Kita (Nantes) pourraient vite se retrouver dans le mauvais wagon.

Pourtant en plein marasme de Mediapro, en novembre 2020, il plante la première banderille dans le *Journal du dimanche*. Il explique vouloir « ouvrir le débat » sur le nombre de clubs en Ligue 1 et Ligue 2, estimant qu'il y a « trop de compétitions, trop de clubs, trop de joueurs[1] » en Europe, ce qui tire le niveau moyen vers le bas. Un mois plus tard, à la veille du douloureux pacte de sortie avec Mediapro, le conseil d'administration de la LFP entérine « la possibilité pour la LFP de créer une filiale commerciale » ; la LFP ayant désormais compétence « pour effectuer, directement ou indirectement, le cas échéant par le biais de structures tierces desquelles elle pourrait être membre ou associée, toutes opérations juridiques, financières ou commerciales en rapport avec son objet »[2].

Le coup est parti. Pour la société commerciale, mais aussi, ce qui n'est pas exactement le même sujet, un apport en cash dans le dispositif pour lui donner immédiatement une puissance de feu et pour soulager les clubs. Était-ce bien nécessaire et raisonnable ? Pas évident. Mais la voie choisie est bien celle-ci : faire rentrer de l'argent pour que tout le monde se sauve ou se serve, c'est selon, c'est toute l'ambiguïté, la frontière ténue entre le sauvetage et le braquage.

---

1. « Vincent Labrune : "Profitons de la crise pour réinventer le modèle du foot français" », *Le Journal du dimanche*, 7 novembre 2020.
2. Procès-verbal, conseil d'administration de la LFP, 10 décembre 2020.

Main basse sur l'argent du foot français

La *team* Ligue va opérer discrètement, loin du tumulte des présidents, lors du premier semestre 2021, afin de définir un modèle. Pour capter instantanément de l'argent, la société commerciale a le choix entre deux chemins qui s'ouvrent à elle : soit générer de la dette, soit trouver un associé qui injecte du cash. Certains défendent la première solution, y compris, au départ, Vincent Labrune. Seulement voilà, l'endettement – voie choisie par certains à l'étranger – est très ardue. D'abord, la société est naissante ; ensuite la Ligue a des fonds propres ridicules et des garanties (droits télévisés) fluctuantes ou jugées peu sûres, la pandémie étant passée par là ; enfin, les clubs veulent intégrer du cash dans leurs ressources. Le PSG, par exemple, ne peut plus assumer de dettes dans son modèle à cause des règles de l'UEFA. En outre, les taux ne cessent de grimper.

La seconde voie semble plus robuste, d'autant que plusieurs fonds d'investissement ont manifesté leur intérêt. Le principe du modèle est simple : le fonds verse rapidement une importante somme d'argent cash, en échange d'une participation au capital, d'une gouvernance partagée et d'une rémunération à long terme.

Si le principe est simple, l'exécution l'est moins. La somme des obstacles est impressionnante. Voici les principaux, sans exhaustivité et sans ordre d'importance : premièrement, le modèle n'existe pas ; deuxièmement, il faut changer la loi française ; troisièmement, il faut l'aval d'une très large majorité des clubs, du PSG, de l'OM et de l'OL en particulier, mais pas seulement. Car la stratégie des locomotives abandonne en queue de train des wagons qui tôt ou tard finiront par se décrocher.

Un tableau noir

Le foot, c'est la sidérurgie

Pour embarquer tout le monde, Vincent Labrune va volontairement noircir le tableau et appeler à l'urgence. C'est le seul moyen de mobiliser toutes les forces et de vaincre les réticences. Dès le 18 juin 2021, il solde l'*annus horribilis* par une interview dans *L'Équipe*. Il se félicite bien entendu de l'arrivée d'Amazon, qui « a vocation à devenir l'un des plus gros acteurs du marché des droits sportifs dans les vingt ans qui viennent. Et c'est accessoirement un partenaire que les ligues du monde entier s'arrachent et rêvent d'avoir pour le futur[1] ». Mais surtout, il souhaite choquer : « On est dans une situation financière dramatique. Le football aujourd'hui, c'est la sidérurgie il y a quarante ans. On est exsangues financièrement, tout le monde le sait. »

La comparaison avec la sidérurgie est audacieuse, mais elle prend le point. Nul besoin d'explications complémentaires pour les présidents et les politiques. La sidérurgie est le symbole du cauchemar absolu et de la disparation d'un pan entier de l'économie française. Il glisse à tous un avertissement, une carte postale à chacun pour la pause estivale. Pour les politiques : « On était en très gros risque de dépôt de bilan généralisé. Aujourd'hui, le risque est toujours là. » Pour le syndicat des joueurs (et les politiques encore) : « Il faut sacraliser la formation à la française. Il n'est pas normal que nos meilleurs talents quittent le pays à 17 ans. » Pour les

---

1. « Vincent Labrune : "Il faudrait être fou pour refuser Amazon" », art. cité.

clubs : « Ça va être aux clubs et à la Ligue de se prendre en main pour réduire la voilure. [...] J'adore l'idée du *Big 5* européen. Mais sportivement, on n'y est pas. Il y a un *Big 4*, et les autres. Cela fait vingt-cinq ans que l'on n'a pas gagné une compétition européenne. [...] Nos concurrents, aujourd'hui, ce ne sont pas les Anglais, les Italiens, les Espagnols et les Allemands, mais plutôt les Portugais, les Russes et les Ukrainiens. »

Pour tous réunis : « Il fallait profiter de la crise pour inventer le football français de demain. On n'a pas chômé. Nous avons fait une réforme statutaire, la fusion syndicale, la société commerciale, on a remplacé Mediapro par Amazon, [...] on est passé à dix-huit clubs en L1. [...] C'est le sens de l'histoire. [...] Mais il n'y a pas de fatalité, et j'espère bien que le champ des réformes que nous avons lancées nous permettra de retrouver la place qui est la nôtre. »

Tout est dit. Du grand art.

16

Opération Luther

Vincent Labrune est un homme pressé. En septembre 2021, un an après son élection, à l'heure où les réunions ont encore quelques effluves de crème solaire, il a convoqué un conseil d'administration pour fixer aux clubs les priorités : « 1. La compétitivité des clubs français sur la scène européenne est une priorité absolue [...], impérative pour conserver la cinquième place au classement UEFA. Il est fondamental d'être dans la liste des pays bénéficiant de quatre places en UCL [Champions League]. Pour ce faire, il faudra être capable d'offrir aux clubs les meilleures conditions et, si besoin, adapter la programmation des rencontres en ce sens.
2. La situation est compliquée pour le football professionnel avec une double équation : il faut arriver à survivre tout en restant compétitif. Les travaux de création de la filiale de la LFP seront une priorité[1] ».

---

1. Procès-verbal, conseil d'administration de la LFP, 8 septembre 2021.

Absolu. Impératif. Fondamental. Le président n'a pas lésiné sur les superlatifs pour déterminer les priorités. Il faut donc lever une à une toutes les barrières pour le passage des locomotives. Ces obstacles sur la voie sont au nombre de quatre, listés sans ordre d'importance :
- décrocher le changement de la loi ;
- obtenir l'adhésion des joueurs ;
- susciter l'intérêt des gestionnaires de fonds ;
- trouver un accord entre les clubs.

Ivres de plaisir

Concernant les clubs, le président de la LFP exige une nouvelle norme pour obtenir leur assentiment. Elle est non statutaire mais obligatoire à ses yeux : l'unanimité. Alors que des chiffres commencent à circuler – on évoque plus d'un milliard d'euros d'argent frais –, Labrune veut faire tapis. L'avertissement aux clubs est sans détour : si l'un d'entre eux lève le doigt, il assumera l'échec du football français, le marasme et pourquoi pas la faillite générale. Mais, nous le verrons, ce sera l'étape finale. Néanmoins, il faut flécher la route.

Labrune va livrer une communication comme toujours parfaite, en utilisant les mêmes modes, l'interview ou la fuite organisée dans *L'Équipe*, pour informer chacun, qui dans les ministères, qui chez les joueurs, qui dans les clubs.

Ces derniers absorbent toute son attention. Sa stratégie de locomotive en laissera certains à quai. Il les invite un mois plus tard et leur poste le menu complet dans le

Opération Luther

quotidien sportif. Une nouvelle fois, il condamne une à une les issues pour éviter à une brebis de s'égarer loin du troupeau. Il resserre le collier sur le cou de chacun : « L'unique moyen de bâtir notre futur passe obligatoirement par la création le plus rapidement possible de notre société commerciale. » Pour tout le monde, FFF comprise, il assène sa vérité : « La création d'une filiale commerciale n'est pas une lubie, encore moins un caprice de quelques actionnaires en mal de liquidités, mais une impérieuse nécessité. [...] Il n'y a pas d'autre solution que de lever des fonds pour compenser le désavantage compétitif que nous avons sur la période vis-à-vis de nos voisins, assure-t-il. Cette entrée d'argent frais permettra d'éviter la faillite d'un certain nombre de clubs. Mais également, grâce à une solidarité que nous voulons globale, d'aider de façon conséquente la FFF et le football amateur[1]. »

Rompu à l'exercice, il a fait fuiter le chiffre d'un milliard d'euros, mais le jour de la réunion, alors que les présidents ont encore de l'encre sur les mains, il annonce... 1,5 milliard d'euros. Devant des présidents ivres de plaisir, il en profite pour donner le mode d'emploi, esquisser la répartition avec une partie substantielle aux clubs (plus d'un milliard), la constitution d'un fonds de réserve et le financement du développement de la société commerciale. Il sort aussi de sa manche son joker et annonce le soutien du PSG. Le *modus operandi* est dévoilé. Il est

---

[1]. « Vincent Labrune : "La filiale commerciale n'est pas une lubie" », *L'Équipe*, 8 octobre 2021.

singulier. La LFP va demander la somme de 1,5 milliard d'euros. Aux fonds de rédiger une proposition de la part de capital et de revenus (les deux sont associés) qu'ils souhaitent obtenir en contrepartie. Le lendemain, *L'Équipe*, qui « a eu accès au document » prend soin de diffuser toutes ces bonnes nouvelles.

L'article insiste bien sur des fonds nécessaires « à la survie » des clubs qui ont perdu 730 millions d'euros en 2020-2021, en dépit d'un abandon de créances de plus de 250 millions des actionnaires. De plus, en caractères gras dans les intertitres, *L'Équipe* prend un soin maniaque à délivrer les trois messages clé : « distribution aux clubs », « fonds de réserve » et « soutien du PSG »[1].

La Mediaco ou la Slovénie

Tout le monde est en condition pour passer à la suite des agapes. La table est dressée pour accueillir de nouveaux invités à un conseil d'administration crucial où seront présentées les modalités de l'opération « Mediaco ». On a sorti les grands chefs de leurs bureaux parisiens. Deux banquiers d'affaires réputés, François Guichot-Pérère, une pointure de chez Lazard, et Pierre Pasqual, un virtuose de Centerview, ont leur couvert, ainsi que François Kopf, du cabinet vedette Darrois. Ensemble, ils ont donné un nom de code au projet : « Luther ». « Ils présentent les travaux menés depuis

---

1. « La Ligue veut 1,5 milliard d'euros pour sa filiale commerciale », *L'Équipe*, 21 octobre 2021.

Opération Luther

un an qui font de la réunion du jour un jalon important dans l'avancement et la poursuite du projet. Ces travaux ont été présentés de façon détaillée lors d'une séance d'une journée avec le collège de Ligue 1, et le seront également avec le collège de Ligue 2. » Selon le procès-verbal, « la présentation des conseils de la LFP s'effectue en trois points :

1. la pertinence, la Mediaco est un projet avec un rationnel fort ;
2. le financement, qui se doit d'être approprié et en ligne avec les besoins du football professionnel français ;
3. le processus transactionnel, qui doit permettre d'optimiser le résultat[1]. »

Dans le monde du football, nos présidents, grégaires, ont l'air convaincus. Mais il ne faut rien lâcher. « Suis parano, tu me connais », dit Labrune, qui décoche une punchline à la veille du conseil d'administration, lors de son audition publique par les sénateurs : « On n'a pas le choix, on joue notre avenir dans les dix-huit mois[2]. » Sinon ? « On deviendra le championnat de Slovénie[3] », titre *L'Équipe*.

L'uppercut fait mouche. Même si l'un des sénateurs, pourtant acquis à sa cause, lui fait remarquer sa morgue à l'égard d'un partenaire européen et qu'il oublie en chemin que le président de l'UEFA est... slovène. Labrune devra réviser sa géographie, mais continue le balisage de

---

1. Procès-verbal, conseil d'administration de la LFP, 9 novembre 2021.
2. Mission parlementaire sur les « Droits de diffusion audiovisuelle des manifestations sportives », audition du 8 décembre 2021.
3. *Ibid.*, repris par *L'Équipe*, 8 décembre 2021.

la voie avec méthode. Parfaitement ? Il le croyait. Nous verrons que le monde politique sait être aussi foutraque que le football qui agit, c'est nouveau, en rangs serrés.

Les joueurs dédommagés

Néanmoins, avant d'obtenir le changement de loi, la Ligue a aussi rallié les joueurs. Avec eux, l'affaire n'est jamais acquise. Les joueurs ou plus exactement le syndicat des joueurs, l'UNFP, à la tête duquel règne Philippe Piat en maître absolu, une figure du football français, un des vrais patrons depuis cinq décennies, rien que cela. Il essaie de rester en retrait, mais impose son opinion. Bon attaquant du Championnat de France de D1, Piat a marqué plus de cent buts avec Strasbourg, Monaco et Sochaux. Il a vite trouvé un autre sens à sa vie lorsque, dix ans avant la fin de sa carrière, en 1969, il succède à Michel Hidalgo comme président du tout jeune syndicat des joueurs. Cinquante-deux ans plus tard[1], il en est toujours le coprésident. Le type est malin, roué, secret, direct, voire virulent, c'est selon. Il mène son syndicat d'une main de fer et tient les présidents de clubs en respect. Les échanges sont parfois vifs et tendus avec les plus courageux d'entre eux, car Piat dégage une force qui vous dissuade souvent d'aller à l'affrontement. À près de 80 ans, il est dans une forme éblouissante, une silhouette et une souplesse de jeune homme, élégant,

---

1. Nous sommes en 2021. En 2023, il est toujours coprésident du syndicat.

vif et tonitruant. Il les a tous vus passer, les Sadoul, Le Graët, Bourgoin, Thiriez, mais aussi les Rocher, Bez, Tapie, Lagardère, Aulas, Campora... Ombre au tableau, nombre des affaires qu'il traite pour le syndicat ou pour lui-même donnent un sentiment d'opacité, sinon de mystère. Au printemps 2023, *L'Équipe* lui a consacré une trilogie décapante qui laisse comprendre que les intérêts des joueurs, ceux du syndicat et les siens sont savamment mêlés.

Or, pour lui, la stratégie de Labrune – dont il a favorisé l'élection – est périlleuse. Plus d'argent, d'accord ; moins de clubs, d'accord ; mais moins de joueurs, c'est moins de pouvoir et moins d'argent de son côté. Il en profite donc pour renégocier les accords avec la LFP et obtient de substantielles compensations pour son syndicat. Ainsi, le CA du 9 décembre 2021 entérine « un taux de rémunération de l'UNFP sur les revenus marketing de la LFP à 3 % maximum (au lieu du taux actuel de 1,09 %) ». En contrepartie, la Société commerciale pourra « développer une offre digitale globale (y compris des NFT cartes et vidéos), sous réserve de l'accord des clubs ». L'accord de dix ans entrera en vigueur « au 1er juillet 2022, sous réserve de la création de la Société commerciale de la LFP[1] ».

---

1. Procès-verbal, conseil d'administration de la LFP, 9 décembre 2021.

Main basse sur l'argent du foot français

Les affres du Sénat

La veille de ce dénouement heureux, Vincent Labrune, lors de son audition par la Haute Assemblée, a révélé aux sénateurs son plan de charge : « En période de crise, nous n'avons qu'une priorité : sauver nos locomotives coûte que coûte. Sinon, nous n'aurons plus de championnat, donc plus de recettes. C'est cela la réalité. [...] Nous travaillons sur la création d'une filiale commerciale. Si tout allait bien, ce ne serait pas nécessaire, mais nous devons vivre avec la réalité : nous sommes dans un marché global, celui du football européen. Nos voisins ont tous regardé cette hypothèse. Nous ne pouvions pas faire l'économie de la mettre sur la table. Si nous ne l'avions pas fait, cela nous aurait été reproché. Nous avançons. C'est une course d'obstacles. Nous prendrons une décision prochainement, dans l'intérêt général, afin de transformer nos contraintes en opportunités et permettre au football français de se réformer et de préparer le futur dans les meilleures circonstances[1]. »

Si Labrune est allé au Sénat rabâcher sa stratégie, c'est bien contre son gré. Mais tous ne lisent pas *L'Équipe* et il est contraint d'effectuer un *road show* pour aligner tous les rouages complexes de l'État. D'ailleurs, tous les juristes ne s'accordent pas sur la nécessité de modifier la loi. Ainsi, la Fédération française de volley est flanquée de longue date d'une société commerciale sans émouvoir personne. Le sujet devient plus délicat si

---

1. Audition de Vincent Labrune par la commission de la Culture et de l'Éducation du Sénat, 8 décembre 2021.

Opération Luther

l'on souhaite sécuriser juridiquement l'entrée d'investisseurs dans ce dispositif. Déjà sur la table à l'époque de Didier Quillot, la conclusion était que l'on n'avait pas besoin de cette loi et que ce changement législatif était difficile à obtenir. De son côté, Roxana Maracineanu, ministre des Sports de l'époque, abonde : « Le plus étonnant dans cette affaire est que nous avions réalisé une étude juridique et les clubs n'avaient pas besoin d'un changement de texte pour créer leur filiale[1]. » Alors, pourquoi s'embarrasser d'une telle démarche ? Réponse de la ministre : « Parce que si la loi dit qu'on PEUT le faire, cela se transforme vite en ce que l'on DOIT faire. Cela devait en arranger certains. » Quillot confirme : « Rétrospectivement, c'était une excellente idée, cela conférait un caractère obligatoire à l'affaire. »

Une voie escarpée

La Ligue choisit donc cette voie escarpée du changement de loi. Elle pense avoir l'équipement adapté et une bonne cordée pour guider son troupeau. En premier, le conseiller sports à l'Élysée, Cyril Mourin, souvent appelé le ministère des Sports *bis*. Il connaît toutes les coulisses pour avoir été directeur de cabinet d'un précédent ministre des Sports (Thierry Braillard). En deuxième, Cédric Roussel, le député LaRem des Alpes-Maritimes, rapporteur de la mission abondamment citée dans les pages précédentes, est prêt à intervenir. Il sera

---
1. Entretien avec l'auteur, avril 2023.

le bras armé de cette offensive, en déposant l'amendement qui va bien dans la loi présentée par la ministre.

Seulement voilà, la ministre a bien l'impression de s'être fait manipuler et conserve en bouche un souvenir amer. Moins d'un an seulement après son départ du gouvernement, la désillusion est nette : « Ouh là, c'est loin... Vous voulez vraiment me parler de cela... » Elle soupire longuement : « C'était la partie la plus compliquée de cette loi. Avant de laisser faire cette société commerciale, il fallait s'assurer que les fédérations pouvaient avoir encore la main, du moins en partie. Car s'il y avait bien délégation entre le ministère et la fédération, la notion de subdélégation entre la FFF et la LFP n'existait pas. J'étais très attachée à cette idée. » Pour le reste, l'entrisme du foot professionnel lui reste sur l'estomac.

Alors, pourquoi porter cette loi ? « Je me suis rendu compte que quelque chose clochait quand nous avons parlé de sécurité. Ils m'ont semblé dépassés par les événements. Ils m'ont assuré que la LFP n'avait aucuns fonds propres, aucuns moyens, que tout l'argent touché par les droits télévisés était reversé aux clubs et qu'en dehors des frais de fonctionnement de la Ligue, il n'y avait pas un sou. Par ailleurs, j'avais compris que la société commerciale était un moyen de contourner les présidents de clubs car, *grosso modo*, ils faisaient n'importe quoi, n'avaient aucune maturité. La LFP était demandeuse depuis longtemps d'une société qui serait un peu étanche, permettant d'utiliser les fonds récoltés de manière plus structurante que le reversement total aux clubs. »

Opération Luther

Une commande reçue d'en haut

Malgré tout, la ministre, qui doit présenter elle-même le texte, boude les dispositions liées au sport professionnel. Elle s'interroge aussi lorsque la Fédération, obnubilée par une autre disposition de la loi, s'intéresse si peu à son droit de contrôle sur la société commerciale. Elle sent pourtant que ça pousse de tous les côtés. « J'ai appris en politique que, pour construire une loi, c'est lobby contre lobby. À l'évidence, certains mettaient une grosse pression pour faire passer cette loi, chez les députés notamment. Chez les sénateurs, c'était moins clair. Je ne m'y attendais pas, mais c'est grâce au sénateur Michel Savin, en pointe sur le sujet, que nous avons pu faire voter un texte plus équilibré ou, disons, moins libéral. Labrune avait été odieux avec eux, et il en a payé le prix fort. »

Au sein de son cabinet, c'est une guerre de tranchées. Sur l'aile gauche, plusieurs conseillers poussent la ministre à changer la loi, notamment ce fameux « titre 3 » qui permet la création de la société commerciale. D'autres lui conseillent d'écouter « une commande reçue d'en haut ». D'autant qu'il faut aller vite, car c'est la dernière session du mandat, et que certains ont lancé le train à pleine allure. Dans la locomotive, le député Cédric Roussel a pris les commandes. Il est en mission, il possède le laissez-passer de l'Élysée, il se pose en sauveur du foot français, voulant l'extirper du marais financier dans lequel il s'est embourbé. Il n'a pas à beaucoup s'employer. Le projet n'a même pas besoin de la surpuissance du palais, l'affaire semble entendue. Un des membres du cabinet se souvient : « Cette loi est très macroniste dans son esprit. Le président demande à chacun de "traverser la rue" pour trouver des ressources. Voilà ce que fait le football. Il ne faut pas oublier que cette loi offre seulement une nouvelle forme d'exploitation, pas une obligation. D'ailleurs, ce qui est vrai pour le football ne l'est pas pour les autres ligues. » Ainsi, la Ligue de basket a fait étudier cette possibilité avant d'y renoncer.

Labrune a vendu la mesure aux pouvoirs publics. Après avoir tâtonné avec un milieu qu'il connaît mal et des personnalités qui ne l'intéressent pas, il s'adapte rapidement aux circuits qu'il faut emprunter, se faufile dans les arcanes du pouvoir. Lui qui aime les intrigues, les coups à plusieurs bandes, lui qui manie avec efficacité la flatterie sans nuance, est servi. Il comprend les jeux différents que jouent l'Élysée, Matignon, le ministère des Sports et l'Assemblée nationale, et saura en tirer un bon profit.

Labrune délivre

Il a surtout aligné les présidents. Dans les hautes sphères, on n'est pas très friand du bonhomme, on s'en méfie. « Si on l'écoute, il a fait élire Chirac, Mitterrand et Sarkozy, mais on lui reconnaît une qualité : il délivre. Il délivre ce qu'il a promis de faire, il a rangé tous les présidents de clubs derrière lui. Une qualité inestimable pour des pouvoirs publics lassés de leurs contradictions et de leurs chamailleries. » Il n'hésiterait pas, lui, à proclamer en haut lieu : « Ils me mangent tous dans la main. »

Opération Luther

Le projet franchit le Rubicon. En cette matière comme pour toutes les autres, ce type d'affaire se juge à Matignon, en réunion interministérielle, sous la houlette du directeur de cabinet du Premier ministre. Rue de Varenne, où sont assis sous les ors les directeurs de cabinet des ministres concernés. Pas de veto de Bercy. Feu vert. Il reste à définir quelques broutilles de procédure, mais la RIM – Réunion interministérielle de Matignon – est le juge de paix. Cédric Roussel exulte. Il va pourtant se prendre un mur à pleine vitesse, le laissant K.-O. sur le parquet. La conduite dans le réduit des alcôves est parfois piégeuse.

Lors d'une ultime réunion tenue en visioconférence, Roxana Maracineanu tord le nez, se pose des questions et remue un à un les arguments. Non, vraiment, elle n'est pas convaincue. Les écrans ne permettent pas de mesurer avec précision la réaction de chacun mais tout le monde s'interroge. Pas pour très longtemps. La ministre conclut : « Je n'y serai pas favorable. » Roussel est sonné et en colère : « Elle m'a manqué de respect », lâche-t-il.

La ministre veut bien écouter Macron, « si on arrive à le joindre et si on arrive à trouver un peu de temps pour lui donner les enjeux », mais elle vomit son entourage. « Dans son cabinet, beaucoup étaient pour une forme plus libérale. Vous savez, ces gens-là pensent beaucoup à leur avenir, réfléchissent beaucoup plus au coup d'après sur le plan personnel qu'aux véritables effets de la loi. Et travailler à la Ligue plus tard, ou à la Fédération, est sûrement plus amusant pour leur carrière… »

Main basse sur l'argent du foot français

Roxana sème le chaos

Alors « Roxana », comme chacun l'appelle pour éviter de buter sur la prononciation de son nom de famille, place elle-même des bâtons dans les roues de sa propre loi. Cédric Roussel n'est pas au bout de ses surprises lorsque le texte passe devant l'Assemblée nationale en première lecture. L'hémicycle assiste, un peu hébété, à un drôle de drame. Ministre du gouvernement de Jean Castex, elle torpille son texte et applaudit aux arguments de La France insoumise. « C'était lunaire, une ministre du gouvernement alliée à l'extrême gauche pour faire capoter "sa" loi. Dans les couloirs du palais Bourbon, on essaie de laver son linge sale en famille, mais sans résultat, le ton monte haut, très haut. Les échanges sont vifs et bruyants », confie un membre de son cabinet. Ce qui semblait être une formalité devient un cauchemar. À la LFP, où l'on attend le signal pour valider le processus des fonds, c'est la sidération. Certes, Labrune et Rouger ne sont pas familiers des rouages, mais ils ne sont pas seuls à être stupéfaits.

Tous les signaux sont passés au rouge vif, rue de Varenne. Matignon, pour éviter un échec cuisant, tente de faire passer la loi dans les interstices d'autres lois. C'est le fameux « cavalier » parlementaire. Ce dispositif, autorisé par l'article 45 de la Constitution, permet de faire passer une loi dans une autre si en première lecture elle a un lien direct ou indirect. Mais personne ne trouve l'opportunité.

En outre, Fabien Meuris, le conseiller de Matignon, cherche toutes les astuces et tente de reculer le passage

Opération Luther

au Sénat qui ne semble pas favorable au texte en l'état. Car Vincent Labrune a mis le feu à la Haute Assemblée. Il s'est ouvertement moqué des sénateurs, selon eux. Il ne voulait pas aller plancher devant la commission de la Haute Assemblée et, lorsqu'il faudra tout de même y aller, il se montrera ouvertement méprisant et arrogant. Certains d'entre eux s'y attendaient : « Nous étions déjà allés à une réunion au siège de la LFP, se souvient un des sénateurs de la commission de la Culture et de l'Éducation. Notre rencontre avait pour but d'affiner les contours de la possible loi sur la société commerciale. Labrune avait été très direct : "De toute façon, je n'ai pas besoin de vous. Je traite directement avec l'Élysée." »

À balles réelles

Paradoxalement, le seul vrai débat politique sur le bien-fondé de cette loi aura lieu au Sénat le 8 décembre 2021, lors de cette audition. Les sénateurs ont mieux bossé que les députés et connaissent leur matière. Laurent Lafon (Val-de-Marne/Union des démocrates et indépendants), le président, et Michel Savin (Isère/Les Républicains) ont sorti les flingues de concours. L'ouverture du capital à hauteur de 20 % est-elle vraiment nécessaire, alors que l'Espagne s'est limitée à 10 % ? s'interrogent-ils. Ils regrettent l'absence d'une étude d'impact, et s'inquiètent de la nature des actionnaires et des risques pour la discipline. À la première question sur un renforcement du pouvoir de la FFF en lui donnant un droit de veto, Labrune, agacé par les conditions de l'entretien, les renvoie d'un direct dans les cordes, sans round d'observation. « Je vais être clair : renforcer le poids de la Fédération n'a pas de sens. Notre organisation est complexe et lourde. Nous sommes en délégation de service public. Le football professionnel français est un sport d'élite. On ne peut pas comparer une minorité des clubs qui font de l'*entertainment* avec le sport à l'école. Nous avons beaucoup de contraintes. Nous nous y tenons. Nous avons beaucoup de respect pour la Fédération. Nous sommes déjà archi-contrôlés. Nous avons davantage besoin de souplesse que d'un contrôle renforcé[1]. »

Face à une vingtaine de sénatrices et sénateurs offensifs, Vincent Labrune et Arnaud Rouger affrontent un feu nourri de questions et d'observations parfois contradictoires sur tous les sujets. *Salary cap* (plafonnement des rémunérations). Locomotives. Mediapro. Interdictions de stade. Ruissellement. Sécurité. Contrat de cinq ans. 5 mai. Foot féminin. Canal+. FFF. Trop de matchs ou pas assez… Tout y passe. Un feu d'artifice.

Jacques Grosperrin, sénateur LR du Doubs, après avoir précisé « qu'il n'est pas ici devant un tribunal », finit par demander à Labrune : « La Ligue n'a-t-elle pas besoin d'une remise en ordre en interne ? » Pas un tribunal, certes, mais on joue à balles réelles. Alors Labrune rend les coups. Il aime la bagarre et, surtout, il n'oublie pas l'objectif de sa venue : faire passer ses messages. « Nous occupons actuellement la cinquième place au classement européen des pays. […]

---

1. Audition de Vincent Labrune, présidée par Laurent Lafon, président de la Commission de la culture et de l'éducation du Sénat, 8 décembre 2021.

Opération Luther

Nous ne pouvons pas sortir des cinq premiers championnats, sinon nous serons définitivement en seconde division européenne. [...] Cela suppose de faire entrer de l'argent frais dans les clubs à court terme. Nous ne demanderons pas cet argent à l'État. [...] Ce n'est évidemment pas le meilleur moment pour mener le projet de société commerciale, mais nous n'avons pas le choix. Personne ne pourra nous reprocher de ne pas avoir fait l'exercice. [...] Le football professionnel français est trop dépendant de ses droits domestiques. Or le marché est contraint puisqu'il est dominé par un acteur qui a pour objectif de faire baisser les prix. Nous devons absolument chercher de nouvelles sources de revenus à l'international. [...] Nous avons un problème de fiscalité, qui nous fait partir avec un boulet au pied par rapport à d'autres pays. Nous avons aussi un problème de répartition. La solidarité ne peut pas se faire au détriment des locomotives [...] qui doivent performer au niveau européen afin d'y capter les recettes qu'elles pourront ensuite investir dans le championnat national. »

Le soir même, place de Valois, nous donnons une petite fête au siège du Parti radical, mon parti politique, en compagnie du ministre de l'Éducation nationale, de la Jeunesse et des Sports, Jean-Michel Blanquer. Bernard Fialaire, sénateur radical du Rhône, me glisse : « Il est bizarre, ton copain Labrune, il nous a un peu pris pour des cons[1]. »

---

1. Entretien avec l'auteur, 9 décembre 2021.

Main basse sur l'argent du foot français

Un autre sénateur, moins diplomate, avait soufflé à Arnaud Rouger sur les marches du palais du Luxembourg : « Si un jour vous devez revenir, revenez sans votre ami chevelu. » Labrune a exaspéré les sénateurs.

Le président de la LFP est lui aussi remonté comme un coucou. « On avait négocié le huis clos et un petit club fermé de sénateurs. On se retrouve à cinquante en direct à la télé. » D'entrée, il avait fusillé Laurent Lafon : « Donc c'est un piège… »

L'algarade aura eu le mérite de la clarté, mais laisse des traces, lorsque le projet de loi passe au Sénat début janvier. Laurent Lafon a la dent dure : « Il y a un certain flou auquel le président Labrune n'a pas répondu. On a un peu l'impression, sur ces questions financières, que les responsables de la Ligue agissent comme des lapins dans les phares d'une voiture et s'aveuglent dès lors qu'on leur parle de certaines sommes qu'on leur a fait miroiter[1]. »

La loi est examinée en commission le 5 janvier 2022, votée quinze jours plus tard au Sénat dans des dispositions qui ne conviennent ni aux députés, ni à Matignon, ni à l'Élysée. Évidemment pas à la Ligue. En conséquence directe, sénateurs et députés n'arrivent pas à trouver un consensus en commission mixte paritaire. Or, la session parlementaire se termine dans un mois…

Dans ce cas la Constitution est claire, l'Assemblée nationale a le dernier mot. Oui, mais de l'autre côté de

---

1. AFP, 5 janvier 2022.

Opération Luther

la Seine, il y a Roxana. Elle est toujours en travers de la voie, et c'est une compétitrice. Locomotive ou pas, cash ou pas, fonds ou pas, elle s'en moque. Elle est plutôt rugby où, a-t-elle dit un jour, elle peut emmener ses enfants en toute sécurité, pas comme au foot. Pan ! « Elle est folle ! » m'a dit un jour Labrune. Car, après avoir promis la loi, il faut la voter. Le compte à rebours a débuté. À l'approche de la fin du temps réglementaire, le tableau d'affichage égrène les dernières secondes et le score est mauvais.

Roxana 1-Vincent 0

Envolés, le milliard, la société commerciale, les locomotives, la cinquième place européenne. Pour essayer de moduler et d'apaiser la ministre, le député Cédric Roussel réécrit le texte de l'amendement pour le passage en deuxième lecture, qui est transmis à la LFP. Un document qui fâche. C'est la panique rue Léo-Delibes. Ils appellent, complètement affolés, le ministère des Sports : « Il ne faut surtout pas faire voter cela. Ce serait une catastrophe pour nous ! » Au ministère, c'est le branle-bas de combat. Le temps est désormais compté. On réécrit d'urgence, en quelques heures, un texte, en espérant que la ministre ne vienne pas le saboter devant les députés.

Tout le monde est crispé et craint encore la réaction de Roxana. Si le sport réserve des retournements de situation insensés en haut d'un col des Alpes ou sur une pelouse bien taillée, celui que va offrir la politique les vaut tous. L'arbitre est prêt à porter le sifflet à sa bouche pour la fin de partie quand, tout à coup, le sort s'en mêle.

La vague du Covid qui a failli engloutir le football tout entier va lui offrir un immense cadeau. Le matin de la séance devant les députés, Roxana Maracineanu est testée positive au Covid. La ministre, assignée à résidence, déclare forfait pour le match.

Roxana 1-Vincent 1

Le directeur de cabinet du ministère des Sports doit expliquer en urgence les tenants et aboutissants de la loi à Nathalie Élimas, secrétaire d'État chargée de l'Éducation prioritaire auprès de Jean-Michel Blanquer, totalement novice sur le sujet.

Mais ce n'est pas tout. Finalement, la société commerciale est éclipsée par des échanges virulents sur l'interdiction du port du voile en compétition. Les conditions sur les possibilités d'une société commerciale passent totalement inaperçues lors de la séance du 9 février au palais Bourbon. Le débat sur la loi de « modernisation du sport » se focalise sur d'autres aspects, notamment une intervention du député Éric Ciotti qui, sans le savoir, fait diversion. Ainsi, après un dernier examen au Sénat le 16 février, la loi sera finalement adoptée *in extremis* le 24 février 2022, par soixante-sept voix sur soixante-treize exprimées, le dernier jour de la session parlementaire, « dans les arrêts de jeu de la législature », dira Régis Juanico qui avait présidé la mission parlementaire sur les droits télévisuels.

Opération Luther

Roxana 1-Vincent 2

24 février, jour de l'invasion de l'Ukraine par la Russie.
Un événement qui va aussi bousculer le sort du projet Luther.

À la fin, quatre fonds

La Ligue échappe à la catastrophe à l'Assemblée. C'eût été dommage pour le cash, les locomotives, les fonds mais aussi pour les banques d'affaires, les avocats et le personnel de la Ligue, qui tous ont travaillé à marche forcée depuis l'automne. Les services ont reçu plus d'une soixantaine d'établissements financiers. Ils en ont choisi une trentaine. Pendant tout le mois de novembre, ils ont sélectionné ceux qui valorisent la Ligue entre 9 et 12,5 milliards d'euros. Dans la logique des droits télévisés, le montant n'atteint pas les sommes entrevues en Italie ou en Espagne, mais se révèle une bonne surprise. L'écrémage est rapidement effectué puisque, à la toute fin de l'année, la Ligue révèle que quatre fonds sont qualifiés pour le tournoi final qui commencera après les fêtes.

La règle du jeu de Luther est simple, on la rappelle : la Ligue souhaite obtenir 1,5 milliard d'euros. En échange, elle est prête à céder des parts qui génèreront des dividendes prioritaires. Sur quatre fonds sélectionnés pour la finale, trois Américains sont en lice, Hellman and Friedman, 70 milliards d'actifs sous gestion ; Oaktree,

172 milliards ; Silver Lake Partners, 92 milliards. Le dernier est européen, basé au Luxembourg. Il s'agit de CVC Capital Partners, 133 milliards de dollars.

Plusieurs ont fait quelques incursions dans le football. Silver Lake a investi dans le football en Australie et a pris 10 % du capital de City Football Group (500 millions de dollars en 2019) auprès du cheikh Mansour bin Zayed Al Nahyan, qui détient une dizaine de clubs dont Manchester City, New York City FC, Melbourne FC et, en France, le club de Troyes (ESTAC).

Oaktree est à cette époque actionnaire majoritaire du Stade Malherbe de Caen, après y avoir investi entre 15 et 20 millions d'euros pour 80 % du capital.

Hellman and Friedman a réalisé un aller-retour fructueux, 630 millions d'euros nets pour 1 milliard d'euros d'investissement initial (37,5 % du capital) dans la Formule 1 en 2000.

Enfin CVC, qui présente la particularité d'être européen et plus versé dans le sport. Il revendique 133 milliards de dollars d'« actifs sous gestion ». Il est présent dans la société du tournoi des Six Nations, sur les droits ATP et WTA, dans les arts martiaux mixtes (MMA) et le volley-ball.

Il faut désormais séduire les quatre fonds. Lors du mois de janvier 2022, les équipes de la LFP, sous la conduite de Vincent Labrune, vont présenter leurs plus beaux atouts, dérouler leurs prévisions, montrer leurs plumes. Un grand oral qui se déroule chez Lazard, dont une salle a été complètement redécorée, habillée aux couleurs de la Ligue 1. Lors de ce « management présentation », les salariés de la LFP vont répéter quatre fois le même exposé aux fonds qui ont été sélectionnés. La réunion se déroule en six parties, deux opérées par Vincent Labrune, une par le directeur général, Arnaud Rouger, une par le directeur financier, Sébastien Cazali et deux, enfin, sous la houlette de Mathieu Ficot.

Hellman and Friedman jette l'éponge

Le processus de sélection suit son cours à une allure soutenue. Les banquiers d'affaires ont désormais leurs habitudes dans le conseil d'administration. Ils saluent le résultat, « véritablement exceptionnel au regard de la valorisation obtenue par rapport au chiffre d'affaires de la LFP[1] ». Rappelons néanmoins que ce chiffre d'affaires est en basses eaux, après l'enchaînement mal conduit Mediapro-Canal+ – Amazon.

Banquiers d'affaires et avocats détaillent les conditions de l'appel d'offres selon un système d'enchères à deux tours et les points retenus pour qualifier l'offre de chacun des candidats. Les avocats présentent également les items choisis concernant la documentation juridique et la gouvernance.

Vincent Labrune et les salariés de la LFP ont un faible pour le fonds américain Hellman and Friedman. Le patron américain s'est déplacé en personne. Il est d'un enthousiasme communicatif, investit son propre argent et celui de ses associés et promet beaucoup d'autonomie

---

1. Procès-verbal, comité d'administration de la LFP, 18 mars 2022.

aux équipes en place. Tout se déroule dans la sérénité, dans l'attente de l'offre finale de chacun. Les présidents de clubs se pourlèchent les babines, d'autant que les mauvaises nouvelles économiques commencent à tomber depuis l'invasion de l'Ukraine trois semaines plus tôt.

Luther semble sous contrôle, lorsqu'un événement va tous les affoler. Hellman and Friedman, le chouchou, le plus enflammé, avertit qu'il ne présentera pas d'offre finale. La tension internationale et les risques géopolitiques le font reculer. On sonne le tocsin ! De plus, les taux d'intérêt explosent. Or, les autres fonds, dans leur modèle, empruntent aussi sur le marché bancaire pour financer l'opération.

Ligue 1 : « Ça passe ou ça casse, choisissez ! »

En début de semaine du 14 mars, les clubs reçoivent un mail exposant que, à cause de la guerre en Ukraine, il ne reste que trois fonds. Ils seront présentés vendredi 18 mars 2022 lors d'un conseil d'administration exceptionnel.

Le lendemain, la boîte mail des présidents de clubs clignote à nouveau. Un e-mail prioritaire de la LFP. Le ton est à l'urgence absolue « à cause de guerre en Ukraine », encore. Cette fois pour annoncer que la LFP est entrée en négociations exclusives avec un seul candidat, qui sera présenté le vendredi. Il s'agit de CVC.

Vincent Labrune indique par ailleurs qu'il ne veut plus voir les directeurs généraux ou les présidents délé-

Opération Luther

gués des clubs, mais seulement les actionnaires dans le collège de Ligue 1 avant le conseil d'administration de la semaine suivante.

Labrune a inversé le processus de pression. Il réclame l'unanimité, non pas pour s'assurer une issue triomphale mais pour renverser les indécis. Il fait tapis, et après s'être passé la main dans les cheveux, pousse tous ses pions au centre de la table. Tout ou rien. « Messieurs, à vous de choisir, ça passe ou ça casse. » Les messages sont habilement diffusés par les vassaux du président : celui qui ne vote pas remet en cause l'ensemble du *deal*. « T'as bien compris ? Si une seule voix manque, c'est 1,5 milliard d'euros qui nous passe sous le nez. Alors tu ne déconnes pas, hein ? »

Un des banquiers d'affaires est admiratif : « Labrune a été fort, c'était à lui de jouer, tout seul, car il fallait les décider à sauter du haut de la falaise et à accepter en quelques heures les conditions de répartition[1]. » Panurge et ses moutons qu'on jette à l'eau... Ils ont tous plongé. Ils n'ont pas résisté à l'appel du cash. Labrune leur a promis 1,13 milliard à se partager. Maintenant.

Certains ont longuement hésité, au premier rang desquels l'OL. Les hommes d'Aulas savent compter, le président rhodanien aussi. Le compte n'y est pas. Où est passé l'orgueil de Jean-Michel Aulas – sept titres en poche lors des vingt dernières années, sans l'apport du Qatar ou d'un milliardaire américain –, qui s'apprête à toucher les mêmes sommes que Rennes ou Nice ?

---

1. Entretien avec l'auteur.

Main basse sur l'argent du foot français

L'un des hommes du président lyonnais, interrogé par l'un de ses collègues, étonné qu'ils aient accepté, s'explique : « Ouais, on n'était pas trop pour, mais on aurait été les seuls à voter contre. » Et puis, l'OL est dans une mauvaise passe. Les 90 millions d'euros réservés feront un bien fou pour toiletter les comptes et trouver un acheteur pour le club.

Un des représentants d'un club qui vient de se faire rabrouer par Vincent Labrune chuchote : « Je vais voter contre. » Le visage de son voisin se décompose. « Tu ne peux pas faire cela.

— Si ! Pour voir. Qu'est ce qui va se passer ?

— Il faut l'unanimité.

— Et si vous ne l'avez pas, vous croyez que ça va arrêter le processus ? »

Un autre s'interroge aussi. À la fin du CA, il est interpellé par l'un de ses amis qui le questionne. « Toi ? Toi, tu as voté ça ?

— Ben oui...

— Tu es *pour* cette répartition ?

— Je ne suis pas certain, mais on ne pouvait pas être celui qui bloque la machine... »

Qui aurait pu arrêter la mécanique infernale ? Arnaud Rouger, le directeur général, très apprécié des clubs ? « Il a lâché l'affaire, confie un proche. Il n'est pas très à l'aise. Il a commencé à calculer ses points-retraite, et à se dire qu'il valait mieux être dans la représentation et quelques beaux voyages que de batailler contre son président... Le gros bonus et l'augmentation de salaire promis ont achevé de le convaincre. »

Opération Luther

Ligue 2 : « Vous ne valez rien, vous n'aurez rien ! »

Labrune doit désormais convaincre les clubs de Ligue 2. Son discours est musclé, brutal et téméraire, résumé ainsi par l'un des participants, médusé : « Vous ne valez rien, vous n'aurez rien ! Vous êtes sponsorisés par la Ligue 1 depuis des décennies. Circulez, il n'y a rien à voir. À vous de voir si vous voulez bloquer le système. »

Fascinant. Les clubs de Ligue 2 sont presque résignés. Cependant, Max Marty (Grenoble), élu comme représentant des clubs de L2, annonce à Labrune qu'il ne votera pas pour l'opération CVC lors du conseil d'administration du lendemain. « Putain ! Tu ne peux pas me faire ça, Max !

— La question ne se pose pas comme cela, elle n'est pas personnelle. Je n'ai pas le mandat des autres clubs pour le voter. »

Ce qui semblait s'être passé sans douleur excessive en Ligue 1, selon la communication officielle, coince pour la Ligue 2. Qu'importe ! Au conseil d'administration, Vincent Labrune ouvre les débats en rappelant que « l'unanimité est obtenue sur les modalités de distribution de l'apport initial [...] et il invite les membres du conseil d'administration à poursuivre dans cette voie[1] ».

Les membres du conseil d'administration votent à l'unanimité la proposition.

Néanmoins, l'instance « prend note des remarques formulées par Max Marty et Pierre-Olivier Murat, dont les votes s'entendent comme un soutien au projet, mais

---

1. Procès-verbal, conseil d'administration de la LFP, 25 mars 2021.

pas comme une validation de ce qui pourrait être prévu comme distribution de l'apport de l'investisseur pour la Ligue 2, dans la mesure où le collège doit se tenir dans l'après-midi[1] ». Dernier round de la négociation, donc, pour avoir l'unanimité de l'assemblée générale qui validera définitivement le projet le 1er avril. Labrune finira par lâcher 3 millions d'euros par club, payables sur deux saisons. Il trouvera bien 60 millions d'euros sur les autres lignes de budget. Néanmoins, deux clubs, Toulouse et Nancy s'abstiendront.

Le procès-verbal retiendra pour l'histoire : « Décide à l'unanimité des suffrages exprimés. »

Private Equity

L'heureux élu est donc CVC ou, pour être exact, CVC Capital Partners Limited VIII, un fonds dit de « capital-investissement ». Si vous ne voulez pas paraître stupide dans un dîner à Paris, parlez plutôt de « *private equity* ». Son métier est de récolter des fonds pour les valoriser en prenant des parts dans les sociétés, puis en les revendant avec une solide plus-value. Voilà l'objectif. En 2022, un baromètre professionnel (Coller Capital's Global Private Equity Barometer) affirmait que ce type de fonds avaient des rendements nets annuels de 16 %.

Les sommes récoltées servent à prendre des participations significatives dans les sociétés pour les dynamiser, amener de l'argent frais leur permettant de doper leur

---

1. *Ibid.*

Opération Luther

croissance. En contrepartie, les fonds et leurs associés sont intéressés aux résultats, largement. *Idem* pour les managers des sociétés cibles. Le dogme est simple. La fin justifie les moyens. Si le manager peut devenir lui-même très riche, il prendra toutes les mesures pour le devenir, sa société et le fonds aussi. Si on analyse l'affaire de manière positive, c'est la rémunération de son talent (vision, management) ; si on l'observe de manière négative, il est payé pour faire le sale boulot, les *business plans* trop offensifs, les restructurations et les licenciements.

Les fonds choisissent des entreprises ou des secteurs délaissés, sous-valorisés ou des domaines prometteurs. Ils n'hésitent pas à rôder aussi au-dessus de sociétés mal gérées, trop grasses ou ayant besoin d'un apport pour un secteur dit « en consolidation ». Ils ont mauvaise presse dans notre pays où un candidat à la présidence de la République, François Hollande, avait proclamé pour être élu : « Notre ennemi, c'est la finance. » Certains les appellent donc les « fonds vautours ».

Avec 133 milliards de dollars d'« actifs sous gestion » revendiqués, CVC est un des leaders mondiaux du secteur. Ce sont des actifs dans plus de cent vingt entreprises, gérés par vingt-cinq bureaux dans le monde. CVC a des participations majoritaires dans les montres Breitling par exemple, ou, en France, dans les pâtes Panzani ou le groupe de cliniques Elsan.

Le fonds est désormais associé au Championnat de France de football.

Bienvenue dans le *private equity*, bienvenue dans le monde la finance !

17

Le bal des cocus

Voilà donc les clubs avec leur milliard, celui qui avait nourri leurs rêves les plus fous. Un bon gros milliard tombé du ciel à se distribuer. Un exercice à l'issue duquel les plus influents se frotteront les mains du bon tour qu'ils ont joué, tandis que les autres s'apercevront que les dividendes du magot sont insuffisants pour rester dans la course. Mais ils se sont fait détrousser avec le sourire, c'est déjà cela.

À partir de maintenant, pour le grand partage, il n'y a plus d'ami, ce qui va dans la caisse de l'un ne va pas dans la caisse de l'autre. Dit ainsi, cela peut paraître simplet, mais pas sûr que tout le monde ait assimilé assez vite le nouveau manuel. « Les présidents sont un peu perdus. Il n'y a plus d'informations descendantes. On le voit aux coups de fil que l'on reçoit », raconte un témoin gravitant autour de la LFP.

Au fur et à mesure de mes pérégrinations, de mes lectures et de mes recherches, des interviews recueillies, des rencontres avec des présidents, des déjeuners, je me suis souvent posé une question, un peu gênante : est-ce que les signataires de cet accord ont bien compris la totalité des contreparties qu'ils abandonnaient définitivement à la société commerciale, donc à CVC ? Bref, ont-ils bien compris ce qu'ils approuvaient ?

Je discute avec le patron d'une société solidement établie et particulièrement avisé sur les affaires financières. J'aime ses analyses. Nous saluons tous la *maestria* de CVC qui a fait une affaire en or dans le sport. Il me lance : « Mais il y a un mystère, un truc que je ne m'explique pas. » Je tends l'oreille, je vais peut-être enfin pénétrer le cœur du système, ouvrir les yeux sur une évidence ou alors découvrir la face cachée, enfin : « Ah oui, quel mystère ?

— Je ne comprends toujours pas… Je ne comprends toujours pas pourquoi les présidents ont signé cet accord. »

Pourquoi ? Tout simplement parce que Vincent Labrune a été excellent. Il a mis le football au bord de l'abîme, il a fait croire à chacun que c'était la fin du monde. Il a dramatisé la situation et crié au loup. Il a placé le football sous une tension maximale pour obtenir l'unanimité, un mélange de charme et d'autoritarisme. « Tu sais, Christophe, un tiers des clubs allaient faire faillite », m'affirme un président. Je suis dubitatif…

Un an plus tard. Nous sommes au printemps 2023, c'est le deuxième épisode du casse du siècle. Le temps est encore frais, mais le match se joue en fin d'après-midi, sous un beau soleil. J'assiste à une rencontre de L1, assis à côté d'un président. Afin de vérifier mon intuition, je lui pose quelques questions de base sur le *deal* et les conséquences pour son club. Ma première question le concerne. « Tu sais pour combien de temps une partie des droits de ton club ont été cédés, avec l'affaire CVC ? » La question le surprend. « Non, pas vraiment, pourquoi ? Pour combien de temps ?

— *Ad vitam*, lui dis-je. À vie !

— Ah bon... Mais on ne pouvait pas faire autrement, non ?

— En Espagne, ils les ont vendus pour une durée, assez longue, certes, mais pour une durée de cinquante ans.

— Ah bon... Mais tu sais, on passe à dix-huit, donc cela nous fait mécaniquement 10 % d'argent en plus. Ça nous coûte 13 %, c'est ça ? Tu vois, ce n'est pas loin...

— Tu aurais aussi pu avoir 10 % de plus en passant à dix-huit, sans avoir les 13 % de moins...

— C'est vrai... »

Le raisonnement ne semble pas le troubler. Je poursuis mon investigation : « Tu connais l'impact budgétaire de l'accord pour les prochaines années ?

— On n'en est pas là, pff... Puis tu vois, on vient de prendre un but ! Alors tu sais, en 2024... »

Vu sous cet angle...

Nasser, bon prince ?

L'un des cadres d'un club réputé a, quant à lui, suivi l'accord CVC comme on surveille le lait sur le feu. Il a l'œil sur le partage du butin, mais les oreilles qui traînent pendant les réunions. Sans trop alerter ses voisins : « Je suis gagnant, je ne vais pas me tirer une balle dans le pied, non ? » sourit-il. Voici ce qu'il en dit : « Je

Main basse sur l'argent du foot français

crois que les clubs n'ont encore pas très bien compris l'ensemble du système. Il va y avoir des réveils douloureux, très douloureux. Pour le moment, c'est indolore, car la LFP a négocié une franchise de deux ans avec CVC. Mais quand les clubs, en mai 2024, vont faire leurs prévisions, ils vont découvrir que les sommes ne sont plus les mêmes. Je crois que le budget 2024-2025 sera fâcheux. » Nous y reviendrons.

Ce *deal* a la beauté du diable. Un hold-up où les braqués remettent avec le sourire aux braqueurs leurs bijoux de famille pour placer au mieux tout cet argent. Vincent Labrune, n'en finit pas, de son côté, de se prosterner devant le PSG, d'expliquer que les Parisiens auraient pu demander bien plus, que les évaluations prouvaient qu'il pesait le tiers de la valeur du Championnat, donc environ 350 millions d'euros. Pour lui, sans l'accord du club qatari, le *deal* n'aurait pas été possible, pas à ce niveau d'engagement de CVC.

Il ne manque jamais l'occasion de bénir Nasser al-Khelaïfi, grand seigneur, même si BEin Sports a continué de poursuivre la LFP en justice, sûrement pour ne pas se ramollir. Labrune cite à juste titre l'exemple de l'Espagne, où les deux clubs vedettes, le Real Madrid et le FC Barcelone, n'ont pas marché dans la combine. Le forfait du PSG, c'était la hantise des banquiers d'affaires, des avocats et de Vincent Labrune pendant les tractations. Une seule petite réserve parisienne aurait broyé la mécanique.

Cette grâce qatarie est d'autant plus éclatante que, non seulement le PSG a accepté de participer au dossier, mais que la somme qu'il va récolter en contrepartie semble modeste. Un prince, ce Nasser. Seulement 200 millions,

Le bal des cocus

alors qu'ils pouvaient prétendre à 350 millions d'euros, le cadeau est fastueux. Trop beau ? Un peu, oui. En effet, l'accord passé entre les clubs est plus étendu et plus sophistiqué que les sommes virées cash en guise de bienvenue par CVC. Il est plus large et plus favorable. Enfin, pas pour tous.

Pour le PSG, la négociation avait débuté à 250 millions d'euros. Un accord avait été trouvé entre les services du PSG et de la LFP. Sauf qu'au dernier moment, Vincent Labrune va appeler le président parisien : « Nasser, à 250, je ne passe pas... Il faudrait être à 200. »

Le président du PSG consulte ses troupes, qui lui conseillent d'accepter. Pourquoi faire une croix aussi vite sur 50 millions d'euros ? Parce que le PSG n'est pas perdant, tant s'en faut. « D'abord, dit-on en interne, parce que 200 ou 250 millions d'euros, ce n'est pas pour nous un vrai sujet ici. Ensuite, ces 200 millions d'euros nous permettent de résoudre en partie nos problèmes de *fair-play* financier à l'UEFA. » Les dirigeants du PSG se débrouilleront ensuite pour maquiller d'autres lignes de leur budget.

Droits internationaux, roue de la fortune ?

Mais si les dirigeants parisiens sont aussi sereins, c'est parce qu'ils ont négocié des avantages substantiels en échange. Comme au loto, ils avaient une chance au tirage mais aussi une au grattage. Les droits internationaux ont permis cette opportunité. Il s'agit des fameux droits sur lesquels misent tant Vincent Labrune et CVC pour faire exploser le compteur et gonfler les bénéfices. Ils sont aujourd'hui en basses eaux (75 millions d'euros), notamment en comparaison des autres championnats. Ils ont été attribués il y a six ans au terme d'un (mauvais) contrat signé avec… BEin Sports.

La nouvelle société commerciale estime qu'ils pourraient atteindre rapidement 200 millions d'euros par an dès la saison 2024-2025, 350 millions par an en 2027-2028 et 500 par an en 2030-2031. Une roue de la fortune ? Pas pour tout le monde.

Le PSG a en effet arraché que ces revenus étrangers soient distribués selon un seul critère, le nombre de points du classement UEFA, donc partagés entre les seuls clubs disputant les coupes d'Europe. Autrement dit, les clubs non européens n'en verront plus aucun bénéfice. Mieux encore, ces droits internationaux seront distribués au *prorata* du nombre de points glanés par les clubs français en coupe d'Europe. Le PSG était à la fin de la saison 2022-2023 en sixième position européenne avec 112 000 points sur les 347 500 obtenus par les clubs français. Ainsi, le PSG, s'il continue sur sa lancée – qui devrait finir par s'améliorer –, percevrait un tiers des droits internationaux. Si les 200 millions d'euros par an sont bien au rendez-vous (seront-ils achetés par la chaîne qatarie BEin ?), le PSG toucherait des annuités de l'ordre de 70 millions par an en 2025, et plus de 150 millions par an en 2030…

Ces revenus viendraient s'ajouter à ceux versés par l'UEFA. Pour vous donner une idée, lors de la saison 2021-2022, à l'issue d'un parcours pourtant médiocre (élimination en huitièmes de finale), le PSG

Le bal des cocus

a perçu 88,9 millions d'euros (146 millions d'euros en 2020-2021) contre seulement 46,1 millions d'euros en Championnat de France.

Les Marseillais, qui n'étaient qu'à la cinquante-troisième place au classement, avec 33 000 points, toucheraient moins de 10 %. Ils ont eu un peu de mal à avaler la couleuvre. Seulement voilà, le jour des négociations du collège de Ligue 1, ils sont deux autour de la table, Jacques-Henry Eyraud, sur le départ, et Pablo Longoria qui arrive... Les échanges ont été vifs entre le nouveau président de l'OM et Victoriano Melero, chargé du dossier pour le PSG. « On devrait plutôt introduire un critère de notoriété européen plus fort », propose Longoria. « Tu le calcules comment, ton critère ? » réplique Melero. Longoria hésite. « Bon, tu vois », conclut Melero.

Autre disposition favorable au PSG : les droits digitaux, pour le moment inexistants, mais budgétés à 150 millions d'euros par an en 2030. Comme ils sont traçables, le PSG demande que tout ce qui est généré par les clubs revienne aux clubs, sans s'arrêter dans une caisse de communauté. L'équipe parisienne possède une telle avance dans ce domaine que la disposition pourrait leur être favorable longtemps.

Enfin, lesdits « grands » clubs ont négocié une clause spécifique si les droits domestiques franchissent la barre des 700 millions d'euros par an. On a vu que ce n'est pas un objectif si facile. Néanmoins si cette marque est dépassée, la part de « notoriété » passe de 20 à 50 % et la part de classement, de 25 à 40 %. La part égalitaire (30 %) et la part licence clubs (20 %) disparaissent

Main basse sur l'argent du foot français

complètement entre 700 millions d'euros et un milliard. Après un milliard, retour au schéma précédent.

	>700	>700-1 000<	>1 000*
Part fixe	30 %	–	30 %
Licence club	20 %	–	20 %
Classement	25 %	40 %	25 %
Class/5**	5 %	10 %	5 %
Notoriété	20 %	50 %	20 %

*en millions d'euros, ** classement sur les cinq dernières années

L'OM puni

Un bonus de 200 millions d'euros, des droits européens et digitaux bien fléchés, une soupape sur les droits domestiques, le PSG a donc signé un accord avantageux, mais beaucoup ne s'y retrouveront pas. Parmi eux, un club s'est complètement fait rouler : l'OM. Jamais le club marseillais n'aurait dû signer ce pacte fatal. L'actionnaire a-t-il bien tout capté du *deal* ?

Je vais en choquer certains. Je ne suis pas connu pour ma diplomatie, je ne vais pas arranger mon cas. Peu importe… Le championnat français, du moins dans la valeur qu'il crée pour les diffuseurs, se résume assez brutalement, c'est Paris et l'OM. Point barre. L'un de mes amis, bien connu dans le football me dit : « Tu exagères, c'est ton côté marseillais. » J'exagère ? Que choisissent les diffuseurs depuis quarante ans, en priorité,

Le bal des cocus

en choix 1, en match du dimanche soir ? L'OM. Quels clubs, malgré la télévision, offrent au stade adverse sa meilleure recette stade de l'année ? L'OM et le PSG.

Certes, peu à peu, le PSG s'est hissé à la hauteur du club phocéen pour le dépasser largement. Et, tant que les Qataris dépenseront des sommes folles pour les plus belles marques de la planète, Beckham, Ibrahimović, Messi, Neymar ou Mbappé, il caracolera en tête. Bref les deux locomotives, celles qui tractent avec vigueur la valeur du Championnat, sont le PSG et l'OM.

« Tous les matchs avec le PSG et l'OM sont devant en termes d'audience, sans parler du *classico*, évidemment. Tous ! Un seul pouvait rivaliser, Saint-Étienne-Lyon. Même Lyon-Saint-Étienne n'était pas à la hauteur[1] », confie un cadre de Canal+. Moins facile lorsque Saint-Étienne est en Ligue 2 et Lyon, en difficulté... Aucune autre équipe n'est venue contester la place du PSG et de l'OM, même avec de meilleurs résultats (Lille).

Cette évidence se traduit en parcourant les réseaux sociaux. Le PSG gambade loin devant tous les autres clubs français. À l'été 2023, il apparaissait même, tous réseaux sociaux confondus, à la quatrième place européenne (167 millions de followers, contre 320 millions pour le Real Madrid) et pointe même en tête sur le réseau social chinois TikTok (36 millions, Real et Barça sont deuxièmes avec 24 millions). Derrière, il y a l'OM et, rivalisant dans ce domaine, l'AS Monaco.

Mais Marseille est victime de la stratégie du bonus limité. Si le PSG avait touché 350 millions d'euros,

---

1. Entretien avec l'auteur.

l'OM aurait pu en revendiquer 200, soit environ 60 %. Les Marseillais n'étant pas dans la même situation de points UEFA (qui se cumulent sur cinq ans), il y a peu de chances que la situation tourne en leur faveur avant plusieurs années, y compris dans l'hypothèse où le club phocéen terminerait chaque année dans les trois premiers du Championnat. Quand on connaît l'instabilité marseillaise...

Données sourcées et incontestables ?

Ce n'est pas le seul problème pour l'OM car d'autres se sont également mieux servis... Pour bien le comprendre, revenons à la séance du conseil d'administration du 25 mars 2022. Ce jour-là, il entérine les règles de distribution du milliard d'euros, « le principe fondamental étant d'aligner la répartition de l'apport avec la stratégie discutée avec les fonds et validée par CVC ».

Cinq points sont définis, trois selon un critère de notoriété (audiences domestiques, audiences internationales, audiences digitales), deux selon des critères sportifs (performances domestiques, performances européennes).

Selon le procès-verbal du conseil, « ces critères de performance s'appuient sur des données sourcées et incontestables qui permettent de définir un classement pour les vingt clubs de Ligue 1 ». Vincent Labrune indique que « les propositions formulées par le collège de Ligue 1 ont été précédées par de nombreuses discussions avec les présidents de clubs de Ligue 1, pour essayer de trouver la solution la plus équilibrée et qui

Le bal des cocus

réponde le mieux aux aspirations des uns et des autres, tout en étant alignée avec la stratégie de développement de la Ligue 1 valorisant les *locomotives*[1] ».

Ainsi, à l'issue de ce travail, plusieurs groupes sont identifiés :
- groupe A : Paris Saint-Germain ;
- groupe B : Olympique de Marseille, Olympique lyonnais, Lille OSC, AS Monaco, Stade rennais et OGC Nice ;
- groupe C : AS Saint-Étienne, FC Nantes, FC Girondins de Bordeaux, Montpellier HSC, RC Lens, Stade de Reims, Stade brestois, RC Strasbourg, Angers SCO, FC Metz, Clermont Foot, FC Lorient et ES Troyes AC.

Sur cette base, le CA préconise la répartition suivante :
- groupe A : PSG = 200 millions d'euros ;
- groupe B :
  - B1 : Olympique de Marseille, Olympique lyonnais = 90 millions d'euros,
  - B2 : Lille OSC, AS Monaco, Stade rennais et OGC Nice = 80 millions d'euros ;
- groupe C :
  - 33 millions d'euros pour les clubs classés de 8 à 17,
  - 33 millions d'euros pour le club classé 18e en cas de maintien ou 16,5 s'il descend en L2,
  - 16,5 millions d'euros pour les clubs classés 19e et 20e ;

---

[1]. Procès-verbal, conseil d'administration de la LFP, 25 mars 2022.

- les clubs accédants de Ligue 2 : 16,5 millions d'euros pour les clubs classés 1er et 2e, et éventuellement le barragiste s'il monte en Ligue 1 après avoir battu le 18e de Ligue 1.

Vincent Labrune précise aux présidents que l'investisseur ne se substitue pas aux actionnaires des clubs. Le projet porté par la LFP et CVC est en effet un « plan de développement » et non un « plan de sauvegarde ». Voilà pour les principes édictés.

Toujours au sujet de ce conseil d'administration – vérifications faites sur le procès-verbal –, les dirigeants de l'OM sont absents. Waldemar Kita, président du FC Nantes, n'assiste pas à la visioconférence. Ceux de Bordeaux, Strasbourg ou Lens ne sont pas membres du CA. Seul Bernard Caïazzo, de l'AS Saint-Étienne, est présent. En revanche, tous les clubs sont bien représentés lors de l'assemblée générale. Pourquoi ces précisions ? Parce qu'une question se pose pour les clubs de Marseille, Nantes, Bordeaux, Saint-Étienne, Strasbourg et Lens : pourquoi ont-ils accepté cette répartition ?

La chance sourit aux milliardaires

Analysons le groupe B, le *gruppetto* comme on dit dans le jargon du vélo, quelques cyclistes intercalés entre le leader (PSG) et le gros du peloton. Comment l'OM a-t-il accepté d'encaisser « seulement » 90 millions d'euros pour se délester de 13 % de ses droits à vie ? Il est en effet classé dans le même groupe que,

Le bal des cocus

dans l'ordre donné par la Ligue, Lille, Monaco – admettons – mais aussi Nice et Rennes. Sur quels critères ? On l'a vu au-dessus : « des données sourcées et incontestables ». Lesquelles ? Secret-défense.

 J'ai donc repris des critères « sportifs » et de « notoriété » pour tenter de comprendre. Peut-être mon intuition était-elle mauvaise conseillère ? J'ai pris comme base le palmarès des vingt dernières années du Championnat de France, puis des dix dernières années en attribuant dix points au vainqueur, cinq points au deuxième, jusqu'en 2022 qui était l'année de la décision pour l'attribution des sommes versées par CVC. La méthode peut être discutée, certes, mais elle constitue une base simple et solide, dont voici le résultat :

Vingt ans	Titre	2ᵉ	Points
PSG	8	4	100
OL	6	3	75
OM	1	6	40
Lille	2	2	30
Monaco	1	3	25
Bordeaux	1	2	20
Montpellier	1	0	10

 Le premier tableau dessine parfaitement la hiérarchie pour les sept premiers clubs lors des deux dernières décennies. Sans Rennes, ni Nice. Sur les dix dernières années, il montre que cinq clubs ont confisqué les deux premières places, donc tous les points. Ni Nice ni Rennes.

Voici le deuxième :

Dix ans	Titre	2ᵉ	Points
PSG	8	2	90
Monaco	1	2	20
Lille	1	1	15
OM	0	3	15
OL	0	2	10

Afin de donner une plus grande amplitude dans le temps, on peut aussi se référer au palmarès du nombre de titres dans l'histoire du Championnat de France, les fans y sont sensibles. Là encore, Nice, avec quatre titres (dont le dernier en 1959), et encore moins Rennes, aucun titre, ne peuvent accéder au top six (PSG, onze titres ; Saint-Étienne, dix ; OM, neuf ; Nantes, huit ; OL, sept ; Reims et Bordeaux, six). Ce critère fait d'ailleurs apparaître trois clubs : Nantes, Saint-Étienne et Bordeaux.

Les résultats dans les coupes d'Europe, le nombre de matchs disputés dans les différentes coupes (C1, C2, C3), le palmarès dans chacune de ces compétitions sur les cinq dernières années tempèrent les positions. Rennes est le quarante-neuvième club européen et quatrième français, et Nice, le cent quinzième club européen et sixième français. L'histoire n'est plus du tout la même sur dix ans. Là encore, le trio constitué des Stéphanois, Nantais et Girondins émerge immédiatement derrière la locomotive PSG et ses deux premiers wagons (OM-OL et Losc-Monaco). Inutile de chercher du côté sportif la composition baroque du groupe B.

Changeons notre fusil d'épaule. Peut-être faut-il chercher des critères objectifs de popularité, tels que l'affluence dans les stades ou sur les réseaux sociaux ? Allons-y ! Dans les stades d'abord. Avec ce critère, le Stade rennais apparaît en 2023 dans les sept premiers (avec 27 720 personnes en moyenne et un bon taux de remplissage de l'enceinte, 95 %[1]). Les six premiers sont tout de même loin devant, OM (62 716 spectateurs, 95 %), PSG (47 418, 99 %), OL (46 701, 80 %), Lens (37 704, 99 %), Lille (36 187, 74 %), Nantes (30 002, 84 %).

Nice apparaît en dixième position (22 430, 65 %), juste devant Saint-Étienne (22 318) qui évoluait... en Ligue 2. D'ailleurs, à la fin de la saison 2021-2022, qui servait de boussole à la LFP pour orienter la manne financière, l'OGC Nice était onzième... et le Stade rennais, sixième.

Soyons plus connecté avec les réseaux sociaux. Côté digital, le PSG est encore plus dominateur, mais son dauphin, ce n'est pas la première intuition, est l'AS Monaco qui fait un carton tant chez les plus jeunes (TikTok) que chez les plus âgés (Facebook).

---

1. Chiffres 2023.

Main basse sur l'argent du foot français

	Twitter	TikTok	Facebook	Instagram
PSG	13*	36	46	66
Monaco	2,25	5,3	10	2
OM	4,3	2,8	6,7	2,9
OL	2,3	1,6	4	2,3
Lille	0,9	1,3	1,1	0,62

* en millions de followers ; en grisé, le club arrivant deuxième.

Tous les autres clubs sont largement en dessous du million de followers et la quasi-totalité plafonnent à 500 000. Seuls les Verts de Saint-Étienne émergent sur Twitter avec 900 000 personnes suivant le compte officiel du club et les Sang-et-Or (Lens, 1,2 million sur TikTok). D'ailleurs, preuve d'une vraie renommée, tous les supporters de football savent désigner les clubs les plus populaires par leurs couleurs : les Verts, les Canaris (Nantes), les Sang-et-Or, les Marine-et-Blanc (Bordeaux)... Le pouvez-vous pour Nice ou Rennes ? Je vous avoue que j'ai moi-même cherché. Je connaissais le rouge et le noir de Nice en souvenir des exploits – question de génération – de Jean-Marc Guillou ou de Dominique Baratelli. Je ne savais pas celles de Rennes... : rouge et noir aussi.

Croyez-moi, je ne suis pas en mauvais termes, du moins pas encore, avec Rennes et Nice. Rennes, après des recrutements initiaux inconsidérés, a bâti une vraie politique de stabilité du club breton. François Pinault m'avait même proposé, il y a longtemps, la présidence du club, ce qui est un honneur. Nice a aussi réalisé de beaux efforts, notamment la municipalité avec un superbe stade, mais pour autant, ces deux clubs, ces deux villes, ne se sont pas hissés à la hauteur de Marseille, Lyon, Lille et Monaco. J'ai donc demandé un avis supplémentaire, comme un coup de fil à un ami. Lui devant ses gambas, moi devant de coûteux cannelloni, dans son repaire de l'Étoile, à Paris, j'ai posé la question à Bernard Caïazzo, alors représentant des clubs de Ligue 1 : « C'est bizarre, non, la liste des clubs du groupe B avec Rennes et Nice[1] ? » La réponse a fusé : « Ah, oui, le club des milliardaires... »

Le Stade rennais et l'OGC Nice sont détenus par deux authentiques milliardaires. Le premier appartient à la famille Pinault (Kering), tandis que le milliardaire anglais Jim Ratcliffe a, lui, repris Nice, sans passion. En attendant mieux ? Il a en tout cas posté des offres pour acheter les clubs de Chelsea et de Manchester United...

Un autre président témoigne dans l'alcôve d'un salon parisien : « J'ai l'impression que Vincent a un peu galéré à obtenir la voix de Nice pour la fameuse unanimité. Il a promis la tête de Caïazzo, mais peut-être aussi une rallonge pour convertir les Azuréens[2]. » Entre 33 millions pour un des clubs du groupe C et 80 millions pour le groupe B, ça fait cher la voix d'un club dont le propriétaire envisage de l'accrocher comme simple wagon d'une locomotive anglaise. Imaginez : si Nice et Rennes

---
1. Entretien avec l'auteur, juin 2023.
2. *Ibid.*, 30 mars 2023.

avaient chacun obtenu 50 millions d'euros (contre 80), la société commerciale aurait économisé 60 millions d'euros. La moitié pour l'OM (30) ? Et l'autre moitié ? Pour trois autres clubs (10 chacun). Lesquels ? On y court.

Nantes comme Troyes

Si on distingue difficilement la raison pour laquelle les dirigeants de l'OM ont laissé filer – instabilité ? distance du propriétaire ? –, on peut se demander pourquoi Nantes, Saint-Étienne et Bordeaux ont également abdiqué.

Intrépide, le président délégué de Saint-Étienne, Jean-François Soucasse, a osé poser la question lors d'une réunion, il s'est fait rabrouer sèchement par *el commandante* Labrune et renvoyer aux (mauvais) résultats de son club. *Idem* pour Bordeaux. Pourquoi ne pas avoir gelé des sommes pour ces places fortes dans l'hypothèse d'une prochaine remontée ? Les sommes distribuées par le fonds le sont d'ailleurs sur trois saisons. Admettons que Bordeaux n'est pas chanceux avec la déroute du dernier match de Ligue 2 de la saison 2022-2023, durant lequel un supporter a bousculé un joueur, empêchant la tenue de la rencontre et interdisant la montée sur tapis vert.

Et Nantes ? Nantes touchera les mêmes sommes que Clermont-Ferrand et que Troyes. Je n'ai rien contre les Auvergnats ou les Aubois (Troyes est l'un de mes clubs de cœur), mais ces deux formations peuvent-elles tenir la comparaison avec un club huit fois champion de France,

Le bal des cocus

vainqueur de la Coupe de France en 2022 (et finaliste en 2023) accueillant 30 000 spectateurs de moyenne ? Évidemment non. Et Strasbourg, logé à la même enseigne que Lorient ou Angers ?

Le Championnat de France aurait vraiment eu intérêt à compter sur Nantes, Bordeaux et Saint-Étienne. Stades, affluences, avantage d'être dans trois métropoles. Mais ce qui était bon pour le Championnat l'était-il pour Vincent Labrune ?

Il y a un dernier club dansant au bal des cocus. Je me permets l'expression, car le président du Havre Atheltic Club l'a lui-même employée[1]. C'est plus inattendu et plus injuste encore. Toutefois, contrairement aux autres anomalies, on constate bien qui perd, mais on devine mal si d'autres y gagnent en échange. Ainsi, en montant en Ligue 1 à l'issue de la saison 2022-2023, Le Havre a, dans le cadre de l'accord passé avec le fonds d'investissement, touché moins d'argent que s'il était resté en Ligue 2.

Concrètement, Le Havre a perçu un million et demi du milliard et demi d'euros de CVC. Il en aurait touché le double en restant en L2. « Nous sommes les cocus de l'histoire, tonne Jean-Michel Roussier, le président du club doyen. C'est inacceptable pour nous, nous sommes très en colère. […] On s'est battus pour monter en L1 toute la saison avec deux clubs, Metz et Bordeaux, qui

---

1. « En montant en Ligue 1 à l'issue de la saison 2002-2023, Le Havre touchera moins d'argent que s'il était resté en Ligue 2 : "Nous sommes les cocus de l'histoire" », *L'Équipe*, 23 juin 2023.

avaient touché 8,25 millions d'euros de CVC l'an dernier. 8 millions de différence, c'est énorme, sur un budget de L2 ! Et maintenant, on nous demande de nous mesurer à des clubs qui, pour la plupart, auront reçu au moins 33 millions d'euros... Il aurait été logique que l'on prenne une demi-part, soit 16,5 millions. Où est l'égalité entre membres de la Ligue ? Or, la Ligue, ce sont les clubs[1]. »

Bref, c'est absurde, mais c'est la règle.

La LFP se tient bien droite dans ses bottes et renvoie à la règle fixée lors du conseil d'administration du 4 mai 2022 : « Les clubs de Ligue 2, en 2021-2022, bénéficieront d'une aide de 1,5 million d'euros en 2024-2025, à la condition qu'ils soient restés en Ligue 2 en 2022-2023 et 2023-2024, sans interruption, qu'ils jouent définitivement en Ligue 2 en 2024-2025, et qu'ils disposent de fonds propres positifs au 30 juin 2024[2]. »

Cette configuration pénalise les clubs qui étaient en L2 à l'arrivée de CVC, et qui accèdent à la L1 en 2023 ou 2024 : ils n'auront rien touché de la manne principale liée à la création de la société commerciale, mais sont aussi privés de la moitié de la modeste dotation (3 millions d'euros) accordée aux clubs qui restent en L2 sur toute cette période. C'est la double peine.

---

1. *Ibid.*
2. Procès-verbal, conseil d'administration de la LFP, 4 mai 2022.

Le bal des cocus

Une Ligue invincible ?

Il est surprenant que les présidents de clubs de Ligue 2 de l'époque n'aient pas anticipé la montée de certains d'entre eux. Cette fantaisie en dit surtout très long sur l'absence de contrôle et de travail des présidents sur leur coopérative. À cette époque encore, ils pouvaient exercer un droit de regard ou de veto. Ils ne le pourront même plus avec la société commerciale, car aucun d'entre eux n'est présent à son CA.

L'avocat du Havre soulève un autre élément susceptible d'être contesté selon lui. « En tant qu'association, la LFP doit respecter une égalité de traitement entre ses membres, or ce n'est pas le cas. La règle n'est pas la même pour tous, les critères d'éligibilité ne sont pas appliqués de la même manière pour tout le monde. Finalement, cette règle est inique et injuste[1]. »

Le plus troublant – et assurément le plus inquiétant – est que la Ligue, dans un premier temps, balaie ce simple oubli d'un revers de main. Alors que le président du Havre entretient d'excellents rapports avec Arnaud Rouger, son directeur général, celui-ci a répondu que toute procédure viendrait grossir les trois cents déjà en cours, « toutes gagnées ». Une attitude qui rejoint celle de Vincent Labrune qui ironise lui aussi lorsqu'on lui parle des procédures judiciaires de droits télévisés : « Canal+ en justice ? On mène 7 à 0. » Un sentiment d'invincibilité qui ne présage jamais rien de bon.

---

1. *Ibid.*

Main basse sur l'argent du foot français

Le président du Havre, Jean-Michel Roussier, a aussi glissé en douce son agacement sur la comparaison entre les sommes dont on le prive et celles touchées par certains, ce que le journaliste Arnaud Hermant traduit par cette prétérition : « Si Jean-Michel Roussier ne souhaite pas porter le débat sur les divers bonus (37,5 millions d'euros) versés aux avocats, aux banques et à une douzaine de salariés de la LFP dans le cadre de la création de la Mediaco, certains dans son club s'étonnent tout de même qu'un club puisse encaisser moins que des individus. »

Présidents de clubs, le châtiment

Les derniers grands perdants, les plus grands, sont les présidents de club qui ont abandonné collectivement beaucoup de leur pouvoir. C'était l'un des objectifs principaux de la société commerciale. La nouvelle n'est pas si mauvaise au vu des énormités qu'ils ont validées depuis plusieurs décennies. Ils se sont châtiés jusqu'à accepter de n'avoir aucun administrateur dans la société commerciale, ce qui laisse pantois. La punition est à la hauteur de leur inconséquence.

Personne ne s'apitoie dans le milieu, car ils n'ont pas réussi, lors des trois dernières décennies, à œuvrer de manière concertée, n'ont jamais voulu comprendre qu'une petite part d'un grand gâteau valait mieux qu'une moyenne d'un tout petit gâteau. Eux qui ont tant réclamé la comparaison avec la Premier League auraient dû se souvenir qu'en 2004, les droits domestiques français

Le bal des cocus

étaient identiques aux droits anglais et que leur incompétence les a menés à l'accident industriel dont les pires effets sont peut-être à venir. Ceux qui ont cru qu'amoindrir leurs adversaires leur serait bénéfique ont été particulièrement toxiques. Je pense à Jean-Michel Aulas, génial pour son club et néfaste pour sa compétition. Claude Michy, actionnaire et président de Clermont-Foot, porte un regard sévère : « L'objectif financier les a rendus aveugles. Pendant ce temps le produit "football" n'a pas progressé. Les gens qui sont autour de la table sont là pour l'argent, car la plupart des clubs sont gérés de la même manière, en déséquilibre, en attendant tous les trois ou quatre ans les droits télévisés pour se refaire. L'exemple type, c'est Jean-Michel Aulas qui, à force de jouer, a été obligé de revendre son club au premier venu[1]. »

Ils se sont contentés de leur petite gloire locale ou régionale. « Dans une soirée où personne ne me connaît, si j'évoque mes affaires, qui sont florissantes, tu le sais, Christophe, la conversation tourne court. Si je dis que je suis président d'un club de football, je suis le roi de la soirée. » Le football nous – je ne me soustrais pas – a beaucoup donné : une notoriété inespérée, l'occasion de briller sans forcer, d'être au centre de l'image. Même la bête médiatique Tapie s'est servie du football et l'a parfaitement théorisé. « Le foot, disait-il, c'est trente-huit fois l'occasion d'apparaître. » Parole d'un maître.

D'autres ne savent pas trop dans quel tiroir ranger le football. Je me souviens d'une discussion avec Frédéric

---

1. Entretien avec l'auteur, 6 avril 2023.

Sebag, ancien propriétaire et président du Tours FC. Après mon passage à l'OM, je dirigeais Sportfive, leader européen des droits sportifs. Frédéric Sebag m'avait demandé en 2008 de le rejoindre pour donner un coup de main au club de ma ville et en devenir vice-président, alors qu'il évoluait en Ligue 2. J'ai longtemps refusé pour pouvoir acheter mon pain tranquillement sans devoir justifier le résultat du club la veille. Mais comme je prêchais par ailleurs qu'un club avait besoin de toutes les forces vives d'une ville (économiques, politiques, populaires) pour réussir, je ne pouvais pas décliner trop longtemps. Je l'en remercie parce que, grâce à lui, j'ai compris ce qui se passait dans la tête d'un président de club français.

Frédéric est l'homme le plus rationnel que je connaisse. Il considère qu'il y a toujours une solution logique quand on a défini le problème. Il a donc apporté beaucoup de rationalité dans son club. Il commettait pourtant quelques bourdes étonnantes et, parce qu'il voulait que je l'aide, je les relevais. Étonné d'une décision absurde qu'il venait de prendre, je lui lance un jour : « Je ne te comprends pas, toi qui es si rationnel, tu fais quelquefois n'importe quoi. » Sa réponse m'a laissé interdit : « Je sais.

— Tu sais ? Et alors, pourquoi le fais-tu ?

— Je vais t'expliquer. Tu vois, j'ai ma vie de famille, tu sais que c'est mouvementé parfois. Mais je sais où ça se trouve dans ma tête, disons que c'est mon cerveau droit, ma sphère personnelle. Et puis il y a mon entreprise, je prends des décisions, bonnes ou mauvaises, mais là aussi je sais où ça se trouve dans ma tête.

Le bal des cocus

J'ai mon plan. C'est mon cerveau gauche, ma sphère professionnelle.
— Donc ?
— Le problème, c'est que je ne sais pas où se range le football... »
Les présidents ont donc beaucoup perdu. Mais s'il y a eu de grands perdants au moment de la distribution des prix LFP/CVC, il y a eu aussi de grands gagnants, de l'argent qui n'ira pas seulement dans la poche des joueurs...

18

Et les gagnants sont…

L'affaire Mediapro, dont CVC est le revers, avait laissé la quasi-totalité des acteurs « à genoux dans un bain de sang », selon l'expression attribuée, à tort ou à raison, à Vincent Bolloré. Dans le camp des vaincus : Mediapro qui a déboursé plus de 300 millions d'euros pour rien, les clubs qui ont perdu 1,5 milliard d'euros dans une négociation bâclée, Canal+ qui a perdu les droits du Championnat de France, l'obligeant à en surpayer d'autres (Champions League, Premier League) par ses erreurs répétées et, enfin, l'État qui se retrouve avec de lourdes recettes fiscales en moins.

Dans le camp des vainqueurs : l'Américain Amazon qui a ramassé 80 % des droits du Championnat de France pour une poignée de cerises, les clubs étrangers qui ont profité de l'aubaine pour convaincre sans forcer les meilleurs joueurs français de les rejoindre, et le conciliateur, Marc Sénéchal, qui a touché de confortables honoraires sur le *deal*.

Dans l'affaire CVC, du côté des perdants, on retrouve, outre Marseille, les clubs non européens qui se sont sacrifiés ou l'ont été. À l'insu de leur plein gré ? Eux seuls le savent. La pente sera désormais également plus raide pour les clubs ayant de nouvelles ambitions (Bordeaux, Metz, Le Havre, Saint-Étienne, Paris FC, Red Star), puisqu'ils n'ont pas bénéficié des conditions estampillées « Ligue 1 ». On vient de le voir, il faudra désormais des actionnaires à la fois surpuissants et généreux pour ramener Montpellier, Nantes ou Strasbourg dans un groupe de tête.

Tant mieux pour lui, tant pis pour les autres

Mais à la différence du dossier Mediapro, il y a de vrais gagnants dans le deal CVC. Des clubs, mais pas seulement. Le gain tourne même au jackpot pour certains dans des conditions qui interrogent.

D'abord, les clubs. On le sait, le PSG est bien loti. Son président ne manquera pas d'être reconnaissant, n'en doutons pas. BEin Sports sera-t-il plus charitable lors du prochain appel d'offres sur les droits étrangers ? La société y aurait un intérêt commercial et, comme plus du tiers sera reversé au PSG, l'affaire paraît tentante, au moins sur leurs territoires historiques (Moyen-Orient, Afrique). Nous le verrons lors de la prochaine attribution de ces droits. OM excepté, et d'autres clubs européens, les « locomotives », bénéficient amplement de cet accord. Il faut saluer cette bonne nouvelle car ces clubs doivent pouvoir être compétitifs hors de nos frontières.

Et les gagnants sont...

Bonne nouvelle également pour les actionnaires de ces clubs qui pourront valoriser les nouvelles dispositions lors de la future vente de leur club. Un Jean-Michel Aulas rincé a pu le mettre à profit sans délai pour céder son club. « Tant mieux pour moi, tant pis pour les autres », ce pourrait être la devise de l'ex-président de l'OL.

Deux incongruités sont à soulever toutefois : cet argent versé aux leaders naturels s'évapore vers un État, le Qatar, et vers Monaco qui bénéficie de conditions extraordinaires. Mais l'exception fiscale ne semble plus troubler les présidents qui, en pleine guerre contre l'Ukraine, ont élu son propriétaire russe au conseil d'administration. Si l'on resserre la focale au sein de ce groupe des Européens (groupe B), Nice et Rennes touchent le gros lot. Bien joué.

Mais le principal vainqueur de l'opération est sans conteste le fond CVC. La loi du genre est claire : lorsqu'une entité vous sert, cash, 1,5 milliard d'euros sur un plateau, elle réclame de solides contreparties. De fait, elles sont colossales, nous allons voir pourquoi. Regardons les données du départ.

Pour mieux comprendre, j'ai demandé au patron de l'un des grands fonds qui a étudié de possibles opérations avec plusieurs championnats du football européen de m'expliquer son métier. Il répond sans tabou : « Personne ne va dans le foot pour s'amuser, avoir des places dans les tribunes ou bénéficier de quelques avantages. Un fonds a une pure logique financière. Les rendements doivent être élevés, il faut donc aller chercher des effets de levier puissants. » Voilà le « *driver* », comme on dit dans le jargon du business des fonds. Lorsque l'inflation était de moins de 1 %, les fonds entraient en scène lorsqu'ils soupçonnaient un rendement annuel de plus de 15 %. Afin que cela paraisse moins abstrait : si vous investissez 100 euros, la cinquième année vous en récupérez 200. Sans ce retour sur investissement attendu, les financiers referment vite le dossier. En revanche, contrairement à ce qui est souvent dit ou écrit, les fonds sont capables de conserver un actif longtemps si le rendement se maintient au niveau souhaité. Les entreprises comme CVC, Oaktree ou Bridgepoint donnent en revanche un nom, par exemple CVC Capital Partners VIII, et une durée de vie entre le moment où elles collectent l'argent sur les marchés et le moment où elles le restituent, gonflé des gains juteux. Cette durée tourne régulièrement autour de cinq ans, lorsqu'on a doublé la mise. Mais si l'affaire est intéressante, les gestionnaires font transiter la société d'un fond CVC VIII à CVC IX, par exemple. Jusque-là, deux fonds, CVC et Bridgepoint, ont réalisé un carton, plutôt dans les sports mécaniques. CVC avec la Formule 1, Bridgepoint avec Dorna, l'organisateur du Championnat du monde de moto, en portefeuille depuis seize ans. Grâce au Barcelonais Carmelo Ezpeleta, en place depuis 1994 et toujours à la tête du Moto GP, Dorna crache d'abondants dividendes annuels.

Et les gagnants sont...

Des bons du Trésor

Pourtant, à l'évidence, CVC tente une approche alternative, voire disruptive dans le monde du foot. Il n'attend pas un rendement élevé (+15 %) sur un cycle moyen de cinq à dix ans mais un rendement moindre sur un cycle perpétuel. CVC, titulaire des droits sans limite de temps, va engranger sans risque et sans effort une marge minimum de 13 % sur une durée infinie. Cette mécanique lui donnera une fabuleuse valeur sur le marché.

« L'opération CVC, c'est un bon du Trésor. C'est garanti et sans aucun risque[1] », analyse un spécialiste. De l'or en barre dans le coffre de Fort Knox ? Mieux que cela ! L'or est volatil, sensible à la conjoncture internationale, les droits télévisés, beaucoup moins. « Le sport en direct, c'est la seule vraie valeur stable de la télévision à long terme. Le sport est le dernier produit *live*, on ne regarde pas la Champions League en différé. L'effet "rareté" a une grande valeur[2] », explique l'un des financiers qui était en lice pour capter le ballon.

D'ailleurs, CVC a pris soin de se prémunir de tout aléa et de s'abreuver en premier, à la source. En effet, contrairement à une prise de participation dans une société classique, le fonds ne va pas se rémunérer sur un résultat et toucher des dividendes. Il ne va pas attendre, non plus, quelques années pour une plus-value sur la revente de la société. Non, CVC a conçu un dispositif imparable et

---

1. Entretien avec l'auteur, 13 avril 2023.
2. *Ibid.*, 12 avril 2023.

incassable : il perçoit directement, en priorité absolue, un pourcentage sur les revenus de la LFP. Les clubs subiront, eux, l'aléa des droits télévisés plus ou moins importants, le fonds a pour lui l'éternité. Le *hold-up* parfait. Lucratif et sans risque. La quadrature du cercle. Si les droits télévisés explosent, c'est parfait, s'ils stagnent, un rendement moindre finira néanmoins par rapporter. Non, vraiment, chapeau bas ! Voilà le *deal* que l'on aurait aimé réaliser, un dossier à vous rendre jaloux.

Quels sont les rouages de cette belle horloge ? Ils sont très simples. Les auteurs du contrat en ont habilement rédigé les conditions en créant une bête curieuse sous le terme banal « résultat net retraité ». C'est assez classique des fonds qui définissent un résultat net retraité ou excédent brut d'exploitation (EBE) retraité pour insérer en fait des conditions indépendantes du résultat net ou de l'EBE afin de créer des conditions optimales à leur profit. En fait, le fonds a mijoté une sacrée bouillabaisse. Dans notre cas, ils additionnent le résultat net, la part de revenus versés aux clubs et à la FFF et ceux issus des paris en ligne. Étrange, d'agréger un résultat net et des revenus. Mais c'est ainsi.

Une sacrée bouillabaisse

Pas simple ? Prenons pour l'exemple la saison de 2025-2026. Le budget prévisionnel anticipe, pour cette année, des revenus totaux de 1,17 milliard d'euros pour la LFP, dont 863 millions de droits télévisés domes-

Et les gagnants sont...

tiques, et 200 millions d'euros de droits étrangers. Les revenus des paris en ligne sont estimés à 13,4 millions.

Dans cette hypothèse, la FFF recevrait 58 millions d'euros, et les clubs, 915 millions.

Le résultat net de la LFP, le vrai, serait de 42 millions d'euros.

On reprend : le « résultat net retraité » est composé de l'addition du résultat net (42 millions d'euros), des sommes versées à la FFF et aux clubs (58 à la FFF + 915 aux clubs) et des revenus des paris (13,4 millions d'euros). Sur cette somme totale de 1,03 milliard d'euros, CVC percevra en priorité absolue 13 %, c'est-à-dire 134 millions d'euros. Selon le même calcul, CVC encaissera 209 millions d'euros pour la saison 2031-2032, sur un résultat net retraité de 1,6 milliard d'euros.

Pour bien ficeler l'accord, CVC s'est octroyé des actions à dividende prioritaire. Ces dividendes sont énoncés comme « préciputaires et cumulatifs ». En clair ? CVC peut les toucher en toutes circonstances. Ce système prive toutes les autres actions (celles de la LFP) d'un possible dividende. En outre, plus important encore, si CVC ne peut pas les toucher sur une année (imaginons une pandémie), il peut se rattraper sur les autres exercices. Les statuts prévoient enfin qu'il peut aller les piocher dans n'importe quelle ligne budgétaire. Habituellement, seules quelques lignes budgétaires sont réservées à cette ponction.

Jusqu'en 2032, CVC se remboursera du 1,5 milliard payé aux clubs. Après 2032, CVC percevra chaque année plus de 200 millions d'euros sans forcer son talent. Un distributeur automatique de pognon, de gros pognon.

Je ne peux pas vous en dire ici beaucoup plus. Les dirigeants de CVC n'ont pas souhaité rentrer dans le détail du contrat. Ils m'ont pourtant reçu, écrit et rappelé, ce qui à l'évidence constituait pour eux un très sérieux effort. Ils m'ont accueilli dans leurs bureaux à Paris, l'un de ces plateaux interchangeables au troisième étage d'un immeuble haussmannien de l'Opéra. Des locaux confortables décorés dans un camaïeu de beiges, comme partout, une moquette profonde dans l'escalier, un mobilier élégant, une machine à café et de l'eau dans des bouteilles en verre pour cocher la case « Je sauve la planète ».

Les journalistes de sport diraient que, ce jour-là, mes interlocuteurs sont « sur le reculoir ». Ils me regardent comme une bête curieuse, vraisemblablement informés par Vincent Labrune que je prépare un livre « au vitriol », selon son expression. On peut facilement lire dans leur posture, leur *body language*, comme on dit, ou dans leur regard qu'ils se demandent pourquoi ils ont accepté ce fichu rendez-vous. « Par sympathie[1] », m'assurent-ils – en se disant qu'ils ont été assurément trop sympathiques.

Ils m'ont ouvert un robinet d'eau tiède, mais pouvaient-ils faire mieux, à l'étroit entre, d'un côté, leur désir de rentabilité et, de l'autre, la Ligue ? Un partenaire qu'il ne faut pas effaroucher, d'autant que Labrune, ils le savent, aura son regard noir et désapprobateur dès le premier mot de travers. Jean-Christophe Germani et Edouard Conques sont pourtant accueillants et sympa-

---

1. Entretien avec l'auteur, 8 juin 2023.

Et les gagnants sont...

thiques, mais comment dire en France que l'on est des *moneymakers*, que l'on bosse ici pour faire de l'argent, comment dire que ceux qui ont placé leurs économies dans le fonds attendent un vrai rendement et pas seulement le rapport du livret A ? Alors on parle sur un ton le plus apaisant possible d'« accompagnement », de « soutien capitalistique », on se dit « obsédé par le projet » qui « profitera mécaniquement à tout l'écosystème, une forme de ruissellement ». Nous pouvons être une aide à la « professionnalisation de la Ligue ».

Ils n'ont pas souhaité répondre à des questions précises. « Vos questions, ont-ils écrit, sont soit très techniques (et à mon avis n'éclaireront pas plus votre réflexion car il s'agit d'éléments de structuration plus que de fond), soit très précises sur des sujets qui nous sont propres et vous ne nous en voudrez pas de ne pas rentrer dans ces détails[1]. » Soyons honnêtes, CVC, déposant à l'époque d'autres dossiers, en Allemagne notamment, n'a aucun intérêt à dévoiler ses batteries à la concurrence.

L'exemple espagnol

Néanmoins, en Espagne, CVC a publié de façon très transparente les revenus attendus pour un mécanisme similaire. Beaucoup de chiffres ont circulé dans la presse :
- dans *Ouest France*, seul journal de province à suivre le sujet avec minutie, Pierrick Chevrinais

---

1. Message à l'auteur, 29 juin 2023.

évoque 10 % du capital, 2,7 milliards d'euros, sur trente ans[1] ;
- dans le *Financial Times*, il est cité le chiffre de 2,668 milliards d'apport, une part de 10,95 %, et une durée de cinquante ans (valorisation : 24-25 milliards, selon Rothschild)[2] ;
- dans *El Confidential* : 2,1 milliards pour 10 % sur cinquante ans[3].

En 2021, le fonds luxembourgeois a pris en fait 8 % des parts pour un montant de 1,95 milliard d'euros, valorisant le Championnat à 24 milliards d'euros (contre 11,5 en France). Mais il y a plus intéressant. D'abord, les gestionnaires de CVC ont expliqué comment ils finançaient l'apport de 1,95 milliard d'euros : la première partie est issue des fonds propres, l'autre est l'émission d'un emprunt obligataire de 850 millions d'euros souscrit aux États-Unis par la banque Goldman Sachs. On comprend mieux, ainsi, la financiarisation du football : une part des droits télévisés espagnols devient une obligation sur le marché américain.

Ensuite, CVC a annoncé l'agenda de son retrait, planifié entre six et dix ans.

Enfin, le plus important, le fonds luxembourgeois a publié ses attentes de retour sur investissement. Ainsi,

---

1. « LFP : qui sont les quatre candidats qui souhaitent investir dans le football français ? », *Ouest France*, 15 mars 2022.
2. « La Liga's CVC deal shows power of collective approach for football's smaller clubs », *Financial Times*, 23 septembre 2021.
3. « Así fracasó el proyecto de CVC para entrar en el Calcio… que ahora anhelan », *El Confidencial*, 11 août 2021.

Et les gagnants sont...

sur la durée du contrat (cinquante ans, pour pouvoir le revendre), les gains de CVC varieraient de 5 milliards d'euros pour le scénario pessimiste à 13 milliards pour le scénario intermédiaire – sur lequel table le fonds d'investissement –, et jusqu'à 170 milliards d'euros pour le « *good case* ».

Les deux clubs portant le championnat d'Espagne sur leurs épaules, le Real Madrid et le FC Barcelone, rejoints par l'Athletic de Bilbao, ont, eux aussi, vite fait le calcul et ont renoncé à participer à cette opération. Ils ne sont pas restés inactifs en élaborant une contre-attaque baptisée « *Proyecto Sostenible* », projet viable. Ils proposent un simple prêt de 2 milliards d'euros accordé par les banques JP Morgan, Bank of America et HSBC, avec un taux d'intérêt entre 2,5 et 3 % (nous sommes en 2021) pour une durée de vingt-cinq ans. Le coût de ce prêt aurait été de 881 millions d'euros, qui leur auraient permis d'économiser 12,2 milliards d'euros qu'ils auraient dû verser à CVC sur la même période. Pendant cet été 2021, le FC Barcelone a d'ailleurs levé un prêt de 595 millions d'euros à 1,98 % par an chez Goldman Sachs pour restructurer sa dette.

Les deux mastodontes du football mondial ont aussi décliné l'invitation de CVC à cause de la gouvernance imposée. Ainsi le président de la Liga, Javier Tebas, bénéficiait d'un contrat assorti d'une durée irrévocable de sept ans. Le Barça et le Real, en guerre avec Tebas, ne pouvaient pas le tolérer.

Au-delà des problèmes de personnes, les projections réalisées par les deux clubs montrent combien l'opération est lucrative pour CVC. Et pourtant, elle est encore bien meilleure en France, car la période de détention des droits est infinie et les dividendes, non pas de 8 mais de 13 %. Le jour où CVC revendra sa part, elle se comparera à une alléchante obligation.

Une question se pose : comment les pouvoirs publics ont-ils pu laisser passer une telle aberration ? En quoi, me direz-vous, le gouvernement serait-il concerné par cette opération ? Parce que, en France, la loi a fixé les règles en 2003. Les droits télévisuels sont bien la propriété des clubs avec néanmoins une subtilité : ils doivent obligatoirement être vendus de manière centralisée par la Ligue qui, elle, est une sub-délégation de service public (*via* la FFF). Bon, cela ne change apparemment rien : pas de son, pas d'image dans les palais nationaux qui ont favorisé le changement de loi pour ce tour de magie noire. Ils n'ont pas dû acheter les droits de la série. Nous y reviendrons avec la ministre des Sports nommée au printemps 2022, Amélie Oudéa-Castéra.

Nein zu Investoren

Comme le Real et le Barça, les clubs allemands de la Bundesliga ont préféré décliner l'offre des fonds. Lors d'un vote où la majorité des deux tiers était requise, les clubs ont repoussé la proposition d'une participation de 12,5 %. Advent International, Blackstone et CVC étaient sur les rangs pour cette opération. Un deuxième échec après une tentative avortée en 2021 où trois fonds, Bridgepoint, KKR et l'immuable CVC souhaitaient se porter acquéreurs de 25 % de la filiale commerciale.

Et les gagnants sont...

Pour dire vrai, les supporters allemands ne leur ont pas laissé le choix. Ils se sont mobilisés en exerçant une énorme pression sur leurs dirigeants, déployant dans plusieurs stades allemands des slogans hostiles aux financiers. La banderole la plus spectaculaire avait été tendue sur toute la largeur du fameux mur jaune dans la tribune sud de Dortmund, club dont le président poussait cette solution financière. Les supporters avaient déployé des slogans aux caractères impressionnants, de plus de deux mètres de haut, invitant les financiers à passer leur chemin. « *Nein zu Investoren in der DFL* » (« Non aux investisseurs dans la Ligue »). Les supporters estimaient qu'une fois la porte ouverte aux financiers, il serait difficile de la refermer. Selon les quelques informations récoltées, le championnat aurait été valorisé entre 16 et 18 milliards, alors que le contrat portait sur une durée de vingt ans.

En Italie, un consortium mené par l'inévitable CVC, associé à Advent, a également échoué, malgré une proposition de 1,7 milliard d'euros. Aurelio de Laurentiis, le président de Naples, champion en 2023, a fait capoter le projet. « Cette idée était une connerie. Les morts de faim de la série A étaient prêts à vendre les droits télévisés des sept ou huit prochaines années pour une bouchée de pain[1]. » Du coup, Naples, la Juventus de Turin, la Lazio de Rome, notamment, avaient voté contre lors de la décision de la Ligue italienne, repoussant les assauts financiers malgré les nombreuses difficultés des clubs.

---

1. Entretien avec l'auteur, 16 mai 2023.

Main basse sur l'argent du foot français

Une dîme à vie

En France, CVC s'est donc offert un bel avenir. D'autant que dans tous les bons contrats, il faut aller jusqu'à la dernière ligne. Elle est séduisante, prévoyant que, « à compter de l'exercice 2032-2033, le résultat net retraité de chaque exercice sera égal au résultat net retraité de l'exercice précédent, augmenté de 4 % ». En bref, si, lors des décennies suivantes, les revenus baissaient brutalement, le fonds ne serait pas concerné : il prendrait l'année précédente comme référence. S'ils continuaient à croître, les revenus du fonds le feraient à proportion.

On applaudit.

Si l'on analyse à la loupe le *business plan* de CVC, on constate que le gestionnaire luxembourgeois parie donc sur un remboursement sur dix ans du 1,5 milliard d'euros avancé aux clubs. Pour y parvenir, il faut néanmoins vendre les droits télévisés du football français. Les financiers ne sont pas complètement rassurés, parce qu'ils ont vu et compris que les premiers appels d'offres, tant « domestiques » qu'internationaux, ne seraient peut-être pas à la hauteur de leurs attentes ; notamment la consultation des droits domestiques.

Côté football, Vincent Labrune – l'homme est prévoyant et a déjà averti tout son monde par voie de presse – a affirmé, dès le printemps 2023, que les prévisions étaient peut-être « optimistes » pour la séquence 2024-2028. Afin que chacun ne s'enflamme pas lors des résultats de la première consultation de la nouvelle société commerciale.

Et les gagnants sont...

Côté finance, si les membres du fonds préfèrent ne pas détailler leurs montages ou leurs attentes, ils ont néanmoins laissé filtrer dans les milieux financiers que le rendez-vous de la vérité était en 2027 pour les droits internationaux (dont ils attendent 350 millions d'euros) et en 2028 pour les droits domestiques (dont ils espèrent 1,07 milliard d'euros). Des confidences murmurées dans les *afterwork*s du 8e arrondissement, à l'heure où l'on desserre le nœud de cravate et où l'on prend quelques pintes entre amis, des indiscrétions qui feront rapidement le tour des différentes places financières de la planète. Une manière de ne pas passer pour des rigolos dans le milieu de la finance où la réputation est précieuse. On sait jouer avec l'argent ou on ne sait pas le faire. Tout le monde connaît l'auteur d'une opération, notamment lorsqu'elle touche un secteur aussi populaire.

Vincent Labrune a donc ouvert le parachute et a déjà noté un « contexte macro-économique délicat », mais se dit « serein » pour délivrer un BP que l'on peut qualifier d'agressif, comme on le disait il y a peu de celui de Mediapro. Seulement voilà, dans le cas de CVC, le fonds luxembourgeois n'a pas que quatre ans pour s'imposer et réaliser des bénéfices, mais toute la vie devant lui pour se refaire, tôt ou tard.

Connaissant la réponse, j'ai tout de même demandé à la LFP s'il y avait une durée concernant l'union avec CVC. L'avocat de la Ligue m'a répondu par écrit : « Le pacte d'actionnaires restera en vigueur pour une durée de quatre-vingt-dix-neuf ans[1]. » La durée, gérée par les

---

1. Message à l'auteur, 30 juin 2023.

statuts, est de quatre-vingt-dix-neuf ans, mais peut être prorogée. Le pacte d'actionnaires devra, lui, être renégocié... dans quatre-vingt-dix-neuf ans.

Le pacte d'associés

Ah oui, j'ai manqué à tous mes devoirs ! J'ai oublié de vous parler du pacte d'actionnaires, ou d'associés. Comme son nom l'indique, c'est le contrat existant entre deux actionnaires. Son avantage : ce n'est pas une pièce publique, contrairement aux statuts. Vous pouvez y décrire beaucoup de situations, dans le secret. Vous pouvez notamment dire que vous virez tous les dirigeants de la société commerciale si les objectifs n'ont pas été atteints. Vous pouvez y enjoindre la LFP à ne jouer que le dimanche, ou de passer à seize, ou même à quatorze clubs en Ligue 1.

À défaut d'avoir pu me procurer le document, j'ai posé des questions, auxquelles l'avocat a pris soin de répondre précisément. Je l'en remercie vivement.

« Le pacte d'associés a-t-il été présenté au CA de la LFP ?

— Oui, il l'a été.

— La LFP est-elle prioritaire en cas de sortie de CVC, à conditions équivalentes ? La LFP a-t-elle un droit de veto sur un investisseur de substitution ? Si oui, selon quels critères ? Quelles sont les lignes de force de ce pacte ?

— La LFP a un droit de première offre sur les titres détenus par CVC. La LFP ne dispose pas d'un droit de

Et les gagnants sont...

veto sur le cessionnaire des titres détenus par CVC. Le pacte prévoit toutefois une liste de tiers auxquels CVC ne pourra pas vendre ses titres. Par ailleurs, la loi prévoit des restrictions quant aux personnes qui peuvent être actionnaires de Filiale LFP 1.

— Des objectifs de nombre de clubs en Ligue 1 (genre : minimum dix-huit, optimal seize) font-ils partie du pacte d'actionnaires ? D'autres éléments de cet ordre en font-ils partie ?

— Le pacte ne contient pas d'objectif de nombre de clubs. La LFP s'engage dans le pacte à faire en sorte de permettre au comité stratégique consultatif de Filiale LFP 1 – au sein duquel siègent notamment plusieurs représentants de CVC et de la LFP – de discuter de toute modification du format des compétitions organisées par la LFP, ou du calendrier des matchs. »

La LFP m'affirme qu'elle a présenté le document aux clubs en assemblée générale, et qu'il a été transmis à la FFF et au ministère... qui « ne [s]'en souvient pas ».

Enfin, une précision. Contrairement à une entreprise classique devant composer avec les saisons, les aléas du marché, la météo, les prix de l'énergie ou les tensions internationales, CVC, une fois le résultat des appels d'offres connu, coulera plusieurs années tranquilles et percevra assurément sa dîme. À vie !

Main basse sur l'argent du foot français

Une bombe à retardement pour 2024

Le sujet pourrait devenir hautement inflammable, voire explosif pour les clubs, au printemps 2024. Une véritable bombe à retardement, comme le suggérait un dirigeant du PSG. Pourquoi cette date ? Pour deux raisons. Premièrement, les droits négociés en 2023 seront effectifs à partir de la saison 2024-2025. Or ils sont programmés assez hauts (863 millions d'euros) dans le BP, alors que beaucoup d'indicateurs sont au rouge. Il faut deuxièmement se replonger une fois encore dans l'architecture du contrat passé entre la LFP et CVC pour la constitution de leur filiale commune.

CVC a donc misé 1,5 milliard, dont 1,168 est reversé aux clubs. Mais pas en une seule fois. Il est prévu d'abonder en trois ans. La première année (2022-2023), pour 469 millions d'euros, *idem* pour la deuxième année et enfin 230 millions d'années pour la troisième (2024-2025). En contrepartie, CVC ne prélève pas un dividende de 13 % la première année, mais seulement de 5,75 %, et, la deuxième année, de 9,58 %. Afin de rendre le contrat indolore les deux premières années, CVC n'a pas prélevé ce dividende.

Voici ce que l'avocat de la LFP m'a écrit en retour à cette question : « Les deux premières années ne donneront pas droit à dividende, mais il y a effectivement un rattrapage en troisième année, qui porte sur 5,75 % du résultat de la première année et 9,58 % du résultat de la deuxième année[1]. »

---

1. *Ibid.*

Et les gagnants sont...

En somme, CVC prélèvera en 2024-2025 un dividende de 130 millions d'euros (si les droits domestiques sont de 863 millions), et 105 millions d'euros supplémentaires (38 millions correspondant aux 5,75 % de l'année 1 + 67 millions pour l'année 2). Si les droits étaient moindres (500 millions), CVC ne prélèverait que 84 millions d'euros, mais toujours 105 millions au titre des années 1 et 2, soit 189 millions d'euros. Une somme qui, de manière relative, aurait des allures de catastrophe si les droits étaient bas (500 millions d'euros).

Le mirage F1

« Ce n'est pas une bonne affaire, assure un président et homme d'affaires avisé. Tu ne fais jamais une bonne affaire avec un fonds de pension. Ils nous avancent de l'argent, voilà tout[1]. » Oui, le réveil va être douloureux en 2024-2025.

Afin de contrer cette attaque, la Ligue a allumé des contre-feux, prétendant que CVC allait apporter son carnet d'adresses, son expérience à l'international et la compétence de professionnels aguerris. Le discours officiel était clair : un bouleversement dans la manière d'obtenir des ressources pour les augmenter de façon spectaculaire. CVC allait sortir le grand jeu, quelques jokers de ses manches et un lapin du chapeau.

Pour attester de cette compétence professionnelle indiscutable, chacun brandit l'exemple de la Formule 1

---

1. Entretien avec l'auteur, 21 avril 2023.

et l'extraordinaire plus-value effectuée entre l'achat de la société organisatrice des Grands Prix et sa revente au groupe Liberty Media. J'ai donc mené une courte enquête sur l'apport de CVC dans la F1.

En 2002, à la suite de la faillite retentissante de l'empire des médias allemand Kirch, très investi dans le sport, la société de promotion des Grands Prix (FOPA), toujours dirigée par son fondateur, le Britannique Bernie Ecclestone (actionnaire à 25 %), tombait entre les mains de plusieurs banques (75 %). En 2006, CVC reprend la totalité des parts, celles des banques et de Bernie Ecclestone, qui continuera à diriger la société. Bernie Ecclestone, aux manettes depuis 1978, avait un plan à long terme, un *business plan* déjà très établi.

Selon plusieurs spécialistes interrogés, CVC n'aurait apporté aucun savoir-faire technique ou marketing. Le fonds serait parti « sans avoir laissé de trace de son passage[1] », dit un habitué des circuits. Cependant, CVC a exercé son métier de financier avec réussite et une belle culbute. C'est la promesse qu'il donne aux clients qui abondent dans le fonds. Ainsi, en 2017, la valeur de la société détenant les droits du Championnat du monde de F1 était estimée à 8 milliards de dollars. Au moment de la reprise par CVC, la valeur supposée du rachat de la FOPA oscillait entre 1 et 2 milliards d'euros.

Pour répondre au sujet de la compétence et prouver son apport, CVC s'est renforcé en interne. La société commerciale a embauché un directeur général, un professionnel reconnu, Benjamin Morel. Sa particularité est

---

1. Entretien avec l'auteur, 13 avril 2023.

Et les gagnants sont...

d'arriver de la société du tournoi des Six Nations de rugby, détenue par CVC.

Vincent Labrune a bien compris où le bât pouvait blesser. Il anticipe les questions sur le sujet : « Nous avons des réunions toutes les semaines, et il n'y a pas une semaine où je n'apprends pas quelque chose. » Pourtant, les cadres de la société commerciale ont demandé à être dispensés de ces réunions avec CVC « pour ne pas perdre leur temps toutes les semaines ».

La société commerciale empile aujourd'hui les embauches à différents niveaux, sans que l'on comprenne bien l'organisation de l'ensemble. « J'ai l'impression qu'ils cherchent à se rassurer car je les sens un peu perdus pour délivrer les chiffres qui ont été placés dans le BP », témoigne un professionnel du secteur.

Les mères marieuses

Si CVC est le grand gagnant de cette opération parfaitement exécutée, il n'est pas le seul au banquet. Ceci pourrait expliquer cela... Une forme de ruissellement. Les autres financiers de cette opération sont les banques d'affaires. Elles aussi ont parfaitement bien gagné leur vie, et leurs associés avec. Qui sont-ils ? Loin du guichet, les banquiers d'affaires sont des *dealmakers*, princes des acquisitions, rois des fusions. Ils conseillent les puissants sur les montages à élaborer pour acheter ou vendre telle société ou telle filiale, pour accompagner une opération boursière, pour conseiller les dirigeants d'un État dans la gestion de sa dette, pour rapprocher des sociétés et les fusionner. Pour être parmi les meilleurs, il faut combiner plusieurs savoir-faire : la technique financière, le sens de la stratégie et, surtout, un solide carnet d'adresses dans les secteurs public et privé. Beaucoup de banquiers d'affaires sont d'anciens hauts fonctionnaires, aussi à l'aise dans les arcanes poussiéreux mais complexes de la fonction publique qu'en eaux profondes, où rôdent les grands prédateurs.

Quelques banquiers d'affaires sont fameux. Associé-gérant chez Lazard, Antoine Bernheim, décédé en 2012, fut longtemps considéré comme le parrain du capitalisme français pour avoir aidé les Arnault, Bolloré et Pinault à bâtir leurs empires selon la technique dite de « cascade de *holdings* ». Emmanuel Macron était, lui, chez Rothschild entre son poste à l'Élysée sous François Hollande et son maroquin aux Finances. Le normalien Georges Pompidou travaillait également chez Rothschild, avant d'être appelé par le général de Gaulle.

Lazard et Rothschild sont les deux plus célèbres « mères marieuses », ainsi qu'on les surnomme. L'emblématique Jean-Marie Messier a lui aussi créé sa « boutique », autre surnom de ces établissements discrets. Dans l'opération ballon rond, Lazard était conseil de la LFP et Rothschild, conseil de CVC, autant dire que la crème de la crème veillait sur le gâteau. Mais Lazard et Rothschild n'étaient pas seules et, vous allez voir, le monde est petit.

Une troisième banque d'affaires, Centerview, moins connue en France, était en effet dans la boucle, représentée par Matthieu Pigasse. Ce dernier est un profil à la Messier ou à la Macron, peut-être entre les deux. On

Et les gagnants sont...

lui a d'ailleurs prêté jadis l'ambition de devenir président de la République. Énarque, membre des cabinets de Dominique Strauss-Kahn et de Laurent Fabius, il dirigea pendant longtemps le bureau de Paris chez Lazard. Son talent est discuté et contrasté sur la place de Paris, mais il fait fantasmer.

Le fantasme Pigasse

Issu d'une famille de journalistes, Pigasse fait aussi des affaires personnelles dans les médias pour perdre l'argent qu'il a gagné chez ses clients. Il est devenu actionnaire du prestigieux quotidien *Le Monde* avec Xavier Niel (celui qui a acheté les droits mobiles à la LFP) et Pierre Bergé (Yves Saint-Laurent). Pigasse et Niel se sont notamment associés à Pierre-Antoine Capton, étiqueté « meilleur pote de Vincent Labrune », pour créer un géant de la production audiovisuelle, Mediawan. Cette société a notamment racheté la société Black Dynamite, dont les actionnaires étaient Éric Hannezo et Vincent Labrune.

Pigasse et Lazard se sont séparés, dit-on, fâchés. Pigasse a alors intégré la banque d'affaires américaine Centerview avec l'un de ses anciens partenaires de Lazard, Pierre Pasqual. Ce dernier a rencontré Vincent Labrune en 2020 sur une plage de Porto-Vecchio grâce à... Pierre-Antoine Capton. Je vous le disais, le monde est petit.

À la demande de l'ancien président de l'OM, Lazard et Centerview ont accepté de travailler ensemble, malgré les amertumes du passé. Il ne faut pas cracher dans la soupe. Pigasse, dont le nom est ronflant, est lui-même venu convaincre les présidents de clubs. « C'était un peu Ali Baba et les quarante *neu-neus* », se moque gentiment un des présidents présents. Quoique certains comprennent parfaitement la musique. Joseph Oughourlian (Lens) est membre de l'*establishment* parisien et financier (Sciences Po-HEC), et lui-même patron d'un fonds, « en gestionnaire actif », dit-il. Sa maison est Amber Capital, un temps premier actionnaire du groupe Lagardère. Il connaît bien la chanson. Tout comme Waldemar Kita (Nantes), plus heureux en affaires que dans le football, réussissant coup sur coup dans son domaine, et connaissant bien les banques d'affaires. Ils ont un peu challengé Pigasse, notamment sur une prétendue estimation des droits télévisés « par le marché » à 1,2 milliard d'euros – comme si la place financière les avait évalués. Mais Matthieu Pigasse reste ferme ; on ne la lui fait pas. « Le résultat obtenu, dit-il, doit être considéré comme véritablement exceptionnel au regard de la valorisation obtenue par rapport au chiffre d'affaires de la LFP. » Il mentionne « la parfaite égalité de traitement dont ont fait l'objet l'ensemble des investisseurs intégrés dans ce processus »[1].

Qui aurait pu en douter ?

---

1. Procès-verbal, conseil d'administration de la LFP, 18 mars 2022.

Et les gagnants sont...

Un tarif exorbitant

J'ai toujours été surpris du mode de rémunération des banques d'affaires. Lorsque je travaillais dans le groupe Lagardère, j'étais étonné que l'on passe par des cabinets d'audit, des banques d'affaires ou des avocats réputés, à qui je devais tout expliquer pour qu'ils se paient grassement en faisant une jolie présentation au *board* de la maison mère. Du temps de Robert Louis-Dreyfus, il suffisait d'un coup de fil de trois minutes pour avoir une réponse claire et définitive. Robert détestait les banques d'affaires et y recourait le moins possible, ce qui ne l'a pas empêché de laisser une immense fortune à ses enfants.

Ces intermédiaires prennent un pourcentage significatif sur les transactions ; autant dire qu'ils ont un intérêt manifeste à les réaliser. Il est rare qu'ils ne poussent pas à la consommation. Le seul contre-pouvoir à ce biais manifeste n'est pas juridique ou éthique. Il s'agit de leur réputation. Favoriser un trop mauvais *deal* nuirait au renom de la boutique. Toutefois, on ne peut évaluer la qualité d'un *deal* que bien des années plus tard. Qui se souvient alors du nom de la banque d'affaires ? Et puis, le management était-il à la hauteur ? Et les investissements ? Et la conjoncture ?

Malgré tout, les banques d'affaires restent des atouts solides au sein des entreprises. Dans l'esprit des dirigeants, l'estampille « banque d'affaires » vaut souvent mieux que la validation des équipes internes. Les marchés y sont également attentifs. Seulement voilà, le tarif est exorbitant. Nous allons y venir.

Main basse sur l'argent du foot français

On trouve aussi, installés autour de la table de la Ligue, les avocats. Là encore, la réputation joue un rôle prépondérant. Les banques d'affaires ont d'ailleurs leurs chouchous, et on trouve ici de grands cabinets français, comme Darrois ou Bredin-Prat, qui murmurent à l'oreille des puissants. La LFP a choisi Darrois, dont l'étoile est au zénith. Le cabinet de l'avenue Victor-Hugo est associé à plusieurs grands accords industriels, et Jean-Michel Darrois a été désigné par l'hebdomadaire *Le Point* comme l'avocat le plus puissant de France. Il est le conseil des Bouygues, Pinault, Lagardère…

Un expert indépendant ?

Enfin, un dernier conseil est plus inattendu. Vous souvenez-vous – ce n'est pas si loin – de Marc Sénéchal, roi de la piste à Courch' ? Il avait été approché par les Espagnols de Mediapro pour trouver une solution à leur démarrage en sucette, et avait été nommé mandataire *ad hoc* par le tribunal de commerce de Nanterre pour favoriser une conciliation.

Après des débuts chaotiques avec la Ligue, Marc Sénéchal a été élevé au grade de « meilleur ami » de la galaxie Labrune. On ne connaît pas son rang dans le clan, mais on peut mesurer les effets d'une reconnaissance mutuelle. Vincent Labrune est devenu, le 23 décembre 2022, membre du conseil d'administration de la biscuiterie familiale des Sénéchal, les madeleines Bijou.

Et les gagnants sont...

Toujours est-il que, lors de l'assemblée générale de la LFP du 1er avril 2022, on retrouve Marc Sénéchal dans un nouveau rôle. À la fin du long procès-verbal de l'AG, qui souligne les modalités de l'accord entre la LFP et CVC voté par les présidents de clubs, trois petites lignes stipulent : « Par ailleurs, prend note de la proposition de Vincent Labrune de désigner Marc Sénéchal en tant qu'expert indépendant, pour négocier les honoraires des conseils de la LFP selon les règles habituelles de la profession pour ce genre d'accord industriel[1]. »

Cette proposition a-t-elle vraiment été signalée ? Difficile de le savoir. Les AG sont désormais à huis clos et fermées à la presse. Mais lorsque je signale l'articulet (non soumis au vote) à l'un des présidents présents, très rompu au milieu des affaires, il tombe de sa chaise. « Il n'a pas fait cela ? » Autre réponse surprenante : celle de l'avocat de la LFP, à qui j'ai posé la question par écrit. Je vous restitue notre discussion par e-mail sans en changer un iota.

« M. Marc Sénéchal a-t-il joué un rôle dans le *deal* LFP-CVC ?

— Non, le processus de sélection a été conduit sans qu'il intervienne à aucun moment. Il en a été de même pour le *signing* et le *closing* de cette opération. »

Selon le PV de l'assemblée générale, Marc Sénéchal a pourtant la charge de définir le montant global des honoraires et la part de chacun dans le *deal*. Nul doute qu'il a son couvert à la table du festin. Mais nous ne sommes pas au bout de nos surprises.

---

1. Procès-verbal, assemblée générale de la LFP, 1er avril 2022.

Main basse sur l'argent du foot français

Le conciliateur, devenu « expert indépendant », remet son travail pour une décision du conseil d'administration de la Ligue du 9 novembre. Pourtant, nulle trace de cette proposition dans le PV du conseil d'administration, rédigé en sept points par le directeur général. Il est évoqué le calendrier des compétitions, la politique RH, ou encore, dans le point 5, l'« octroi des fonds CVC » présenté par Arnaud Rouger, qui précise « le calendrier applicable et le déroulement des procédures d'attribution des fonds de CVC en application des décisions prises au printemps dernier ». Rien sur les rémunérations.

Une ministre larguée

Pourtant, dès le lendemain, le journal *L'Équipe* révèle les sommes que toucheront les intermédiaires, c'est-à-dire les deux banques d'affaires, Lazard et Centerview, le cabinet Darrois et, étrangement classés au rang des intermédiaires, les salariés de la LFP, dont 3 millions d'euros de « bonus » pour le président de l'institution… Vincent Labrune[1]. Le quotidien indique que, parmi eux, figurent le directeur général, Arnaud Rouger, et le directeur financier, Sébastien Cazali.

On apprendra plus tard que douze salariés ont touché 8,5 millions d'euros sur un total des 37,5 millions d'euros dévolus aux intermédiaires. On ne sait pas si cette somme englobe (ou pas) les charges patronales et

---

1. « Vincent Labrune touchera 1,2 million d'euros annuel comme patron de la Ligue et de sa société commerciale », art. cité.

Et les gagnants sont...

sociales. Plus surprenant, le journaliste écrit : « Précision importante, d'après des administrateurs, ces bonus ne proviennent pas des sommes touchées par les clubs, mais d'un pourcentage sur les rémunérations versées par CVC aux deux banques, Lazard et Centerview, et au cabinet d'avocats, qui ont mené les négociations[1]. »

Ainsi, ceux qui ont été mandatés par les présidents de club pour réaliser cette opération sont payés en retour par l'un des compétiteurs, *via* les banques d'affaires. Imaginez le directeur des achats chez Carrefour remercié par Coca-Cola ou Nestlé pour leur avoir octroyé le marché exclusif des sodas et des yaourts ou un maire touchant un bonus d'un promoteur immobilier pour lui avoir accordé un permis de construire ! Prise illégale d'intérêts ? Étonnamment, ni la FFF, chargée d'avoir un œil sur la société commerciale, ni le ministère n'ont levé le moindre cil. Au ministère, on n'était même pas informé de la situation.

Lorsque j'ai interrogé la ministre Amélie Oudéa-Castéra, elle a qualifié la situation de « normale[2] ». Mieux, elle a défendu le système. Au sixième étage du ministère, avenue de France, dans son bureau de bois blond, autour de la table de réunion, elle se lance. « Vous savez, moi je viens de la finance. Il est usuel d'être récompensé par des gratifications, lorsque de bons *deals* sont signés. »

Elle a dû voir que ma mâchoire allait se décrocher, et a ensuite essayé de nuancer et d'aplanir ; mais la

---

[1]. « Vincent Labrune touchera 1,2 million d'euros annuel comme patron de la Ligue et de sa société commerciale », art. cité.
[2]. Entretien avec l'auteur, 26 mai 2023.

discussion a tourné court. Elle, préoccupée de scroller les messages de son téléphone, et moi, costumé et cravaté, perdant mon temps, ayant bien compris que je n'obtiendrais pas plus de ce rendez-vous en haut lieu. À l'évidence, le football professionnel n'est pas sa passion, et ni elle ni son cabinet n'avaient connaissance du déroulement des opérations au sein de la LFP – et encore moins dans la société commerciale. Elle glisse juste, en guise d'excuse, un énigmatique : « Vincent Labrune ferme la copie. » Un président me dira pourtant – information confirmée au ministère – qu'« Amélie et Vincent échangent beaucoup de textos. […] Il l'a mise dans sa poche. Il fait ce qu'il veut. Son truc à elle, c'est Le Graët et Laporte. Lui détestait Maracineanu, n'avait pas le mode d'emploi. Là, il a bien compris comment elle fonctionnait. Il la complimente. Elle n'a pas beaucoup d'amis dans ce cercle. Elle adore cela ».

Miroir, mon beau miroir. On dit en plus haut lieu que « la ministre n'est pas dupe, et joue son rôle de politique en entretenant un lien dont elle a besoin dans le monde *pro* ». Pour tout vous dire, je l'ai trouvée un peu perdue sur le sujet. Elle m'a raccompagné à la porte avec un large sourire fatigué. Copie fermée. Selon l'accord passé avec le ministère, des réponses détaillées devaient me parvenir les jours suivants. Je les attends encore, malgré plusieurs relances.

Et les gagnants sont...

Un bonus de 3 millions d'euros

Revenons au CA du 9 novembre 2022 qui a bien eu lieu, et qui a bien débattu de(s) rémunération(s) de Vincent Labrune. Oui, « rémunérations » au pluriel. Car, outre le bonus de 3 millions d'euros, son salaire a bondi de 420 000 euros par an à 1,2 million. Soit 100 000 euros par mois. Hôtel Brach en prime, chauffeurs, et deux voitures – l'une à Paris, et l'autre à Saint-Rémy-de-Provence, parce qu'il n'a pas le permis de conduire... Les présidents ont validé. Après Mediapro et CVC, on n'est plus à ce type de détail près chez les présidents.

En outre, ils ont sûrement oublié dans la bataille les clauses de départ de Vincent Labrune, inscrites dans son contrat, celui qu'ils avaient voté deux ans plus tôt. Ainsi, s'il partait avant la fin de 2023, Labrune toucherait deux ans de salaire calculés sur les douze derniers mois, primes comprises, soit 1,2 million d'euros, plus un bonus de 3 millions – ce qui fait 4,2 millions, à multiplier par deux, soit 8,4 millions d'euros...

Un président grommelle à l'oreille de son voisin : « Il va toucher trois fois plus pour s'occuper de la société commerciale, dont la principale activité est les droits télévisés, dont il s'occupait déjà avant... C'est bien cela ?

— On dirait...

— Il va donc vendre trois fois nos droits... s'amuse-t-il.

— Non, il va les vendre trois fois plus cher ! Tu sais, son ami Saada... », répond l'autre dans un grand sourire.

Main basse sur l'argent du foot français

Une double casquette pour tripler son salaire, voilà une belle affaire.

Selon *L'Équipe*, lors du CA, les dirigeants de la LFP, afin de justifier ces nouveaux émoluments, ont produit une étude d'un « cabinet spécialisé[1] » lors des échanges (dont il n'y a aucune trace). À lire le quotidien, on découvre : « Une étude réalisée pour le CA de la Ligue par Egon Zehnder, cabinet mondial de conseil en management et recrutement de cadres, montre que ce montant situe Vincent Labrune dans la fourchette basse des rémunérations de ses homologues européens. »

Vincent Labrune a aussi défendu devant les présidents que la prise de participation valorisait la LFP à 11,5 milliards d'euros, soit le chiffre d'affaires (ou la capitalisation boursière) de Renault ou de Vivendi, et que l'on était loin des émoluments des patrons de ces sociétés. Mesurer la LFP à Renault, voilà qui est audacieux ! Se comparer à Vincent Bolloré, c'est maladroit. D'autant que chacun, la ministre avec, a dû oublier dans l'euphorie que la LFP était une sous-délégation de service public, et qu'il serait en conséquence plus juste de calibrer sa rémunération à celle du PDG d'EDF ou de la SNCF. Leurs salaires sont plafonnés à 450 000 euros par an.

Lors du conseil d'administration, quelques présidents ont d'ailleurs un peu tiqué. Waldemar Kita, grand supporter de Vincent Labrune, lui a tout de même demandé

---

1. « Vincent Labrune touchera 1,2 million d'euros annuel comme patron de la Ligue et de sa société commerciale », art. cité.

Et les gagnants sont...

si les décisions qu'on leur soumettait ne relevaient pas plutôt de l'assemblée générale, c'est-à-dire des quelque quarante présidents de clubs. Jean-Michel Aulas, un peu gêné, a acquiescé. « Ils ont tous les deux été renvoyés dans les cordes », se souvient un participant. Labrune est un cogneur.

Un autre des supporters de Vincent Labrune, notre ami « triple-*off* », est embêté et il le dit : « Une prime, ce n'est pas forcément injustifié. Mais le montant du bonus et le fait d'avoir été mis devant le fait accompli... Ces bonus auraient dû être expliqués et validés par le conseil d'administration avant le processus. Comme cela, après, ce n'est pas une bonne idée. »

Pas forcément injustifié ? Vraiment ?

La position des présidents de clubs est une fois de plus incompréhensible. Ils paient – car on parle bien de leur argent – des bonus. Non pas pour saluer un superbe contrat de droits télévisés ou l'arrivée d'un sponsor achetant le *naming* de Ligue 1 sur dix ans à un tarif inespéré, mais pour une forme de prêt, qui les ampute à terme de leur propre valeur *ad vitam*. Déroutant. En outre, dans leurs nouveaux contrats avec la société commerciale, tant le président que certains salariés de la Ligue toucheront des bonus supplémentaires sur les prochaines ventes de droits télévisés ou de sponsors. Et les primes peuvent y atteindre des montants appréciables.

Et les banques d'affaires, dans tout cela ? Un des présidents les plus remontés s'emporte : « Franchement, ce *deal*, un de mes salariés aurait pu le boucler tout seul avec un bon cabinet d'avocats en appui. Ce n'est vraiment pas normal. »

Les deux banques d'affaires, qui avaient accepté de travailler un temps gratuitement, foi de Labrune, ont donc touché quelque 10 millions d'euros chacune. Rien n'est jamais gratuit. N'essayons pas de savoir, chez Lazard ou Centerview, combien ce contrat a mobilisé d'hommes et de temps, on se ferait peur. Il ne faut pas des dizaines de financiers pendant des mois pour élaborer une telle convention, même si son verrouillage exige beaucoup de minutie. Ne doutons pas que CVC avait déjà des idées bien arrêtées, et qu'elles avaient été communiquées en amont.

Le président de la Ligue, à lui seul, perçoit autant que l'avance faite cash à un club de Ligue 2. Il ne s'en émeut pas et défend complètement son système, à sa manière, directe : « Tout le monde va gagner de l'argent, dans cette affaire. Et pas moi ? J'assume. Tu sais quoi ? J'assume pleinement. Ce n'est pas un sujet. Je leur ai fait gagner un paquet, normal que j'en profite. » Pas sûr que « gagner » soit le verbe le plus adapté. On peut se poser la question par l'autre bout de la lorgnette : lorsque l'on gagne autant d'argent sur une opération, quel est l'intérêt de ne pas l'initier ?

Labrune profilé

Un des fonds en lice pour s'associer à la LFP a participé aux auditions d'évaluation. La Ligue a observé les dossiers de chacun, mais les fonds ne sont pas venus seu-

Et les gagnants sont...

lement pour déployer leurs plumes. Ils ont pris discrètement la température. L'un des établissements est venu jauger Vincent Labrune grâce à un profileur spécialisé, lequel s'est glissé dans l'équipe des financiers. La pratique est courante ; les fonds cherchent à connaître le véritable objectif de l'homme chargé de la bonne utilisation du butin.

Les profileurs ont déjà croisé des caractères et des ambitions variées. Parmi les leaders, il y a ceux qui veulent briller, ceux qui veulent transmettre en douceur, ceux qui veulent protéger leurs enfants ou le nom de l'entreprise, ceux qui veulent de l'argent. Ce profil psychologique n'apparaît pas toujours lors des premiers rendez-vous. L'enquêteur traque les attitudes, la manière dont le manager pose les questions, les mimiques, le *body language*. Il surveille les réactions quand on évoque le développement, les dividendes ou le *cash-flow*.

Dans le cas de Vincent Labrune, le profileur a aussitôt détecté son principal ressort : l'argent. Les autres rendez-vous ont confirmé sa première impression et conforté le diagnostic initial. Son principal moteur : l'argent, son argent, son augmentation de salaire si le *deal* se réalise, son enveloppe de frais, son *package*, son bonus. Il est insatiable en la matière, il en veut toujours plus. On sent un profil d'un type connu : si sa piscine ne mesure que dix mètres, il se demande pourquoi et comment en ajouter dix de plus. Il vole en *business class* mais rêve de jet privé...

Sa fréquentation des milliardaires n'a pas apaisé son appétit. « À ce point, souligne le profileur, c'est rare[1]. »

---

1. Entretien avec l'auteur.

Main basse sur l'argent du foot français

Ce rapport à l'argent est-il son point faible ? Pas dans la logique des fonds. Au quotidien, c'est plus compliqué.

Un président l'observe évoluer depuis des années au sein des instances du football : « Avec Labrune, l'équation humaine est simple : tu as de l'argent, il te parle, tu n'as pas d'argent, il ne te parle pas. » Flatteur avec les plus riches, il peut se montrer désagréable avec ceux qui le sont moins, comme lors de ce déjeuner où sont attablés Bernard Caïazzo, Laurent Nicollin – deux fidèles –, Arnaud Rouger, le DG de la LFP, et Marie-Hélène Patry, la déléguée générale de Foot Unis, nouveau syndicat des clubs pro de Ligue 1 et 2, à nouveau réunis après le schisme de 2016. Le président de Foot Unis est Laurent Nicollin. Devant la tablée, pour planter le décor, Labrune s'adresse à Marie-Hélène Patry dès le début du repas : « Toi, si tu es là, c'est grâce à moi. Si je veux, je te vire. » Élégance.

Vincent Labrune ne perd jamais le sens des affaires. Avant qu'il en devienne le président, alors dans le collège des « indépendants », il est nommé vice-président de Moma Group, qui détient des lieux de soirées et de séminaires. Le hasard, assurément, voudra que Moma Group soit mandaté pour organiser à Monaco l'AG de Foot Unis.

L'homme qui aimait l'argent

Un président n'a aucune illusion et affirme qu'il quittera rapidement la LFP sans se contenter d'un salaire qu'il considère déjà comme insuffisant, presque minable.

Et les gagnants sont...

Il ira pêcher dans les hauts-fonds, à des profondeurs où les bonus se libellent en dizaines de millions d'euros. La manière dont il a distribué l'argent de CVC aux clubs est révélatrice de ses inclinations personnelles. Hormis Paris, Marseille et Lyon, qui paraissaient indiscutables, les choix de la dotation à chacun des clubs illustrent parfaitement son plan d'action. Il regarde Nasser comme autrefois Robert Louis-Dreyfus, un tas d'or dans lequel il pourrait aller piocher sans effort. « Et en plus, il a des oursins dans les poches, grogne un président. On ne lui fera pas payer un café. Sauf s'il est sur note de frais. »

Il traite les notables de province avec doigté et férocité. Il connaît leurs ressorts intimes. Il leur parle de Sarkozy ou de Macron comme de deux de ses copains, les place aux bonnes tables parisiennes, à côté d'une vedette de la télévision, leur raconte avec talent deux ou trois histoires épiques de transferts de joueurs – les présidents raffolent de ces gourmandises. Il rejette sa mèche en arrière, grille une clope, et les accompagne dans le Paris *underground*, où les cocktails sont préparés au shaker et servis par des jeunes femmes séduisantes.

Son amitié avec Caïazzo ? « C'est le même marché », dit Roland Romeyer, l'autre président de Saint-Étienne, dans un sourire. « Ce sont les mêmes soirées, c'est le Victoria (boîte de nuit des Champs-Élysées/Moma Group). Mais depuis que Bernard Caïazzo a été éjecté de la tête du syndicat des clubs, depuis que Saint-Étienne est en Ligue 2 et que les transferts de joueurs sont d'un moindre niveau, il reçoit moins d'appels de Labrune.

Main basse sur l'argent du foot français

Le niveau de fortune de Bernard Caïazzo ne le justifie pas[1]. »

Ancien habitué du Peninsula, un palace de l'avenue Kléber dans le palais de Castille rénové par le Qatar, il a désormais établi son quartier général au Brach, moins tapageur, où la chambre simple se négocie à partir de 800 euros et où, heureusement, la burrata crémeuse et son caviar sont « à partager ». Labrune *kiffe* ces lieux où il faut être vu, ces palaces dont les bars assurent une relative discrétion, mais également la certitude de serrer quelques mains connues afin de pouvoir glisser dans les conversations que l'on a croisé tel ou tel, deux jours plus tôt, au Fouquet's, au Peninsula ou chez Piège. La mécanique parisienne fonctionne ainsi, et le président de la Ligue y déambule avec virtuosité.

Infatigable, disponible et méthodique

Il a comme seul outil de travail son téléphone, greffé à l'oreille. Il ne prend aucune note mais n'oublie rien, ce qui constitue une vraie force. « Il va vite, il est à l'écoute », dit le dirigeant d'un club peu suspect de flagornerie. Autre grande qualité, il est infatigable, reste joignable nuit et jour. Son mode de vie n'a pas changé depuis qu'il était attaché de presse ou conseiller en com'. Son épouse Laetitia, qui travaillait autrefois dans le milieu de la télévision, témoigne dans *L'Équipe* : « Sa vie, c'était son boulot. Il était disponible, tout le

---

1. Entretien avec l'auteur, 4 avril 2023.

Et les gagnants sont...

temps. À une époque où nous étions moins connectés, cela faisait la différence : à minuit, quand il y avait une crise, il la gérait. Vincent s'est nourri de Mougeotte, de Le Lay, d'immenses stratèges, des joueurs d'échecs, qui prévoyaient toujours le coup d'après. Il m'a toujours répété : "La vie, ce n'est pas un sprint, mais un marathon." La seule chose qu'il ne pouvait s'acheter, c'était l'expérience[1]. »

Dans tous les cas, alors qu'il donne l'impression d'être en permanence surexcité, il sait programmer et se tenir avec méthode à son plan de charge et à son calendrier. Il sait aussi que, parfois, la meilleure communication est de se taire, et que la tentation des médias peut être mortelle.

Les dirigeants du fonds ont, quant à eux, détecté une belle intelligence : « Il sait monter habilement des projets d'une grande complexité, il avait le gouvernement derrière lui ; enfin, le ministère. » Il a aussi trouvé le bon réglage avec les présidents, capable de les flatter, de les flatter encore, dire à Kita (Nantes) qu'il a des airs de Brad Pitt, ou à Caillot (Reims) qu'il est le manager de l'année. Il tente toujours sa chance à ce jeu. Je me souviens être passé dans son bureau, m'être vu offrir une place sur un canapé (Vincent Labrune travaille sans bureau), et l'entendre dire : « Toi, tu sais ce que l'on va faire de toi ? Ministre ! Ministre des Sports ! »

Je lui réponds qu'un maire battu a peu ce profil... lorsque Arnaud Rouger, le directeur général, pénètre

---

1. « Qu'a fait Vincent Labrune, nouveau président de la LFP, depuis son départ de l'OM ? », art. cité.

dans le bureau. « Arnaud ! Je viens d'avoir une idée. Christophe, on va faire de lui le ministre des Sports. Non ? Tu ne crois pas ? » Arnaud est d'accord. Arnaud est souvent d'accord avec Vincent.

Et parfois, ça fait mouche. La suite est racontée dans un article de Mathieu Grégoire, le lendemain de son élection à la LFP. « Fin 1999, Brahim Asloum est invité aux Arcs, pour les Micros d'or. Pendant quelques jours, sportifs et journalistes se côtoient sur les pistes ou autour d'une fondue savoyarde. Le boxeur voit débouler le crâne rasé de près de Hannezo[1] et les cheveux mi-longs de Labrune. "On le reconnaît tous les deux, se souvient Hannezo. Moi, normal, je bosse sur les sports olympiques. Et là, Vincent dit à Brahim : *Je t'ai vu, et je ne te dis pas ça pour te faire plaisir, mais tu vas faire un truc aux Jeux.*" » À l'été 2000, Asloum devient champion olympique à Sydney, catégorie mi-mouche[2].

Une anecdote comme celle-ci sert d'éternel sauf-conduit.

Alors, il flatte les présidents mais manie, avec les mêmes, le bâton pour asseoir son autorité. En public, s'il le faut. Loïc Féry, considéré comme l'un de ses proches, s'est fait reprendre de volée, sans ménagement, parce qu'il lui demandait des comptes. Gervais Martel aussi. À un point tel que l'ancien président lensois s'est levé, prêt à en découdre, hurlant : « Tu ne me parles pas comme ça ! » Les familles observent avec intérêt. L'un des membres me dit : « C'est un

---

1. Proche ami de Vincent Labrune, son associé dans Black Dynamite.
2. *Ibid.*

Et les gagnants sont...

chat. Quand ça va trop loin, hop, il fait une pirouette, il retombe sur ses pattes. » Un autre est à chaque fois stupéfait : « Je ne comprends pas comment ils se laissent traiter ainsi[1]. »

Mais le résultat est sans appel : Vincent Labrune les a mis en rang. Ils obéissent. Son secret : « Tu sais pourquoi je les tiens tous ? Parce que je leur ai fait gagner de l'argent. »

Voilà une vision du monde qui ravit les fonds. Alors, pour l'encourager...

Cash à gogo

Il y a un dernier lauréat à la roue de la fortune. Personne n'aurait pu miser un caramel mou dessus. Il s'agit de la Caisse des retraites du personnel navigant professionnel de l'aéronautique civile. Voilà qui interroge et mérite quelques explications.

Nous sommes à l'été 2022. Cette année semble bénie. Tous les clubs ont oublié qu'ils avaient bu la tasse avec Mediapro et que les droits télévisés étaient historiquement bas. Plus question de rêver d'Angleterre, d'Allemagne ou d'Espagne. Les déclarations martiales de faire entrer le Championnat dans les trois premiers européens se sont évanouies. Il est même hors de question de se comparer aux quatre autres championnats premium ; on tente de ne pas se faire mordre le jarret par les Hollandais ou les Portugais.

---

[1]. Entretien avec l'auteur, 13 avril 2023.

Main basse sur l'argent du foot français

Qu'importe ! Maintenant, il y a du cash, la fête doit être grandiose. On doit montrer sa nouvelle richesse. « Les présidents ne raisonnent qu'en cash, toujours en cash. Pas moyen de leur faire admettre une vision à long terme[1] », dit un de leur conseil. Quand je l'écoute, je me souviens de ce conseil d'administration de décembre 2004, évoqué plus haut[2], lors duquel j'avais suggéré de mettre 100 millions de côté pour envisager l'avenir. La voix de Pascal Urano résonne encore à mes oreilles. « Ta g***, Bouchet ! On a du fric, on le dépense. »

Vingt ans plus tard, le football français est en ruines, mais par la grâce d'un fonds, le voilà maintenant qui regorge de cash. Alors, il faut le dépenser sans tarder. Tout le monde s'y attelle donc, sans délai. Lors de l'assemblée générale du 8 juin 2022, on approuve la précédente, celle du 1er avril, qui avait acté le mode de distribution du butin aux clubs. Mais ce grand partage ne représente qu'une partie du magot. Le PV est approuvé, et Vincent Labrune joue d'abord de son côté sombre pour exprimer sa vive inquiétude sur les questions de sécurité, puis relève sa mèche et se réjouit une fois encore de « l'apport d'un nouveau partenaire comme CVC Capital Partners [qui] permet au football professionnel français d'envisager des jours meilleurs ». Il est félicité – est-ce bon signe ? – par Noël Le Graët pour l'ensemble de ses propos.

---

1. Entretien avec l'auteur, 26 mai 2023.
2. Voir chapitre 1, p. 39.

Et les gagnants sont...

Un des participants raconte la suite. Labrune enchaîne assez vite sur « l'affaire du déménagement, dit-il d'un ton badin. Vous savez, moi, le siège, je n'y mets jamais les pieds. Et puis c'est quoi, Arnaud ? 1 % des droits télévisés par an, c'est cela ? ». Et il s'éclipse, ayant sûrement mieux à faire.

Le sujet du siège avait été abordé à l'automne, déjà. Selon le CA, dans un objectif d'« efficacité financière », le projet consistait « à rechercher un nouveau siège social de 3 500 mètres carrés à l'acquisition dans Paris, tout en conservant le siège actuel, 6, rue Léo-Delibes, pour le mettre en location et assurer ainsi une partie du financement de l'opération, qui serait effectuée sous forme d'emprunt »[1]. L'opération est estimée à un coût net annuel (déduction faite des ressources liées à la location) compris entre 1,5 et 2,4 millions d'euros. Le président de Nice, Jean-Pierre Rivère, par ailleurs promoteur immobilier, souligne une « démarche parfaitement cohérente pour sécuriser, sur le long terme, les actifs de la LFP et donc du football professionnel, dans une perspective de développement[2] ». Le conseil approuve les recommandations émises, et demande aux services de la LFP de poursuivre le projet en recherchant un nouveau siège dans l'enveloppe budgétaire présentée.

Munies de ce blanc-seing, les équipes se mettent en quête d'un immeuble. Elles pensent avoir trouvé le bon site, un garage à rénover à Belleville. Vincent Labrune, trois jours à Paris et souvent à son hôtel, est

---

1. Procès-verbal, conseil d'administration de la LFP, 9 novembre 2021.
2. *Ibid.*

d'accord. Mais les présidents de clubs et les salariés font la moue. À Belleville, bof ! Il faut être dans le quartier des affaires…

Six mois plus tard, Arnaud Rouger, seul en scène, rappelle que la Ligue est actuellement éclatée sur plusieurs sites, que ce n'est pas très pratique ; il indique que l'institution n'aura plus de loyer à payer, que l'immobilier constitue un patrimoine sûr et que le 6, de la rue Léo-Delibes est conservé pour être loué… Il détaille les caractéristiques du nouveau siège, au cœur du quartier des affaires, face au parc Monceau, au 34-36, boulevard de Courcelles, dans le 17ᵉ arrondissement. L'immeuble n'a rien de remarquable, mais l'adresse est ô combien prestigieuse.

Une terrasse sur le parc Monceau

Non, vraiment, c'est décidé, la Ligue va désormais vivre sur un grand pied. Dans le procès-verbal de l'AG, il est décrit comme « un bâtiment principal en façade sur le boulevard, double en profondeur, prolongé par deux ailes sur cour jusqu'au fond, couvert par deux terrasses, comprenant au sous-sol (sous la totalité du terrain, sauf petite cour anglaise) rez-de-chaussée et deux étages carrés, troisième étage en léger retrait (partie haute sous brisis ardoises), quatrième étage, cinquième étage en fort retrait avec large terrasse accessible sur boulevard, sixième étage partiel en retrait par rapport au cinquième étage, avec terrasse accessible sur boulevard, – et un bâtiment annexe, à simple rez-de-chaussée sur sous-sol

Et les gagnants sont...

occupant la plus grande partie de l'ancienne cour, communiquant avec l'aile droite du bâtiment principal : toit-terrasse avec deux lanterneaux ».

À l'oral, Rouger s'extasie sur la terrasse du cinquième étage, un véritable *rooftop*, qui surplombe le très chic parc Monceau et son bassin d'agrément. Nous sommes face aux Invalides, avec, au loin, la tour Montparnasse, côté est, le Sacré-Cœur, côté ouest, l'Arc de triomphe. La vue est vraiment superbe. Un *must*.

Six mois après avoir voté un budget d'un maximum de 2,4 millions d'euros par an, le directeur financier a la charge de spécifier le projet financier avec des chiffres « à parfaire ». Le coût total est de 123,4 millions d'euros, un crédit-bail de douze ans, un loyer annuel d'« environ 6 800 000 euros, à parfaire (selon le taux de marché définitif) » et une avance de 32 millions d'euros (15 sur fonds propres, 17 empruntés sur quinze ans, à un taux de 3,52 % – soit une annuité de 1,04 millions d'euros). L'immeuble du 6, rue Léo-Delibes sera mis en location en contrepartie d'un loyer de 1,08 million d'euros, pour une durée de neuf ans ferme, avec douze mois de franchise. Arnaud Rouger conclut que le nouveau locataire, la société M2DG, est une entreprise spécialisée dans l'exploitation de bureaux, « ce qui pourrait représenter également une opportunité pour une occupation efficiente du futur siège ».

Six semaines plus tard, le 26 juillet, toujours en assemblée générale, le menu porte sur les « modalités définitives » pour l'acquisition du nouveau siège social, « en complément des résolutions déjà adoptées par l'assemblée générale du 8 juin 2022 ». Les chiffres ont augmenté. Le loyer passe en effet à 7,3 millions d'euros par an, l'avance, à 31 millions d'euros (dont 16 millions empruntés au taux de 4,10 % l'an). Ainsi, le coût total de l'ensemble, « clés en mains », est désormais de 131 millions d'euros (*versus* 123,4 millions d'euros six semaines plus tôt)[1]. « Je n'ai pas compris, il y a combien de mètres carrés ? » murmure un président. De fait, les dirigeants ne se sont pas attardés sur le sujet, mais la réponse est de 3 218 mètres carrés. Un président de club sort son téléphone et lance la calculette. « Donc je divise 131 027 072 par 3 218, soit 40 717 euros par mètre carré. » Le président tend son téléphone à son voisin, qui émet un sifflement et commente : « À ce tarif-là, il doit y avoir une chambre pour Nasser, non ? Les robinets sont-ils en or ? »

Un des notaires du 8e arrondissement, familier de ce type de transactions, s'étonne. « Là, je crois que c'est n'importe quoi ! Même ce quartier, même cette adresse, ça ne peut pas les valoir. On approche quelquefois les 30 000 euros le mètre carré, mais 40 000, c'est excessif. Qui leur a vendu cela ? C'est un bon… »

Oh, Loulou, réveille-toi, ils sont devenus fous !

Un prix d'autant plus incompréhensible que le propriétaire précédent, la Caisse des retraites du personnel navigant professionnel de l'aéronautique civile avait, le 11 mars 2019, acheté l'immeuble pour 73,1 millions

---

1. Procès-verbal, assemblée générale de la LFP, 26 juillet 2022.

d'euros (22 715 euros le mètre carré). On n'est pas tout à fait passé du simple au double, mais presque, dans un marché parisien qui n'a pas connu de hausse pendant cette période.

Certes, l'adresse est prestigieuse, mais par chance on peut la comparer avec un bien similaire, au 68, boulevard de Courcelles : un immeuble haussmannien en pierre de taille, sans terrasse, mais d'une architecture plus soignée, lui aussi face au parc Monceau. Ce dernier a été vendu en décembre 2022 pour la somme de 116,8 millions d'euros pour 6 737 mètres carrés, soit 17 344 euros le mètre carré. Il y a bien sûr les travaux. Néanmoins, le coût de la construction était, en France en 2023, après une sérieuse augmentation annuelle, de 2 000 euros au mètre carré. C'est aussi le coût de la rénovation d'un appartement haussmannien, « pose et matériel inclus ».

Admettons que le coût d'une rénovation totale haut de gamme, avec création de nouveaux espaces, puisse être du double à Paris, c'est-à-dire entre 4 000 et 5 000 euros le mètre carré, le coût global serait d'un maximum de 25 000 euros le mètre carré. Le surcoût est impressionnant !

À ce tarif, tout le monde sera très à l'aise.

La LFP a prévu une salle de conférences, un espace *fitness*, un espace pour les journalistes, un espace événementiel au sixième étage, avec sa vue panoramique sur Paris. Enfin, l'étage présidentiel, au cinquième, avec une tisanerie et un espace collaboratif. Le top ! Mais, contrairement à ce que suggérait Arnaud Rouger, aucune autre sous-location que celle de la société commerciale, puisque même le syndicat des clubs professionnels, Foot Unis, qui était historiquement dans les locaux de la LFP, a été prié d'aller voir ailleurs. « Rouger les déteste, dit-on à la LFP, il en a profité pour les mettre au piquet. » Le président du syndicat, Laurent Nicollin, pourtant grand-maître dans la loge « meilleur ami de Vincent Labrune », n'a pas bougé une oreille. « Labrune le rudoie et le brime », pestent les salariés de Foot Unis.

Oh, Loulou[1], réveille-toi, ils sont tous devenus fous !

Temps additionnel

Mais d'ailleurs, pourquoi sous-louer ? Non, vraiment, le cash coule à flots. Et puis les clubs feront bien quelques efforts pour réduire, eux, leur masse salariale. Car, à la LFP, il est prévu de gonfler tant les effectifs que les salaires. Tous ceux qui ont perçu un bonus ont été augmentés, certains sensiblement. Les services financiers et médias aussi. Une forme de ruissellement.

On ne regarde pas à la dépense, non plus, pour les nouvelles embauches, afin d'attirer quelques pointures. Une centaine de recrutements sont prévus. Parmi eux, Benjamin Morel comme directeur général de la société commerciale, en provenance du tournoi des Six Nations de rugby. Avec lui, l'ancien directeur de cabinet de l'UNFP, Jérôme Dumois. Mais aussi Martin Aurenche,

---

1. Louis Nicollin est le fondateur du MHSC (Montpellier), président du groupe Nicollin, fort en gueule, père de Laurent. Décédé en 2017 à Nîmes, il était une figure rabelaisienne et pleine de bon sens du football français.

Et les gagnants sont...

chargé des droits internationaux, arrivant de chez BEin Sports. À un an des Jeux olympiques, Jérôme Cazadieu, directeur de la rédaction de *L'Équipe*, poste prestigieux, a signé un contrat financièrement attractif pour devenir directeur marketing et directeur éditorial. Certains, récemment arrivés, se plaignent à voix basse : « Pour le moment, on ne sait pas trop ce que l'on doit faire. » Pour mettre en place une telle organisation, il faut du temps.

Au total, entre 2022 et 2026, les charges de la LFP ont prévu une augmentation de 50 %, passant de 32 à 52 millions d'euros. Est-ce raisonnable ?

Devenir plus performant nécessite de vrais moyens humains, ce dont la Ligue ne s'est jamais donné la peine, à tort. Un véritable investissement humain donnerait à l'institution des outils robustes, tant dans les droits internationaux, étrangement abandonnés à BEin Sports depuis trop longtemps, que dans le digital, secteur dans lequel d'importants moyens sont obligatoires pour qu'il soit déployé. La société commerciale voulue depuis des années par quelques-uns – dont je fais partie – a tout son sens si on y consacre les ressources nécessaires. Trop tardif ? Le Championnat de France de football a beaucoup décroché, mais le sport possède l'art de ces retournements, cruels ou magiques, ces courts moments de grâce ou de cauchemar, où tout peut s'inverser en dehors du temps réglementaire. Une seule erreur adverse, une seule victoire, peut tout relancer, presque à tout moment. Il ne faut pas négliger le temps additionnel.

Néanmoins, côté dépenses, quelques précautions auraient dû être prises afin d'attendre la conclusion du premier appel d'offres des droits domestiques et les résultats des premières renégociations des contrats internationaux. D'autant que c'est l'ancienne équipe qui, au printemps 2023, a bouclé l'appel d'offres de l'automne 2023. Dès la saison 2024-2025, les financiers ont inscrit au budget 1,06 milliard de revenus télévisés, dont 863,7 millions pour les droits domestiques, en augmentation de 30 % par rapport au cycle précédent. En 2032, le montant total des droits télévisés est programmé à 1,57 milliard d'euros, moins que le championnat d'Espagne aujourd'hui, deux fois moins que le championnat d'Angleterre aujourd'hui. Pourtant, en 2032, il faudra verser 210 millions d'euros de dividendes prioritaires à CVC.

Tout cela pour ça ?

CONCLUSION

Rendez-vous dans dix ans

Nous avons débuté ce récit en 2004. Cette année-là, nos droits télévisuels domestiques étaient équivalents à ceux de l'Angleterre, pays de même importance démographique. Vingt ans plus tard, les droits anglais sont deux fois et demie plus élevés. Les droits internationaux, quant à eux, sont vingt fois supérieurs outre-Manche, ouvrant sous nos pieds un gouffre.

Les erreurs conjuguées et répétées des présidents de clubs et de la Ligue, peut-être plus intéressés par le cash immédiat qu'occupés à construire une véritable stratégie au long cours, celles de Canal+, à la recherche systématique d'une position monopolistique – tolérée par des pouvoirs publics sourds à l'intérêt d'un football professionnel compétitif –, nous ont entraînés dans un tourbillon, un puissant syphon, nous laissant sonnés et impuissants. Plus personne ne sait où s'accrocher pour arrêter ce cauchemar.

L'affaire Mediapro, empoisonnée par la pandémie, s'est révélée une démonstration chimiquement pure de la somme des incompétences et des suffisances à chaque étage. Le résultat est sans appel : moins d'argent, donc moins de vedettes (toujours promptes à l'exil), donc une humiliante absence de résultats européens, donc moins d'attractivité, et donc moins d'argent encore. Sans pouvoir reprendre son souffle, tout le monde repart dans cette tourmente, attiré vers le fond.

Contester judiciairement l'opération Luther ?

À quoi sert le milliard et demi de CVC dans ce contexte ? À rien. Si, pardon : à CVC, et quelques autres qui se sont mis sous la gouttière. Mais, autrement, il ne sert à *rien*. Pire, il faudra rembourser, et certains boiront la tasse. Si je reprenais le FC Nantes ou l'OM (non, que les supporters du club ne s'affolent pas, c'est juste une hypothèse de travail !), ma première décision serait de contester judiciairement cet accord illimité dans le temps, obérant à vie les droits des clubs et des territoires qu'ils représentent.

Je n'ai toujours pas compris comment ceux qui, derrière le rideau, tenaient la main des législateurs ont pensé à fixer la part maximale des investisseurs dans la fameuse société commerciale à 20 %, mais ont oublié d'en limiter la durée. Les financiers se sont engouffrés dans cette opportunité – qu'ils avaient sans doute eux-mêmes générée – avec avidité. Dommage et bravo. Pas sûr, néanmoins, que cette absence de limite de temps résiste aux assauts judiciaires… Reste à voir si certains auront, maintenant qu'ils ont eu le temps de prendre conscience de leur naïveté, le courage de ne plus se laisser faire et d'affronter un fonds d'investissement puissant, qui vient de faire une levée de fonds historique.

Rendez-vous dans dix ans

Et sinon, qu'est-ce qui permettrait d'imaginer que, pour autant, les clubs français auront de meilleures performances européennes ?

Les clubs disputant les coupes d'Europe sont désormais privilégiés, et c'est tant mieux. Mais, en 2022-2023, alors que la première partie de ce milliard et demi était déjà versée, nos résultats européens n'ont pas progressé. Au contraire, il a fallu attendre les trois derniers matchs européens de la saison, et prier pour la défaite d'Alkmaar, bourgade batave de 110 000 habitants, lors de ses trois derniers matchs de la Ligue Europa Conference, car la victoire aurait rapporté suffisamment de points aux Pays-Bas pour nous ravir la cinquième place au classement UEFA. Comme l'a dit Vincent Labrune : « Le pire était possible. »

D'ailleurs, lui qui fanfaronnait en mai 2022 dans *Les Échos* (« Le football français est sauvé »), se fixant comme ambition que la France soit dans les trois premiers pays européens en 2028, se montrait un an plus tard piteux, estimant que, « aujourd'hui, nos clubs ont les moyens. On n'a rien à envier aux Pays-Bas et au Portugal[1] »... Il reconnaissait ainsi par défaut la distance creusée, sans espoir de retour, par l'Angleterre, l'Espagne, l'Allemagne et l'Italie. Quel aveu d'impuissance !

Mais alors on pourra continuer à prétendre que le principal motif de l'opération Luther était de sauver les clubs de la disparition.

---

1. « Vincent Labrune : "On vise aux alentours du milliard d'euros" », *L'Équipe*, 6 juin 2023.

Main basse sur l'argent du foot français

Foutaises ! Qui se serait déclaré failli ? Le PSG ? L'OM ? Lyon ? Nice ? Rennes ? Les actionnaires, qui avaient déjà beaucoup écopé, auraient épongé le reste. C'est le jeu.

L'approche comptable immédiate poussée par le président de la DNCG[1], Jean-Marc Mickeler, n'avait pas de sens. Avant de remplir un tonneau percé, il fallait d'abord boucher l'énorme trou laissant s'écouler les milliards. Or les vraies mesures structurantes n'ont pas été prises. Les actionnaires-danaïdes engloutiront beaucoup d'argent, encore et encore, pour se mettre au niveau européen.

Certes, il y a eu le passage des championnats de vingt à dix-huit clubs, et peut-être demain à seize. Certes, il y a l'allongement du premier contrat « pro » à cinq ans. Des mesures nécessaires, dont on ne peut ignorer la difficulté et l'impopularité pour ceux qui se trouvent ainsi exclus. Mais nous sommes loin du compte pour espérer revenir dans la course. Très loin.

Car notre système est déséquilibré par rapport aux concurrents, et les propositions couramment évoquées ne sont pas à la mesure de l'enjeu.

On discute de la manière de mieux encadrer les appels d'offres (possibilité de l'allongement de la durée des droits, droits de veto sur les sous-licences, meilleures garanties, ou avances significatives). Pourquoi pas, mais rappelons ici que les Anglais lancent leur appel d'offres sur trois ans, et que la société commerciale LFP-CVC a

---

1. Direction nationale du contrôle de gestion.

elle-même inscrit dans ses prévisions des droits télévisés internationaux une durée de trois ans.

Autre tarte à la crème : la réduction des masses salariales, la contraction des effectifs ou le plafonnement des rémunérations (*salary cap*) – qui ne peuvent être que des décisions collectives approuvées au niveau européen. Sinon, la France sera encore le dindon de la farce.

Enfin, oublions la fable qui consiste à croire que CVC bouleversera la donne des revenus. Ses gestionnaires sont d'excellents financiers, on l'a vu, mais ils n'ont pas la compétence pour doper les droits télévisés ou trouver un sponsor-titre. Vincent Labrune sifflote à l'oreille des présidents de clubs cette petite ritournelle de l'ultra-compétence de CVC pour justifier les juteux dividendes qu'il faudra bientôt verser au fonds, et cela *ad vitam aeternam*. Mais c'est malheureusement une fable.

Pour agir, pour agir *vraiment*, il aurait fallu mettre les joueurs et l'État face à leurs responsabilités, et se servir de l'exigence des financiers comme levier pour conditionner leur venue. Nous injecterons un milliard et demi si... si quoi ? Si l'État et les joueurs font leur part du chemin.

Sur quelles bases ? Ce n'est pas compliqué.

Vincent Labrune rappelait lors de son interview aux *Échos* que le modeste club de Clermont-Ferrand payait « plus de charges à lui tout seul que l'ensemble des clubs de Bundesliga ». Pendant la pandémie, l'État a été exemplaire (PGE, chômage partiel, fonds de garantie) avec le football, comme il l'a été avec les autres secteurs ; mais la combinaison des charges salariales et des impôts sur les revenus en France interdit toute compétitivité. Sans harmonisation européenne, sociale et fiscale, notre handicap est insurmontable.

Le PDG de Mediapro Jaume Roures a laissé notre football dans un triste état, mais son analyse sur la France me semble très pertinente : « On arrête le championnat ! Arrêter le championnat, ce n'est pas logique. C'était *à la Ligue* de décider, en accord peut-être avec le pouvoir, mais pas comme cela. Les pouvoirs publics doivent investir sur des mesures fiscales, sur les stades, sur la sécurité, sur la digitalisation. Est-ce que les ambassades et consulats aident à cela ? En Espagne, on a un réseau d'ambassadeurs qui font des tours dans tout le monde. La Ligue a un contrat de 80 millions d'euros (de droits télévisés à l'international). L'Espagne, c'est 800 millions. Sommes-nous meilleurs ? Je ne le crois pas. Il faut que les pouvoir publics s'impliquent. C'est un événement culturel de premier ordre, un événement économique de premier ordre. Il faut l'aider comme on aide le secteur de la métallurgie[1]. »

Et puis, il y a les joueurs. Eux gagnent à tous les coups. Ils bénéficient de contrats à durée déterminée pouvant s'étendre sur cinq ans, des contrats incassables et insensibles à la mauvaise fortune de leurs employeurs (classement, qualification européenne, variation brutale de l'économie, pandémie). Leur attitude pendant

---

1. Mission parlementaire sur les « droits de diffusion audiovisuelle des manifestations sportives », audition du 16 septembre 2021.

Rendez-vous dans dix ans

la pandémie de Covid-19 a parfaitement montré leur indifférence au sort de leurs patrons. Vincent Labrune, qui avait aligné les pouvoir publics et les présidents de clubs, avait l'occasion unique pour les mettre au pied du mur. Peut-être était-il trop seul ?

Un truc de dingue

Nous avons maintenant la tête dans un étau. L'arrêt Bosman nous a ruinés. Cet arrêt européen de 1994 a permis la libre circulation des joueurs, ceux qui ont été formés en France sont partis sous des cieux plus rémunérateurs. Une saignée. Saviez-vous que la France était deuxième au classement UEFA des clubs en 1994 ? Un autre temps...

Désormais, nos équipes ne peuvent pas s'aligner sur les conditions salariales des autres clubs européens. Elles se mettent en grand danger en tentant d'équilibrer leurs comptes par le transfert de leurs meilleurs joueurs, obligées d'offrir leurs meilleurs atouts à leurs adversaires directs. « Imagine-t-on les ingénieurs d'une entreprise se levant le matin et se disant : tiens, aujourd'hui, je vais vendre mes meilleurs brevets à mon concurrent ? » interroge Vincent Labrune. « C'est un truc de dingue ! »

Un *truc* sans solution.

En conséquence, le Championnat de France connaît une brusque accélération d'un phénomène qui finira par achever son attractivité économique : la multipropriété de clubs.

Main basse sur l'argent du foot français

Les clubs français deviennent tour à tour des filiales des grosses cylindrées étrangères. Des fonds financiers américains, des fonds souverains chinois ou arabes achètent les équipes en grappes, certaines servant de réservoir dans lequel l'équipe de tête peut puiser. Les clubs de plusieurs métropoles régionales qui auraient pu jouer un rôle, Toulouse ou Strasbourg, ont basculé, vendus par leurs propriétaires locaux.

« Tel est l'étrange destin de l'investisseur local et son paradoxe secret : il est le premier à contribuer à la disparition de sa propre culture. [...] Nos petits patrons de clubs étaient les fiers (et derniers) représentants du vieux monde des notables de province ; ceux qui, entre le promoteur immobilier, l'assureur et le notaire, faisaient la vie des préfectures et sous-préfectures françaises[1] », écrit Thibaud Leplat, le rédacteur en chef de *L'Afterfoot*.

Toulouse est devenue une filiale du Milan AC, Strasbourg de Chelsea – deux clubs prestigieux détenus par des fonds américains. Le championnat d'Angleterre étant devenu la référence absolue, on s'interroge sur la place réservée à l'OL, dont le propriétaire est aussi le premier actionnaire (40 %) du club londonien Crystal Palace. Lors de la bataille entre Ineos et les Qataris pour le rachat de Manchester United, on a pu voir que Nice (Ineos), et même le PSG, ne représentaient pas la priorité de leurs riches propriétaires, et n'étaient pas à l'abri de jouer les utilités...

---

1. « Ligue 1, fini de rire », *L'Afterfoot*, 27 juin 2023.

Rendez-vous dans dix ans

Super League : une solution ?

Un dernier joker pourrait sortir les clubs français de l'abîme. Une carte complètement contre-intuitive et disruptive dans notre pensée égalitariste et sentant bon le terroir : la « Super League ». L'affreuse !

La Super League, c'est la tentative par les clubs européens les plus riches de fonder leur propre compétition. Un championnat fermé, à l'américaine, où s'affronterait le gratin européen – les Real, Barça, Man U, Arsenal, Bayern, Juventus – pour capter le plus gros des droits télévisés.

Or, une telle entreprise, à rebours de nos principes, ne peut pas se passer du marché français et de ses 67 millions de consommateurs, qualifiant d'office le PSG, l'OM et, vraisemblablement, ceux qui présentent à terme un bassin suffisant de consommateurs à une heure de route (Lyon, Lille).

Une première tentative de Super League, au début des années 2000, avait contraint l'UEFA à revoir le format de sa compétition reine. Une seconde, en 2022, a échoué à cause de la fronde des supporters anglais et allemands.

Néanmoins, il y a des chances, qu'on le veuille ou non, pour que l'histoire finisse ainsi. C'est en tout cas ce que pense Luc Arrondel, l'un des rares économistes à s'intéresser au sport professionnel. Son compère, Richard Duhautois (les deux hommes publient beaucoup ensemble), estime même que la Super League devrait se tenir sous l'égide de l'UEFA, en resserrant de plus en plus les conditions de participation à la Champions League – ce qui a, de fait, déjà commencé.

Main basse sur l'argent du foot français

Bref, le triomphe de l'argent, l'effacement de certains territoires et la fin des épopées identitaires (adieu les Verts !), la victoire de la métropolisation. Oui, cette fois, la coupe des villes de foires est bien enterrée.

Si les fonds investissent autant dans les clubs, c'est qu'ils doivent bien, comme Vincent Labrune, avoir une petite idée en tête...

En réduisant à néant l'aléa sportif, une ligue fermée ferait exploser la valeur de chacun des participants. Un jackpot !

CVC, en achetant en France la compétition plutôt qu'un club, a supprimé ce risque de mauvaise fortune. Le fonds, dont c'est la logique, revendra demain la « valeur créée », pour le plus grand bonheur de ceux qui y ont placé leurs économies. Peut-être vous ou moi.

À qui CVC revendra ses parts dans le football français ? Mystère...

En réponse à un intermédiaire qui était venu le consulter afin de tâter le terrain pour le compte d'un fonds prestigieux et engagé dans le sport, Labrune, très agité ce jour-là, avait tapé loin en touche. « C'est déjà vendu aux Qataris », avait-il prétendu.

N'a-t-il pas senti l'avocat ? Rodomontade, ou jeu de la double vérité ? Ses mandants l'apprendront, comme le reste, dans la presse. Car l'avocat de la Ligue – c'est pourtant son rôle – ne s'est pas montré bavard sur les droits de sortie de CVC. Ni sur les droits de contrôle de la LFP, donc – en pure théorie – de la FFF.

Quant au ministère...

ANNEXES

Mediapro (comme des doutes)

Chacun s'est interrogé à l'époque de l'appel d'offres, mais aussi en 2021 lors de la mission parlementaire, sur la surface réelle de Mediapro. Il ne faut pourtant pas aller chercher bien loin. Tous les chiffres sont disponibles sur le site de Mediapro, mediapro.tv. Ils révèlent une société d'apparence solide, avec un chiffre d'affaires constant, générant des résultats et une dette maîtrisée.

**Orient Hontai Capital filiale
de Orient Securities Capital Investment
Tour de table**

Orient Hontai Capital	53,5 %
WPP	22,5 %
Tatxo Benet	12 %
Jaume Roures	12 %

Source : Mediapro.tv, communiqué de presse du 2 juillet 2018

Valorisation de la société au moment de l'entrée du fonds chinois = 1,9 milliard d'euros.

Main basse sur l'argent du foot français

Année	Chiffre d'affaires	Résultats	Effectifs
2017	1 600	189	6 500 personnes
2018	2 000	222	6 695
2019	1 820	224	7 123

Chiffres d'affaires et résultats en millions d'euros
Source : mediapro.tv, communiqués de presse

Novembre 2022, une recapitalisation de de 620 millions d'euros, 150 millions d'euros en apport de liquidités et 470 en augmentation de capital, opération à l'issue de laquelle Orient Hontai détient 80 % du capital et où la dette de 900 millions d'euros a été restructurée.

Source : Mediapro.tv

Des chiffres de cette importance sont difficiles évaluer sans comparaison de modèles connus. Les voici donc comparés au groupe TF1 et au groupe Canal+ :

	Année	Chiffres d'affaires	Résultat (Ebitda)
TF1	2018	2 300	183
Canal+	2018	5 166	400
TF1	2019	2 337	196
Canal+	2019	5 268	343

Chiffres d'affaires et résultats en millions d'euros
Publication des groupes TF1 et Vivendi, maison mère de Canal+

Une précision, Canal+ France représentait un chiffre d'affaires de 3 milliards d'euros sur la totalité des 5,268 milliards d'euros du groupe Canal+, qui comprend en outre Canal+ International et Studio Canal.

Mediapro (comme des doutes)

Un bref commentaire attaché à ce petit tableau : Mediapro fait partie des entreprises européennes de télévision privée les plus importantes, avec un chiffre d'affaires pouvant être comparé à TF1 mais avec un rendement légèrement supérieur. Son résultat brut en 2019 montre une société solide avec deux actionnaires robustes, Orient Hontai Capital et WPP.

« Rendez-vous dans dix ans »

Population des pays européens et leur classement UEFA à l'issue de la saison 2022-2023

	Population (en millions)	Classement Indice UEFA	Points UEFA
Allemagne	83	3	82 481
France	67	5	61 164
Italie	59	4	81 926
Angleterre	56	1	109 570
Espagne	47	2	92 998
Pays-Bas	17	6	59 900
Portugal	10	7	56 216

Indice UEFA par pays à l'issue de la saison 2022-2023

Angleterre	109 570
Espagne	92 998
Allemagne	82 481
Italie	81 926
France	61 164
Pays-Bas	59 900
Portugal	56 216

Main basse sur l'argent du foot français

Ce classement s'établit sur les cinq dernières années.

- En 2022-2023, l'Angleterre a marqué 23 000 points, l'Italie, 22 357.
- En 2021-2022, année historique, la France a marqué 18 412 points.
- Lors de cinq dernières années, la France a marqué en moyenne 12 232 points par an.
- Lors des vingt dernières années, la France s'est classée quatrième à partir de la saison 2004-2005 (Monaco, finaliste de la Champions League et l'OM, finaliste de l'Europa League en 2004) jusqu'à la saison 2007-2008.

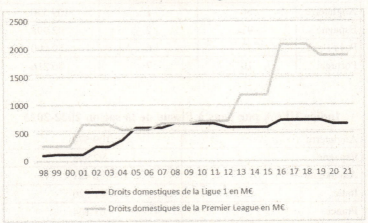

Courbes des droits télévisés domestiques en France et en Angleterre

Droits domestiques de la Ligue 1 en M€
Droits domestiques de la Premier League en M€

Ces courbes montrent que pendant huit ans, entre 2004 et 2012, ils étaient équivalents, avant un brusque décrochage en 2012 et 2015 (les droits télévisés anglais sont vendus par cycle de trois ans).

« Rendez-vous dans dix ans »

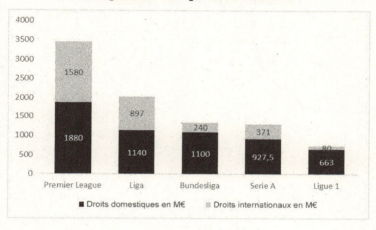

Droits télévisuels des cinq principaux championnats européens en 2022-2023

Les deux courbes suivantes sont l'une en *euros courants* et l'autre en *euros constants*. La première, en euros courants, est souvent celle qui est montrée, mais elle n'est pas juste économiquement ; la deuxième montre que les droits télévisés ont baissé lors des vingt dernières années.

Main basse sur l'argent du foot français

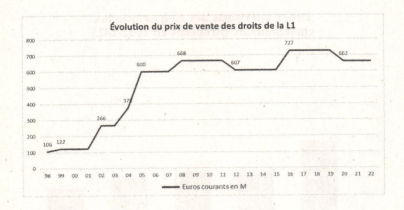

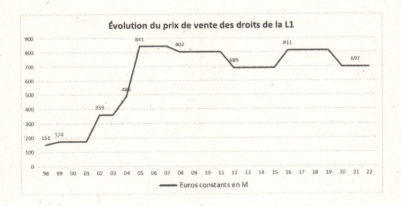

« *Rendez-vous dans dix ans* »

**Évolution des droits en France depuis 1998
et jusqu'en 2031-2032 en fonction du budget prévisionnel
établi par la société commerciale LFP/CVC**

La courbe blanche en tirets représente les prévisions de revenus correspondant à l'addition des droits télévisés domestiques, des droits télévisés internationaux, des sponsors de la LFP et des droits digitaux. Les courbes en pointillé sont les budgets prévisionnels établis par la société commerciale LFP/CVC.

Voici le business plan établi par la filiale de la LFP détenue à 13 % par le fonds CVC et qui a été publié en annexes des statuts de la société commerciale. Les intitulés de chaque ligne, initialement en anglais, ont été traduits pour une meilleure compréhension.

Business Plan En millions d'euros	22-23	23-24	24-25	25-26	26-27	27-28	28-29	29-30	30-31	31-32
Revenus										
Droits domestiques	662,6	662,6	863,7	863,7	863,7	863,7	1 068,3	1 068,3	1 068,3	1 068,3
Droits internationaux	81,6	82,2	200	200	200	350	350	350	500	500
Partenariat	37,1	40,8	52,4	55,6	58,8	62	77,1	79,2	80,3	82,4
Numérique	10	20	35	50	70	90	110	130	140	150
Revenus	791,3	805,6	1 151	1 169,3	1 192,4	1 365,7	1 605,4	1 627,5	1 788,6	1 800,7
Marge										
Droits domestiques	647,3	647,1	842,9	844,7	844,5	844,4	1 047,3	1 047,2	1 047	1 046,9
Droits internationaux	79,3	78,7	191,3	191,2	191	340,8	340,6	340,4	490,2	490,1
Partenariat	30,1	33,3	43,7	46,6	49,6	52,7	66,8	68,6	69,6	71,4
Numérique	5,7	15,4	30,2	45,1	64,9	84,7	104,3	124,2	134,1	144
Marge de contribution	762,4	774,4	1 108,1	1 127,5	1 150	1 322,5	1 559,1	1 580,5	1 740,9	1 752,3
Coûts indirects	−32,2	−39,1	−48,1	−50,3	−51,8	−54,2	−57,2	−58,5	−60,3	−61,4
Taxe « Buffet »	−37,2	−37,2	−53,2	−53,2	−53,2	−60,7	−70,9	−70,9	−78,4	−78,4
EBITDA attribuable	692,9	698,1	1 006,8	1 024	1 045	1 207,6	1 430,9	1 451,1	1 602,2	1 612,5
Remboursement LFP/FFF	−45,2	−48,8	−57,3	−58,1	−58,5	−62,5	−68	−68,5	−72,5	−73
Paiement des revenus aux clubs	−578,4	−619,1	−820,7	−914,9	−958,7	−1 012,9	−1 199,4	−1 215,9	−1 340,4	−1 353,4
EBITDA opérationnel	69,4	30,2	128,8	51	27,8	132,2	163,5	166,7	189,3	186,2
Rétrocession exceptionnelle aux clubs	−469	−469	−230,7							
EBITDA	−399,6	−438,8	−101,9	51	27,8	132,2	163,5	166,7	189,3	186,2
D&A (amortissement et dépréciation)	−2,7	−2,8	−3,9	−4	−4	−4,6	−5,4	−5,5	−6,1	−6,1
EBIT (résultat d'exploitation)	−402,3	−441,6	−105,8	47	23,8	127,6	158,1	161,2	183,2	180,1
Éléments financiers et non récurrents (FFF et partenaires)	−15	−10								
Éléments financiers et non récurrents	−42,5	−5	−5	−5	−5	−5	−5	−5	−5	−5
Résultat net avant impôts	−459,8	−456,6	−110,8	42	18,8	122,6	153,1	156,2	178,2	175,1
Impôt sur les sociétés (CIT)				−5,3	−2,1	−15,6	−19,2	−19,5	−22,4	−21,9
Partage des bénéfices légaux et contractuels				−1,6	−1,1	−3,5	−3,7	−3,8	−4	−4
Résultat net	−459,8	−456,6	−110,8	35,2	15,7	103,6	130,2	132,9	151,9	149,2
Résultat net retraité										
Résultat net avant impôts	−459,8	−456,6	−110,8	42	18,8	122,6	153,1	156,2	178,2	175,1
Rajout LFP/FFF	60,2	58,8	57,3	58,1	58,5	62,5	68	68,5	72,5	73
Rajout paiement des revenus aux clubs et rétrocession	1 047,4	1 088,1	1 051,4	914,9	958,7	1 012,9	1 199,4	1 215,9	1 340,4	1 353,4
Rajout paris sportifs	12,3	12,9	13,1	13,4	13,6	13,9	14,2	14,5	14,8	15,1
Partage des bénéfices légaux et contractuels				−1,6	−1,1	−3,5	−3,7	−3,8	−4	−4
Résultat net retraité	660	703,2	1 011	1 026,9	1 048,6	1 208,4	1 431	1 451,3	1 602	1 612,5

REMERCIEMENTS

C'est la règle, elle n'est pas toujours satisfaisante, mais beaucoup d'interlocuteurs ont choisi la discrétion et souhaité l'anonymat pour échanger. C'est le fameux « *off* ». Néanmoins, je voudrais remercier ceux qui, dans ce cadre, m'ont consacré plusieurs séances d'échanges au sujet d'une matière complexe et piégeuse.

L'écriture d'un livre est toujours une épreuve envahissante pour la famille. Je remercie chacun de sa patience. Je remercie tout particulièrement Maguelone et Placide qui ont passé de longues heures sur le manuscrit et ont eu sur celui-ci un regard exigeant et avisé.

Table

INTRODUCTION – Sur la route du cash.................. 9

1. Je t'aime, moi non plus.............................. 23
2. La malédiction du perroquet...................... 51
3. Un ami catalan... 61
4. La mécanique du diable............................ 73
5. Poker mortel rue d'Astorg......................... 85
6. « Messieurs, lot numéro 2 »...................... 91
7. « Messieurs, lot numéro 3 »...................... 97
8. « Messieurs, lot numéro 4 »...................... 105
9. Comme des doutes 113
10. Dysfonction.. 139
11. Une intuition ruineuse.............................. 159
12. Un bain de sang....................................... 205
13. Chronologie de la sortie de Mediapro...... 221
14. À genoux.. 227
15. Un tableau noir.. 239
16. Opération Luther...................................... 251
17. Le bal des cocus...................................... 281
18. Et les gagnants sont................................ 307

CONCLUSION – Rendez-vous dans dix ans............ 357
ANNEXES – Mediapro (comme des doutes)......... 367
« Rendez-vous dans dix ans »............................. 371
REMERCIEMENTS 379